INHALT

- -

Das Wort »Arzt« soll im Text immer gleichbedeutend auch für Ärztin gelten. Wir bitten um Verständnis für diese Vereinfachung.

Lili Stollowsky

KÖSEL
B•A•B•Y
LEXIKON

Lili Stollowsky

KÖSEL

B·A·B·Y

LEXIKON

999 Antworten auf alle Fragen
rund ums Kind

Kösel

Der Textabdruck »Menschenjunges« (Seite 11) aus: Reinhard Mey, *Alle Lieder*, 1998^7, erfolgte mit freundlicher Genehmigung der Maikäfer Musik Verlagsgesellschaft mbH, Lehrte.

ISBN 3-466-34433-6
© 2000 by Kösel-Verlag GmbH & Co., München
Printed in Germany. Alle Rechte vorbehalten
Lektorat: Petra Kunze, München
Druck und Bindung: Kösel, Kempten
Umschlag: Elisabeth Petersen, München
Umschlagmotiv: gettyone stone/Rosanne Olson

1 2 3 4 5 · 04 03 02 01 0

*Gedruckt auf umweltfreundlich hergestelltem Werkdruckpapier
(säurefrei und chlorfrei gebleicht)*

LIEBE ELTERN!

▪ ▪

Die Hauptperson dieses Buches ist natürlich Ihr Baby. Da es aber ohne Mutter und Vater gar kein Baby gibt, sind Sie als Eltern ebenfalls Hauptpersonen. Ferner kommen darin vor: Eine Oma, die flauschige Ausfahrgarnituren strickt, geschwätzige Freundinnen, nette Hebammen und Ärzte, Milchfläschchen, ein Opa, der keine Babywiege schnitzen kann, Pickel, durchwachte Nächte und Karottenbrei auf der Tapete. Es handelt sogar von Liebe und Sex. Die meisten Eltern fabrizieren nämlich ihre Kinder noch selbst, und dazu gehören nun mal Liebe und Sex. Zuerst sind Sie schwanger. Das Baby ist zwar schon da, aber noch nicht hier. Sozusagen ein unsichtbares Baby. Dann verbringen Sie eine Weile im Kreißsaal, und anschließend ist Ihr Leben für die nächsten zwanzig Jahre grundlegend auf den Kopf gestellt.

Länger als diese Zeitspanne arbeite ich nun schon als Hebamme und Säuglingsschwester. Ungefähr eine Million Fragen wurden mir in diesen Jahren gestellt. Die wichtigsten – und das sind tatsächlich 999 – habe ich aufgeschrieben und für Sie beantwortet. Die meisten davon sind ernst, andere lustig und einige so vergnüglich, dass sie schon beinahe schelmisch zu nennen wären.

Sie können das Buch im Ganzen oder auch nur einzelne Kapitel lesen. Wenn Ihr Baby beispielsweise unter Blähungen leidet, würde Kapitel 16 ausreichen. Ich bin aber sicher, Sie finden auch in den übrigen Kapiteln jede Menge Fragen und Antworten zu anderen Themen, die sich um den größten Schatz drehen, den es auf dieser Welt gibt – um Ihr Baby. Es mag zwar viel Arbeit machen und mitunter anstrengend sein, doch es wird Ihr Leben in jeder Hinsicht erfreuen und bereichern. Meine eigenen Kinder, die nun schon erwachsen sind, haben mir diese Freude und Bereicherung geschenkt, und als Hebamme darf ich täglich in den Familien daran teilhaben. Ich danke hiermit allen Eltern, die mir gewährten, Zuschauerin ihres Glücks zu sein, und die ihre Neugeborenen meiner Betreuung anvertrauten.

Lili Stollowsky, Juli 2000

DAS GEHEIMNIS DER GEBURT

So sangen die Kinder früher und legten Zucker auf das Fensterbrett, wenn sie sich ein Geschwisterchen wünschten. Meister Adebar nahm am liebsten Würfelzucker. Dann machte er sich an die Arbeit. Er flog zum Baby-See, fischte ein passendes Kind heraus, flog zum Haus der neuen Eltern und ließ das Baby durch den Schornstein mitten in die Wiege plumpsen. Manchmal gab er das Kind auch der Hebamme, und die brachte es zu den Eltern. (Deswegen heißt die Hebamme auch Storchentante.) Es wurde nie geklärt, wo der Baby-See genau lag, wie der Storch das richtige Kind herausfand und – vor allem – wie er es in seinem Schnabel transportierte. Das blieb Meister Adebars Geheimnis. Heute steht der Storch unter Naturschutz und hat die gynäkologische Praxis an die moderne Geburtshilfe abgegeben. Aber auf magische Weise tragen über die Hälfte der Neugeborenen im Gesicht oder am Hinterkopf seine Schnabelspuren. Wir nennen es den Storchenbiss und dieser Begriff erinnert uns auch heute noch an das Geheimnis der Geburt.

Gibt es im Zeitalter des Ultraschalls, der vorgeburtlichen Diagnostik, der Fruchtwasseruntersuchungen und des High-Tech-Kreißsaals überhaupt noch ein Geheimnis um die Geburt eines Kindes? Ich behaupte: Ja, es gibt. Das biologische und anatomische Wissen ist bekannt. Wenn nötig, werden Ungeborene schon im Mutterleib operiert. Der kindliche Herzschlag wird elektronisch überwacht und der Wehenschmerz mit Medikamenten ausgeschaltet. Trotzdem gibt es ein Geheimnis. Ich bin seit langen Jahren Hebamme und habe vielen Kindern auf die Welt geholfen. Folgen Sie mir mit offenen Sinnen in einen heutigen Kreißsaal, hören Sie den Gedanken und Gefühlen zu, die mich bei der Geburt eines Kindes bewegen, und dann beantworten Sie für sich selbst die Frage nach dem Geheimnis und Wunder einer Geburt.

Es ist Nacht. Die meisten Kinder werden bei Nacht geboren. Die Stille und die Dunkelheit schenken der werdenden Mutter Schutz in dieser verletzlichen Zeit. Es wird leise gesprochen. Sanftes Licht. Wärme. Möglichst keine hektische Betriebsamkeit. Die Reise, die Mutter und Kind zurücklegen müssen, erfordert Achtsamkeit, Geduld und Ruhe. Sie brauchen keinen Mundschutz oder sterile Kleidung, eine Geburt ist doch keine Operation. Kommen Sie nun mit in den Kreißsaal. Da ist die hochschwangere Frau. Vorsichtig geht sie mit ihrem schweren Leib zur Ultraschall-Untersuchung. Die Fruchtblase ist gesprungen, und in kleinen Schüben läuft das Fruchtwasser heraus. Ich kann mit meinen Händen fühlen, wie groß das Kind ist und welche Lage es eingenommen hat. Das Ungeborene tritt mich mit seinen kleinen Füßen. Es antwortet auf meine Untersuchung. Es ist da und gleichzeitig unsichtbar. In seiner engen, dunklen Welt, die es seit Monaten bewohnt, ist eine Veränderung eingetreten. Das vor Stößen schützende, weiche Fruchtwasser läuft an seinem Kopf vorbei einem unbekannten Ausgang entgegen. Hat das Kind sich für diese Veränderung entschieden? Möchte es geboren werden?

Der Blasensprung ist ein Punkt ohne Wiederkehr. Weder Mutter noch Kind können diese Entscheidung zurücknehmen. Wie wird das Kind aussehen? Der Ultraschall sagt: Es liegt kopfüber zur Geburt bereit, ist wahrscheinlich ein Mädchen und wiegt etwa dreieinhalb Kilo. Es hat alle Finger und Zehen. Herz, Magen und Nieren sind in Ordnung. Die Knochen sind richtig entwickelt und die Plazenta arbeitet gut. Das Kind kann geboren werden.

Doch das Kind ist nicht nur ein Kind. Es ist ein neuer Mensch. Ein Mensch, wie er noch nie da war. Ein einzigartiger neuer Mensch. Auch wenn er die gleichen Augen haben wird wie der Vater oder die Haarfarbe der Tante. Alle wissenschaftlichen Untersuchungen ergeben, dass es keine zwei Menschen mit einem absolut identischen genetischen Code gibt. Dieses Menschenkind könnte den Lauf der Welt verändern. Jedes Kind trägt diese Hoffnung neu in unsere Welt. Davon weiß der Ultraschall nichts.

Jetzt beginnt der Vorgang der Geburt. Millimeterweise wird das Ungeborene von der unsichtbaren in die sichtbare Welt geschoben. Das Kind muss sich beugen. Das Herz der Mutter versorgt es zuverlässig mit Sauerstoff. In immer kürzeren Abständen zieht sich die Gebärmutter zusammen. Alle müssen warten. Auch ich. Stundenlang. Die Frau versenkt sich in sich selbst und ist doch ganz auf meine Anwesenheit angewiesen. Die Kraft, mit der das Kind ins Leben will, kann keine Frau alleine aushalten. Auch der werdende Vater ist nun da – und ist beeindruckt von der Konzentration seiner Frau. Eine Geburt ist nicht aufzuschieben und hält sich nicht an Terminkalender. Die dunkelste Stunde der Nacht weicht endlich der Morgendämmerung. Meine Müdigkeit hat einer staunenden Zärtlichkeit Platz gemacht. Es ist Frieden. Die wehende Frau liegt mittlerweile auf dem Kreißbett und atmet in tiefen Zügen ihre Schmerzen hinaus. Es ist einfach Frieden in diesem Zimmer. An diesem Platz der Welt. In diesem Moment. Die Frau, der Mann und ich, wir beugen uns dem Augenblick. Wir hasten nicht, wir drängeln nicht, wir haben keine anderen Pläne. Von Zeit zu Zeit lausche ich dem Herzschlag des Kindes. Verträgt es die Kraft? Es ist allein auf seinem schweren Weg. Verträgt es das Leben? Wo ist das Kind jetzt? Was empfindet es in diesen langen Stunden? Ist der unbekannte Ausgang eine Herausforderung? Oder kämpft das Kind um sein Leben? Ich weiß es nicht. Bei uns ist Frieden. Lange Zeit.

Dann – plötzlich – ändert sich alles. Die Kraft ändert ihr Gesicht. Der Weg ist offen und die Mutter muss ihrem Kind helfen, diesen Weg zu gehen. Sie arbeitet mit ihrer Gebärmutter und schwitzt und keucht. Ich bin ganz wach und behüte zwei Menschenleben. Plötzlich sehe ich dunkles Haar in der Tiefe des Weges. Walnussgroß. Das dunkle Haar wird weiter zu mir geschoben. Mandarinengroß. In meine, unsere Welt. Honigmelonengroß. Eine dunkle, feuchte Honigmelone, die

vom Leben in meine Hände geschoben wird. Dann der verzauberte
Moment, in dem die Zeit still steht, um für eine Ewigkeit lang den nas-
sen, zerknautschten Haarschopf eines neuen Menschen an der Grenze
zwischen Himmel und Erde in der Vagina der Mutter anzuhalten.

Dies ist der Moment, in dem ich ahne, wie alle Dinge in Wirklichkeit zusammengehören und wie wir alle – so sagt es die indianische Phi-
losophie – auf diesem Planeten den gleichen Atem teilen. Der Moment
geht vorüber. Die Honigmelone entpuppt sich als ein kleines Köpfchen, ich muss den Dammschutz vornehmen, dem Kind auf die Welt
helfen und meine medizinischen Verrichtungen tun. Ich bin verantwortlich für das Leben und die Gesundheit von Mutter und Kind und
darf mich nicht im Zauber dieses Augenblicks verlieren. Das Kind ist
da. Die Nabelschnur pulsiert noch mit kräftigen Stößen. Das Kind öffnet die Augen. Es gibt einen Schrei der Erleichterung von sich, dass
diese lange Reise nun ein Ende gefunden hat. Schon ist es auf dem Arm
der Mutter und wird getröstet. Der Vater weint. Ich schaue auf die Uhr
und sehe die Sonne im Zimmer. Auf meine handfeste Hebammenweise
spreche ich in Gedanken ein kleines Gebet und gebe diesem neugeborenen Menschen meine besten Wünsche mit auf seinen Lebensweg.

MENSCHENJUNGES
HIER IST DEIN PLANET
HIER IST DEIN BESTIMMUNGSORT
KLEINES PAKET
FREUNDLICHES BÜNDEL
WILLKOMMEN – HEREIN –
MÖGE DAS LEBEN HIER
GUT ZU DIR SEIN

1

DIE SCHWANGER-SCHAFT

■ ■

Nun steht es also fest: Sie erwarten ein Kind! Ich – als Hebamme – gratuliere Ihnen und wünsche von Herzen, dass Schwangerschaft und Geburt einen guten Verlauf nehmen und Sie in absehbarer Zeit ein gesundes und schönes Kind im Arm halten werden. Sie wissen längst, dass sowohl Ihre Lebensweise als auch Ihre geistig-seelische Haltung entscheidend zum Gelingen dieses alltäglichen Wunders beitragen. Nutzen Sie alle Möglichkeiten der heutigen Gesundheitsbetreuung, aber machen Sie sich nicht allzu viel Sorgen. Schwangerschaft und Geburt sind biologische Abläufe, und Ihr weiblicher Körper ist bestens darauf eingerichtet, ein Kind zur Welt zu bringen. Leben Sie Ihren gewohnten Alltag weiter, genießen Sie die Zeit und lassen Sie sich durch die vielen Ratschläge, die Sie mit Sicherheit bekommen werden, nicht verunsichern. Hören Sie auf Ihren Körper und vertrauen Sie Ihrer Intuition.

Nun aber genug der klugen Worte. Bis ich diesen Satz zu Ende geschrieben haben werde, wird irgendwo auf unserem großen Planeten ein Kind zur Welt gekommen sein. Für den nächsten Satz gilt das ebenso und für den übernächsten auch. So viele Kinder: täglich, stündlich, jede Minute erblickt irgendwo eines das Licht der Welt, und jede der Mütter streckt voller Liebe und Sehnsucht die Arme aus und nimmt das Neugeborene in Empfang. Ein drei viertel Jahr oder drei Jahreszeiten müssen vergehen, bis Sie an der Reihe sind. Neun Monate ist eine lange Zeit. Das Baby braucht diese Zeit, um in seiner körperlichen, geistigen und seelischen Entwicklung so weit zu reifen, dass es dem Leben hier draußen gewachsen ist.

Auch Sie brauchen diese Zeit. Auch Sie müssen dem Baby entgegenwachsen. Zeit zum Einstimmen auf den neuen Lebensabschnitt. Zeit zum Begreifen der neuen Rolle. Zeit, alles vorzubereiten, vielleicht noch in eine größere Wohnung umzuziehen. Zeit, um mit den Veränderungen des Körpers zurechtzukommen. Auch Ihr Partner braucht diese Zeit. Er wird Vater und muss lernen – Sie – die geliebte Frau, zu teilen. Da vergehen neun Monate schnell.

Das erste Drittel der Schwangerschaft ist das eigenartigste Drittel. Von außen ist Ihre Schwangerschaft noch nicht zu erkennen, doch in der Tiefe Ihres Beckens formen sich in rasanter Geschwindigkeit Zellen zu einem neuen Menschen, der nach zwölf Wochen neun Zentimeter groß und perfekt gestaltet ist. Sie selbst spüren von diesem winzig kleinen Menschlein in dieser Zeit noch keine Bewegungen, Schluckauf oder Klopfzeichen. Aber die hormonelle Achterbahn bereitet Ihnen vielleicht morgendliche Übelkeit, Spannen in den Brüsten, Müdigkeit und allgemeine Abgeschlagenheit. Viele Frauen können in den ersten drei Schwangerschaftsmonaten nicht recht glauben, dass sie wirklich ein Kind haben werden, und erst die Ultraschallaufnahme vom Embryo schenkt ihnen Gewissheit.

Das zweite Drittel der Schwangerschaft ist das angenehmste. Ihr Körper hat sich an die »anderen Umstände« angepasst, Sie sind wendig und leistungsfähig, Sie spüren Ihr Kind trampeln und Purzelbäume schlagen. Das Ungeborene wiegt etwa 1.000 Gramm und ist knapp 40 Zentimeter groß.

Das letzte Drittel der Schwangerschaft ist das beschwerlichste. Die Gebärmutter ist auf das 20-fache gewachsen, das Kind drückt auf Blase, Darm und Beckenboden, Ihr Blutdruck steigt, Wasser sammelt sich in den Beinen und Händen, und jede Treppe wird zu einer Herausforderung. Der Wunsch, das Baby endlich in den Armen zu halten, lässt die letzten Wochen der Schwangerschaft endlos lang erscheinen. Irgendwann haben alle Frauen genug von ihrem dicken Bauch und sehnen sich nach dem Tag der Geburt. Was zu Beginn der Schwangerschaft als magisches Datum in weiter Ferne lag, kommt schneller als erwartet, und neun Monate gehen wie im Flug vorbei.

1

HEUTE WIRD DOCH ABER EINE SCHWANGERSCHAFT NICHT MEHR NACH MONATEN BERECHNET, ODER?

Doch, im Prinzip schon. Es gibt verschiedene Möglichkeiten, die Dauer der Schwangerschaft zu definieren. Die bekannteste und einfachste Möglichkeit ist es zu sagen: Die Schwangerschaft dauert neun Monate. Wenn von zehn Monaten gesprochen wird, sind damit Mondmonate, nämlich Zyklen von genau 28 Tagen gemeint. Heutzutage teilt man die Schwangerschaft in 40 Wochen ein. Die Berechnung erfolgt vom ersten Tag der letzten Periode. Wenn Sie also in der Mitte des Zyklus schwanger geworden sind, was meistens der Fall ist, sind in der Berechnung die ersten zwei Wochen, die Sie noch gar nicht schwanger waren, eingeschlossen. Und schon ist wieder Unordnung. Alles in allem eine höchst komplizierte Rechnerei. Sie brauchen sich aber nicht den Kopf darüber zu zerbrechen, denn Ihr Baby kommt sowieso, wann es will.

2

WANN IST DER ERRECHNETE GEBURTSTERMIN?

Zum ersten Tag Ihrer letzten Periode werden sieben Tage dazugezählt und dann drei Monate abgezogen. Das Kind darf circa zwei Wochen vor oder nach diesem errechneten Termin geboren werden. Nur etwa drei Prozent aller Babys kommen genau an diesem Tag.

3

WANN SOLLTE ICH ZUM ERSTEN MAL ZUM FRAUENARZT ZUR VORSORGE GEHEN?

Sobald Ihre Periode etwa acht bis vierzehn Tage ausgeblieben ist.

4

WIE OFT MUSS ICH DANN WEITERHIN ZUR VORSORGE?

Sie sollten diese Termine sehr wichtig nehmen und niemals versäumen. Bis zur 32. Woche werden Sie alle vier Wochen und bis zur 38.

Woche alle zwei Wochen untersucht. Wenn Sie über dem Termin hinaus sind, müssen Sie jeden zweiten Tag zur Vorsorge. Bei besonderen Problemen oder Komplikationen werden Sie natürlich öfter einbestellt.

5

KANN AUCH EINE HEBAMME VORSORGEUNTERSUCHUNGEN MACHEN?

Hebammen sind befugt, Schwangere zu untersuchen, und bei einer erfahrenen Hebamme sind Sie in guten Händen. Aber: Nur wenige Hebammen haben all die technischen und diagnostischen Geräte, über die Ihr Frauenarzt verfügt. Manche Untersuchungen, beispielsweise Ultraschall, dürfen Hebammen nicht durchführen. Mein Rat: Nehmen Sie etwa ab dem 6. Monat beide Fachleute in Anspruch, Ihren Frauenarzt und eine Hebamme. So sind Sie und Ihr Ungeborenes in allerbesten Händen!

6

UND WAS PASSIERT NUN BEI DIESEN VORSORGEUNTERSUCHUNGEN?

Bei der ersten Vorsorge wird Ihr Allgemeinzustand gründlich untersucht, und es wird Ihnen Blut abgenommen zur Bestimmung der Blutgruppe und des Rhesusfaktors, des Eisenwertes der Blutkörperchen und für spezielle Infektionskrankheiten. Auch ein Aids-Test sollte bei jeder Schwangeren gemacht werden. Eine gynäkologische Untersuchung und eventuell ein erster – vaginaler – Ultraschall schließen sich an. Bei jeder weiteren Vorsorge wird Ihr Blutdruck gemessen, Ihr Gewicht kontrolliert und der Urin untersucht. Selbstverständlich wird auch die Entwicklung Ihres Babys aufs Genaueste beobachtet. Gegen Ende der Schwangerschaft werden Sie häufiger vaginal untersucht, um zu sehen, ob sich die Geburt bald ankündigt. Bei keiner der Untersuchungen wird Ihnen wehgetan, und die Freude, dass alles in Ordnung ist, sollte Ansporn genug sein, alle Termine regelmäßig wahrzunehmen. Ich sage das nicht mit einem moralisch erhobenen Zeigefinger, sondern aus der langjährigen Erfahrung, dass immer noch nicht alle Frauen diese kostenlosen Kontrollen in Anspruch nehmen.

7

AB WANN SIND DIE HERZSCHLÄGE DES KINDES ZU HÖREN?

> Etwa in der dritten Woche nach der Befruchtung beginnt das winzige Herz zu schlagen, und diese Bewegung ist auf dem Ultraschallbild zu sehen. Etwa ab der 14. Woche, wenn Ihre Gebärmutter aus dem Becken emporwächst, können die Herzschläge elektronisch abgehört werden. Sehr bald machen Sie mit dem so genannten CTG-Apparat Bekanntschaft. Mit zwei kleinen Empfängerknöpfen, die auf den Bauch gehalten werden, können einerseits der Herzschlag Ihres Babys und andererseits die Wehentätigkeit der Gebärmutter aufgefangen werden. Dieses CTG ist weder für Sie noch für Ihr Kind schädlich. Auch während der Entbindung wird der Gesundheitszustand Ihres Babys mit dem CTG überprüft. Tipp für Väter: Im letzten Schwangerschaftsdrittel können Sie mit einer leeren Toilettenpapierrolle – senkrecht oberhalb der Schamhaare aufgesetzt – ganz prima den Herzschlag Ihres Babys hören.

8

WAS IST MIT DEM ULTRASCHALL?

Seit gut zwanzig Jahren wird die Untersuchung mit dem Ultraschall während der Schwangerschaft eingesetzt. Aller Wahrscheinlichkeit nach kommt es dadurch zu keinerlei Beeinträchtigung der Ungeborenen. Die Empfehlungen der WHO (der Welt-Gesundheits-Organisation) sind dahingehend, dass drei Ultraschalluntersuchungen während der Schwangerschaft im Regelfall ausreichen. Die meisten Schwangeren in unserem Kulturkreis bekommen jedoch weitaus mehr Ultraschall, als von der WHO empfohlen.

9

WARUM IRRT SICH DER ULTRASCHALL MANCHMAL?

Jede Technik ist immer nur so gut, wie derjenige, der sie anwendet. Viele Irrtümer passieren bei der Schätzung des Gewichtes oder Geschlechtes des Kindes. Wenn mit dem Ultraschall ein Junge zu sehen ist, wird es meistens ein Junge. Wenn ein Mädchen diagnostiziert ist, kommt oft doch noch ein Junge heraus, und die Überraschung bei der Geburt ist groß.

10

SOLL ICH DENN ÜBERHAUPT EINEN ULTRASCHALL MACHEN LASSEN?

Diese Technik ist sehr gut auf Nebenwirkungen hin untersucht, und der Nutzen überwiegt eventuelle Bedenken. Der erste Ultraschall in der Frühschwangerschaft untersucht die richtige Einnistung des Embryos und seine ordnungsgemäße Entwicklung. Die nächste Untersuchung in der Mitte der Schwangerschaft stellt die Größe des Ungeborenen fest, die Haftstelle der Plazenta und die Fruchtwassermenge. Und bei der letzten Untersuchung kurz vor der Geburt wird die Lage des Kindes bestimmt, sein etwaiges Gewicht, die Fruchtwassermenge und die Funktionstüchtigkeit von Plazenta und Nabelschnur. Bei Komplikationen oder speziellen Problemen sind häufigere oder weiter gehende Untersuchungen vonnöten.

11

UND WAS IST MIT DER FRUCHTWASSERUNTERSUCHUNG?

Heutzutage können während der Schwangerschaft viele spezielle Untersuchungen durchgeführt werden. Wenn bei Ihnen – aus welchen Gründen auch immer – der besondere Fall einer Risikoschwangerschaft vorliegt, müssen Sie mit einem Arzt Ihres Vertrauens die Möglichkeiten dieser speziellen Untersuchungen besprechen und gemeinsam abwägen. Selbst die aufwendigste Untersuchung garantiert Ihnen kein rundum gesundes Kind, denn es können immer nur bestimmte Erkrankungen festgestellt werden. Ich möchte Ihnen dazu nur einen Rat mit auf den Weg geben: Bevor Sie zu diesen Untersuchungen gehen, sollten Sie sich gemeinsam mit Ihrem Partner völlig darüber im Klaren sein, welche Entscheidung Sie treffen, wenn sich herausstellt, dass das Kind nicht gesund ist. Die Möglichkeiten der vorgeburtlichen Diagnostik sind heute sehr verfeinert und vielfältig, schützen Sie aber letztendlich nicht vor dem Schmerz einer eventuell nötigen Entscheidung.

12

WAS KANN ICH GEGEN DIE ÜBELKEIT IN DEN ERSTEN MONATEN TUN?

Viele Frauen haben durch die hormonelle Umstellung in der Früh-schwangerschaft mit dieser berühmt-berüchtigten Übelkeit zu tun. Frühstücken Sie im Bett, vermeiden Sie Kaffee, essen Sie kleinere Mahlzeiten und haben Sie Geduld. Spätestens nach zwölf Wochen hört das Erbrechen auf.

13

DARF ICH EIN MEDIKAMENT DAGEGEN NEHMEN?

Während der ganzen Schwangerschaft sollten Sie sehr vorsichtig im Umgang mit allen Medikamenten sein und sich exakt an die Anweisun-gen Ihres Arztes halten. Eine gute Unterstützung bietet immer die Ho-möopathie.

14

WAS IST MIT DEN MULTI-VITAMIN-PRÄPARATEN, DIE ICH NEHMEN SOLL?

Es gibt speziell auf den Mineral- und Vitaminbedarf der Schwangeren abgestimmte Präparate, die Sie von Ihrem Arzt verschrieben bekom-men. Diese Pillen schaden sicherlich nicht, und wenn Sie mal eine ver-gessen, ist das auch nicht schlimm.

15

WARUM WIRD DAUERND DER EISENWERT IN MEINEM BLUT BESTIMMT?

Durch einen kleinen Piek in Ihren Finger wird ein Tröpfchen Blut auf seinen Eisengehalt hin untersucht. Das Eisen befähigt die roten Blut-körperchen, den Sauerstoff durch den Körper zu transportieren. Die-sen Eisengehalt nennt man auch Hämoglobinwert. Im Mutterpass wird dieser Wert unter der Spalte »Hb« eingetragen. Ihr Körper bildet nun bis zur Mitte der Schwangerschaft etwa einen Liter Blut zusätzlich und streckt und verdünnt dadurch das gesamte Blutvolumen. Durch diese Verdünnung sinkt der Hb-Wert ab. Je tiefer der Hb-Wert ist, desto müder und energieloser werden Sie sich fühlen, weil Ihr Körper den Sauerstoff schlechter transportieren kann. Sie brauchen Eisentabletten, um den Wert wieder zu heben.

16

ICH VERTRAGE ABER DIESE EISENTABLETTEN ÜBERHAUPT NICHT.

Viele Frauen reagieren auf die Eisentabletten mit Übelkeit, Magenbeschwerden, Verstopfung und schwarzem Stuhlgang. Wenn Sie unter diesen Problemen leiden, und diese eindeutig auf die Tabletten zurückzuführen sind, können Sie versuchen, den Eisenwert mit Kräuterblutelixier (im Reformhaus erhältlich) zu heben. Zusätzlich müssen Sie viel Vitamin-C-haltige Nahrung zu sich nehmen. Besonders viel Vitamin-C ist enthalten in: Kiwis, Zitrusfrüchten und allen roten Früchten und Gemüsesorten.

17

WIE SOLL ICH MICH ÜBERHAUPT ERNÄHREN?

Wenn Schwangere nicht gerade von Übelkeit geplagt sind, entwickeln sie oft einen gesunden Appetit. Das ist auch in Ordnung, denn schließlich futtert Ihr ungeborenes Baby eine Menge mit. Gesunde Vollwert-Ernährung, Gemüse, Obst und Milchprodukte dürfen Sie ruhig für zwei essen. Schokolade, Eis und Sahnetorten aber immer brüderlich teilen und nicht alles alleine essen!

18

WIE VIEL GEWICHTSZUNAHME IST DENN ERLAUBT?

Die Gewichtszunahme kann von drei bis dreißig Kilo variieren, wobei drei Kilo sehr wenig und dreißig Kilo sehr viel sind. Im Mittel nimmt eine Frau während der Schwangerschaft etwa zehn bis fünfzehn Kilo zu.

19

WOHER KOMMEN DENN BLOSS DIE GANZEN KILOS?

Sieben bis acht Pfund wiegt das Kind, zwei Pfund die Nachgeburt, zwei Pfund das Fruchtwasser, zwei Pfund das zusätzlich gebildete Blut, ein Pfund die Vergrößerung der Milchdrüsen und zwei bis drei Pfund die

Wassereinlagerungen im Gewebe, das sind insgesamt etwa neun Kilo Gewicht, die sich durch die Schwangerschaft ergeben. Der Rest sind vermutlich Energiereserven, die Mutter Natur in ihrer grenzenlosen Weisheit den Frauen auf die Hüften packt, um sie für die Anstrengung der Geburt und die ersten Monate Säuglingspflege zu wappnen. Bleiben Sie gelassen, Sie werden auch wieder abnehmen.

20

WAS MACHE ICH GEGEN SCHWANGERSCHAFTSSTREIFEN?

Ehrlich gesagt: Im Prinzip nicht viel. Manche Frauen kriegen sie, andere nicht. Inwieweit Ihr Bindegewebe die Dehnung des Bauches und der Brüste mitmacht, ist Veranlagung. Ölen Sie täglich Ihren Bauch und die Hüften mit einer Zupfmassage ein und hoffen Sie das Beste. Ein paar Monate nach der Entbindung verblassen die Streifen zu silbrig schimmernden Linien.

21

DARF ICH MIT DEM FAHRRAD FAHREN?

Aber selbstverständlich dürfen Sie mit dem Fahrrad fahren, solange Sie sich dazu in der Lage fühlen.

22

UND WAS IST MIT SCHWIMMEN GEHEN?

Solange die Fruchtblase nicht gesprungen ist, dürfen Sie schwimmen gehen, bis die Entbindung losgeht. Schwimmen ist gesund, und im Wasser können Sie sich mit Ihrem beschwerlich-dicken Bauch wunderbar entspannen.

23

WAS IST MIT SAUNABESUCHEN?

Wenn Ihr Organismus an regelmäßige Saunagänge gewöhnt ist, dürfen Sie diese fortsetzen, solange Sie Lust dazu haben. Wenn Sie noch nie in der Sauna waren, würde ich Ihnen raten, mit diesem Erlebnis bis nach der Entbindung zu warten.

24

WAS IST ÜBERHAUPT MIT SPORTLICHER BETÄTIGUNG?

Das kommt immer auf die Sportart und Ihre körperliche Fitness an. Hören Sie auf die Signale Ihres Körpers, betreiben Sie keinen Hochleistungssport und fangen Sie nicht während der Schwangerschaft eine neue Sportart an. Spazierengehen, Wandern und Schwimmen sind menschliche Bewegungsarten und kein Sport.

25

BIS ZU WELCHEM ZEITPUNKT DARF ICH MIT MEINEM PARTNER SEX HABEN?

Solange die Fruchtblase nicht gesprungen ist, Sie Lust und Spaß daran haben und noch eine bequeme Haltung dafür finden. Bei drohender Frühgeburt sollten Sie Ihre Lüste etwas zügeln, da durch den Orgasmus starke Gebärmutterkontraktionen ausgelöst werden können.

26

ICH BIN RAUCHERIN UND KANN ES MIR NICHT ABGEWÖHNEN.

Ich erhebe nicht den Zeigefinger, aber spreche aus, was Sie selbst natürlich auch wissen. Rauchen ist schädlich und passiert die Plazentaschranke. Das ist eine Art Barriere, durch die gefährliche Stoffe vom Kind fern gehalten werden. Eine Schwangerschaft ist ein wirklich guter Grund, sich das Rauchen endgültig abzugewöhnen. Wenn es wirklich nicht geht und die Gier zu groß ist, dann setzen Sie sich hin, rauchen gemütlich eine Zigarette und hören auf, sich permanent ein schlechtes Gewissen zu machen. Dieser Stress ist auch schädlich für das Kind. Die beiden letzten Sätze sind aber kein Freibrief für Kettenrauchen! Das verstehen Sie schon, nicht wahr!

27

DARF ICH MAL EIN GLÄSCHEN WEIN TRINKEN?

Zu einem gemütlichen Abendessen dürfen Sie ruhig mal ein Gläschen Wein oder Bier trinken, wobei die Betonung auf »mal« und »Gläschen« liegt. Stärkere Alkoholika oder größere Mengen sind in jedem Stadium der Schwangerschaft und Stillzeit absolut tabu!

28

BIS ZU WELCHEM UMFANG WÄCHST EIGENTLICH DER BAUCH?

Ich habe schon Frauen betreut, die einen Bauchumfang von 140 Zentimetern erreicht haben. Nicht gerade die gängige Taillenweite! Bis zur 12. Woche braucht die Gebärmutter, um aus der Beckenhöhlung herauszuwachsen. Bis zur 24. Woche hat sie den Nabel und bis zur 36. Woche den Rippenrand erreicht. Die letzten vier Wochen stellt sich das Baby mit seinem Köpfchen in Ihre Beckenknochen ein, und es gibt wieder ein wenig Luft unter den Rippen.

29

AB WANN SPÜRE ICH DAS KIND STRAMPELN?

Als Erstgebärende können Sie die Bewegungen etwa um die 20. Woche zum ersten Mal wahrnehmen, Mehrgebärende spüren das Kind schon ab der 16. Woche strampeln. Zuerst haben Sie das Gefühl, dass kleine Schmetterlinge in Ihrem Bauch herumfliegen und mit sanftem Flügelschlag die Gebärmutter streicheln. Je größer und stärker das Kind wird, umso kräftiger werden die Bewegungen. Ab der 30. Woche, wenn Ihr Kind sich mit dem Kopf nach unten im Becken eingestellt hat, spüren Sie das Strampeln rechts oder links unter dem Rippenrand. Übrigens: Die Schlaf- und Wachphasen, die Ihr Baby im Bauch hat, behält es noch etwa sechs bis acht Wochen nach der Geburt bei.

30

WAS IST DIESES REGELMÄSSIGE RUCKEN IN MEINEM BAUCH?

Ihr Baby hat Schluckauf. Ungeborene trinken gerne von dem süßen Fruchtwasser, dann machen sie einen Purzelbaum und schon haben sie den Hicks.

31

IST ES FÜR DAS UNGEBORENE NICHT LANGWEILIG IM BAUCH? WAS MACHT ES DA DRINNEN DEN GANZEN TAG?

Es bereitet sich auf das Leben draußen vor. Es wächst und setzt jeden Tag mehr Gewicht an. Es trainiert seine Muskeln mit Turnübungen. Es nuckelt am Däumchen und lernt ordentlich saugen. Es kennt kein anderes Leben und deshalb ist es ihm nicht langweilig.

32

HAT DAS UNGEBORENE SCHON VERDAUUNG?

Nieren und Blase des Babys üben schon fleißig ihre Funktionen. Das Ungeborene macht laufend Pipi ins Fruchtwasser, und manchmal ist das sogar auf dem Ultraschallbild zu sehen. Wie in einer Kläranlage werden die ein bis zwei Liter Fruchtwasser täglich gesäubert und erneuert. Der Darm nimmt seine Arbeit, außer in akuten Notsituationen, erst nach der Geburt auf.

33

WIRD ES EIN JUNGE ODER EIN MÄDCHEN?

Es gibt viele Ammenmärchen über die Geschlechtsvorhersage, aber keines davon entspricht der Wahrheit. Weder ein spitzer noch ein kugeliger Bauch verraten das Geheimnis. Viel Übelkeit in der Frühschwangerschaft deutet nicht auf einen Jungen hin, und wenn das Kind zu spät kommt, ist es nicht unbedingt ein Mädchen. Übrigens: Auch wenn Sie sehr unter Sodbrennen leiden, kann das Baby eine Glatze haben! Glauben Sie mir: Wenn Sie Ihr Kind nach der Geburt im Arm halten, wird es Ihnen vollkommen egal sein, welches Geschlecht es hat. Und es wird genau das Baby sein, das Sie sich gewünscht haben.

2
ZUR VORBEREITUNG AUF DIE GEBURT

■ ■

Beinahe alle Frauen haben ein wenig Angst vor der Geburt, zumindest beim ersten Kind. Der Gedanke an die bevorstehende »schwere Stunde« bereitet den meisten Schwangeren ein mulmiges Gefühl in der Magengegend. Wie wird es bei mir sein? Wird alles gut gehen? Wie weh tut eine Geburt wirklich? Werde ich mutig und tapfer sein oder bald nach der PDA rufen? Wie lange wird es bei mir dauern? Niemand kann diese Fragen beantworten, und so streben die Frauen mit ihrem Partner in einen Kurs zur Geburtsvorbereitung, um sich für die Entbindung zu wappnen. Früher gab es diese Kurse nicht. Die Kinder wurden in der Schlafstube daheim geboren, jeder im Haus nahm daran Anteil und wusste, wie eine Geburt vonstatten geht. Vorbereitung war kaum nötig. Dann verlagerte sich die Geburtshilfe hinter die geheimnisvoll verschlossenen Kreißsaaltüren der Kliniken. Zutritt nur wehenden Frauen erlaubt! Das so genannte »Badegespräch« kam in Mode. Während die Schwangere ein langes, entspannendes Bad nahm, saß die Hebamme auf dem Rand der Wanne und erklärte der Frau den Ablauf der Geburt. Immerhin schon eine Art von Vorbereitung.

Der Gynäkologe Dick-Read, der 1942 sein Buch »Mutterwerden ohne Angst« veröffentlichte, gab den Frauen endlich konkrete Informationen über den Geburtsverlauf und damit Hilfe gegen den Wehenschmerz. Die ersten Vorbereitungskurse entstanden. Vieles, was heute als neue Erkenntnis gilt, stammt aus diesem Buch. Der russische Geburtshelfer Lamaze und der Franzose Leboyer überarbeiteten und vervollständigten etwa 1970 die Informationen über das Geschehen um die Geburt.

Heute werden den jungen Eltern so viele Methoden zur Vorbereitung auf die Geburt angeboten, dass selbst eine erfahrene Hebamme wie ich den Überblick verloren hat. Ob Yoga, Bauchtanz, Schwimmen, Meditation, Schwingungen der Edelsteine oder Anschluss an die kosmischen Energien des Universums – alles wird den Schwangeren angeboten und die Verwirrung ist groß. Ich kann Ihnen aber versichern: Eine Geburt ist ein sehr irdischer Vorgang, und das Wissen über die biologischen Abläufe kann Ihnen eine kompetente Hebamme sicher am besten vermitteln. Melden Sie sich in einem normalen Kursus an, der ohne Schnickschnack und esoterische Energien auskommt. Die helfen Ihnen nämlich bei der Entbindung nicht viel weiter. Außerdem übernimmt die Krankenkasse nur für die von Hebammen geleiteten Kurse die Unkosten.

34

WORAN ERKENNE ICH DENN EINEN GUTEN KURS?

Sie und Ihr Partner fühlen sich vom ersten Moment an gut aufgehoben. Ihre persönlichen Vorstellungen, Wünsche und Entscheidungen werden kommentarlos akzeptiert. Ihre Fragen werden respektvoll beantwortet. Die Kursleiterin ist freundlich, aber auch in der Lage, Grenzen zu setzen. Sie lernen die biologisch-anatomischen Abläufe der Geburt, Atemtechniken, Massagen und Entspannungsübungen. Sie sprechen über alle Dinge, die Ihnen im Kreißsaal begegnen können. Über die ungeborenen Babys wird immer in liebevoller Weise geredet. Es gibt Zeit und Raum für persönliche Gespräche. Vielleicht schauen Sie sich gemeinsam einen Film an und besichtigen einen Kreißsaal. Am Ende des Kurses sollte Ihre Neugier auf das Geburtserlebnis geweckt sein. Wenn der Kurs zu einem Kaffeekränzchen ausartet, nehmen Sie das nicht hin. Sie haben das Recht auf einen gut organisierten Kurs. Falls die Leiterin selbst (oder andere Teilnehmerinnen) Ihnen moralische Vorhaltungen macht, weil Sie sich entschieden haben, nicht zu stillen oder sofort nach der Geburt wieder zu arbeiten, verlassen Sie den Kurs und beschweren Sie sich bei der Krankenkasse.

35

FÜR WANN SOLLTE ICH MICH FÜR EINEN KURS ANMELDEN?

Der beste Zeitpunkt ist die 30. Schwangerschaftswoche, da die meisten Kurse acht Treffen in wöchentlichem Abstand beinhalten. Dann sind Sie bei Ende des Kurses kurz vor der Entbindung und alles Gelernte ist frisch in Ihrem Gedächtnis.

36

WAS MUSS ICH ZU DEM KURS MITBRINGEN?

Nehmen Sie Ihren Partner, eine gemütliche Jogginghose, ein paar dicke Socken und Ihren Krankenkassenchip mit.

37

MEIN PARTNER WILL ODER KANN NICHT MITGEHEN ZUM KURS.

Grämen Sie sich nicht und nehmen Sie es Ihrem Partner nicht übel. Viele Männer fühlen sich unbehaglich in dem »Hechelkurs« und überwältigt von der geballten Weiblichkeit. Machen Sie ihn neugierig durch Ihre Erzählungen, vielleicht kommt er dann wenigstens mit zur Geburt.

38

SOLL ICH DENN EINEN SÄUGLINGSPFLEGEKURS BESUCHEN?

In den meisten Vorbereitungskursen ist ein Abend ohnehin der Babypflege gewidmet, so dass ich es nicht für nötig halte, einen speziellen Wickelkurs zu belegen. Außerdem werden Sie nach der Entbindung von den Säuglingsschwestern und Hebammen geduldig und liebevoll in der Babypflege angeleitet.

39

WANN MUSS ICH DENN MEIN KÖFFERCHEN FÜR DIE KLINIK PACKEN?

Da das Kind bereits zwei Wochen vor dem ausgerechneten Termin kommen darf, ist es gut, wenn Sie bis zur 38. Woche alles vorbereitet haben.

40

UND WAS MUSS IN DAS KÖFFERCHEN REIN?

Stellen Sie sich vor, Sie würden für einige Tage verreisen und packen dafür ein. Wichtig sind ein Paar Hausschuhe oder Sandalen, ein Bademantel, ein bequemer Jogginganzug (Sie wollen doch in der Klinik nicht im Nachthemd herumgeistern?), Ihre Toilettenartikel, ein gutes Buch, Handtücher und ein paar T-Shirts. Als Unterwäsche nehmen Sie entweder Einmalslips von der Klinik oder Wegwerfhöschen aus der Drogerie. Die Sexy-Slips lassen Sie zu Hause für spätere Tage, die passen nämlich nach der Geburt noch nicht.

41

UND WAS IST MIT DIESER GANZEN STILLBEKLEIDUNG?

Jedes Hemd, das sich aufknöpfen oder hochheben lässt, leistet als Stillbekleidung wunderbare Dienste. Kaufen Sie sich bloß kein Stillnachthemd oder ähnlichen Schnickschnack.

42

ABER STILL-BHS BRAUCHE ICH DOCH, ODER?

Der Still-BH dient drei Zwecken. Zum einen soll er Ihre Brust ein wenig stützen und halten, wenn sie durch den Milcheinschuss schwer und groß geworden ist. Zum Zweiten würden ohne BH die Stilleinlagen immer runterfallen, und zum Dritten hat der Still-BH spezielle Ösen, die es Ihnen erleichtern, die Brust zum Stillen freizulegen, ohne dass Sie den ganzen BH ausziehen müssen. Wenn Sie gewöhnt sind, einen Büstenhalter zu tragen, kaufen Sie sich in der Frühschwangerschaft zwei gute Schwangerschafts-BHs, die ein bisschen mitwachsen und vor der Entbindung einen Still-BH, der zwei Körbchengrößen mehr Platz bietet. Nach der Entbindung, wenn der Milcheinschuss vorüber ist, holen Sie sich einen weiteren Still-BH, den Sie dann in der Größe genau der stillenden Brust anpassen.

43

ICH HABE ABER NOCH NIE IN MEINEM LEBEN EINEN BH GETRAGEN!

Wenn Sie Ihr bisheriges Leben ohne Büstenhalter verbracht haben, müssen Sie auch während der Stillzeit keinen BH tragen, denn es gibt keinen medizinischen oder anatomischen Grund dafür.

44

VERDIRBT ES NICHT DIE FORM DER BRUST, KEINEN STILL-BH ZU TRAGEN?

Brüste haben keine Muskeln, und können sich demnach nicht von alleine halten. Das Gewebe, aus dem sie bestehen, ist mehr oder weniger üppig. Durch die hormonellen Veränderungen während Schwangerschaft und Milchbildung schwellen die im Brustgewebe befindlichen Milchdrüsen an, die Form der Brust verändert sich und der Umfang wird größer. Eine große Brust ist stärker der Schwerkraft ausgesetzt als eine kleine. Der Still-BH hilft halten, aber verhindert nicht die Formveränderung durch die Hormone.

45

WIE BEREITE ICH DIE BRUSTWARZEN AUF DAS STILLEN VOR?

Dunkle, bräunliche Brustwarzen sind weniger empfindlich als helle und rosafarbene. Sie können Ihre Brustwarzen täglich mit kühlem Wasser abwaschen, mit einem festen Schwämmchen oder Bürstchen abrubbeln und zwischendurch mal oben ohne gehen. Sonne, Frischluft und das Scheuern an der Kleidung härten die Brustwarzen ab. Bei Frühgeburtsbestrebungen sollten Sie Ihre Brustwarzen in Ruhe lassen, weil durch diese Manipulationen weitere Wehen ausgelöst werden könnten. Trotz bester Vorbereitung bekommen viele Frauen in den ersten Stilltagen wunde, aufgerissene Brustwarzen, da das Baby so gierig saugt. Lassen Sie sich von Ihrer Hebamme eine gute Salbe und Ratschläge geben. Hilfe bei allen Problemen finden Sie außerdem in Kapitel 11.

46
WERDE ICH ÜBERHAUPT STILLEN KÖNNEN?

Wenn Sie zwei Brüste haben, werden Sie stillen können. Alles weitere über das Stillen lesen Sie in Kapitel 11.

47
ICH MÖCHTE KEINEN DAMMSCHNITT. WIE KANN ICH MICH VORBEREITEN?

Kaufen Sie sich in der Apotheke ein Fläschchen mit Johanniskrautöl und beginnen Sie ab der 32. Woche mit der täglichen Damm-Massage. Das Öl darf nicht in die Scheide gelangen, weil sonst das dort herrschende saure Milieu gestört wird. Nehmen Sie zwei bis drei Tropfen von dem Öl, verteilen Sie es zwischen den Fingerspitzen und massieren dann die Hautstelle zwischen Vagina und After. Sie dürfen den Damm auch mit zwei Fingern dehnen, bis Sie ein Prickeln und Spannen fühlen. Regelmäßige Damm-Massage ist aber leider keine Garantie dafür, dass unter der Geburt nicht doch ein kleiner Schnitt vonnöten sein wird.

48
SOLL ICH VIEL ÜBER DIE GEBURT LESEN, UM MICH VORZUBEREITEN?

Nein, das würde ich Ihnen nicht empfehlen. Durch die Schilderungen der Geburten können sich Ihre Ängste eher verstärken als vermindern. Jede Geburt ist einzigartig, so wie jede Frau einzigartig ist. Schalten Sie auch die Ohren auf Durchzug, wenn Ihnen Omas, andere Mütter oder Freundinnen von ihren Erlebnissen bei der Geburt berichten wollen. Negatives über tagelangen Wehenschmerz und viel Blut sollten Sie sofort abblocken.

49
ICH TRÄUME DAUERND VON DER GEBURT. IST DAS NORMAL?

Alle Menschen träumen jede Nacht und manche können sich besser daran erinnern als andere. Wir wissen aus der Traumforschung, dass in der Nacht sowohl banale als auch aufregende Ereignisse im Traum bearbeitet werden. Warum sollten Sie nicht von dem bevorstehenden Ereignis der Geburt träumen? Viele Schwangere träumen, dass das Kind schon da ist, ohne Wehen plötzlich geboren wurde und beim Aufwachen sind sie ganz enttäuscht. Auch über das Geschlecht und das Aussehen des Babys wird geträumt.

50

ICH HABE ABER NUR ANGSTTRÄUME. IST DAS AUCH NORMAL?

Angstträume von der Geburt und schreckliche Träume über ein krankes oder behindertes Kind sind völlig normal. Lassen Sie sich davon nicht erschrecken und sehen Sie diese Träume um Himmels willen nicht als ein schlechtes Omen an. Jede werdende Mutter trägt die Ungewissheit, ob mit ihrem Baby alles in Ordnung sein wird, in sich. Das gehört zum Leben und zu einer Schwangerschaft dazu. Beinahe alle Kinder werden jedoch gesund und wohlgestaltet geboren. Durch Befragungen von jungen Müttern hat man herausgefunden, dass Frauen, die am meisten über schreckliche Geburten geträumt hatten, am schnellsten und leichtesten entbunden haben. Vielleicht wird im Traum die Angst vor der Geburt im Voraus verarbeitet und wenn es dann wirklich losgeht, sind diese Frauen entspannter und haben weniger Angst.

51

FÜR WELCHE KLINIK SOLL ICH MICH DENN ENTSCHEIDEN?

Bei einer bevorstehenden Früh- oder Risikogeburt sollten Sie immer in ein großes Krankenhaus mit direkt angeschlossener Kinderklinik gehen. Bei einer normalen Entbindung können Sie zuerst überlegen, welche Kriterien Ihnen wichtig sind. Vielleicht bevorzugen Sie eine Klinik mit allergrößter medizinischer Sicherheit, vielleicht ist es Ihnen wichtig, in der Nähe Ihres Wohnortes zu sein oder vielleicht suchen Sie die Möglichkeit einer alternativen Entbindung in einem Geburtshaus. Jede Entscheidung birgt Vor- und Nachteile. Besprechen Sie Ihre Wünsche mit Ihrem Arzt und der Hebamme. Sie können in zwei oder drei Kliniken einen Infoabend besuchen, ein wenig mit dem Personal plaudern und den Kreißsaal besichtigen und dann in kluger Abwägung mit Herz und Verstand entscheiden.

52

ICH MÖCHTE GERNE IN EINEM GEBURTSHAUS ENTBINDEN. IST DAS RATSAM?

Mittlerweile gibt es beinahe in allen größeren Städten ein so genanntes Geburtshaus. Begleitet von einer erfahrenen Hebamme können Sie dort in einem gemütlich eingerichteten Entbindungszimmer Ihr Kind zur Welt bringen. Meistens steht ein Gynäkologe abrufbereit im Hintergrund und falls sich unter der Geburt Probleme ergeben sollten, werden Sie in eine Klinik verlegt. Wenn Sie in einem Geburtshaus entbinden möchten, ist es sehr wichtig, frühzeitig Kontakt zu den dort arbeitenden Hebammen aufzunehmen.

53

ICH MÖCHTE EINE HAUSENTBINDUNG MACHEN. IST DAS GEFÄHRLICH?

Wenn Sie eine Hausgeburt planen, müssen Sie sich auf einigen Widerstand seitens der Ärzte, Ihrer Familie oder Ihres Freundeskreises gefasst machen. Sie werden Sätze hören wie: »Wir sind doch nicht mehr im Mittelalter« oder »du gefährdest das Leben des Babys«, und Ihr Entschluss kann schnell ins Wanken geraten. Nur noch wenige Hebammen kommen zu einer Entbindung ins Haus, aber nach meiner Erfahrung gibt es einen gleich bleibenden Anteil von etwa fünf Prozent aller Frauen, die sich eine Hausgeburt wünschen und deren Wünsche sollen respektiert und nicht untergraben werden. Die Bedingungen, die erfüllt sein müssen, wenn Sie Ihr Kind zu Hause gebären möchten, legt die Hebamme mittels ihrer Erfahrung fest. Ich spreche hier weder für noch gegen eine Hausentbindung, aber weiß aus langjähriger Tätigkeit: Jede Geburt birgt gefährliche Aspekte, und in einem Krankenhaus kann ebenso etwas »schief gehen« wie zu Hause. Absolute Sicherheit gibt es nirgendwo. Entscheidend sind Ihr Wunsch, Ihre Vorstellungen und eine sehr erfahrene Hebamme.

54

WAS IST EIGENTLICH MIT DEM MUTTERPASS?

Der Mutterpass ist ein Dokument, in dem alle wichtigen Untersuchungsergebnisse, Befunde aus der Vorsorge und die Entwicklung der Schwangerschaft niedergeschrieben ist. Lassen Sie sich ruhig alle Einträge und Abkürzungen erklären. Es steht nichts darin, was Sie nicht wissen dürfen. Sie sollten ihn immer bei sich tragen, und immer heißt: wirklich immer!

55

MEIN BAUCH WIRD ZWISCHENDURCH GANZ HART. HABE ICH SCHON WEHEN?

Etwa ab der 30. Schwangerschaftswoche beginnt Ihre Gebärmutter, sich auf den großen Tag der Geburt vorzubereiten. Sie übt die Wehen und dabei wird der Bauch ganz hart. Acht bis zehn dieser Kontraktionen pro Tag sind normal und vollkommen ungefährlich. Wenn Sie bei dem Hartwerden des Bauches allerdings Schmerzen im Kreuz oder Unterleib verspüren, sollten Sie sich schnellstmöglich untersuchen lassen.

56

WANN GEHT ES DENN NUN WIRKLICH RICHTIG LOS?

Man vermutet, dass das Kind ein hormonelles Signal an den Organismus der Mutter abgibt, wenn es geboren werden will. Dieses Hormon löst dann die Wehen aus.

57

WIE WIRD ES MIR GEHEN, BEVOR DIE GEBURT BEGINNT?

In den letzten Tagen vor der Entbindung fühlen sich die meisten Frauen nicht sehr wohl. Körperliche Zeichen wie Durchfall, Erbrechen und Übelkeit machen Ihnen eventuell zu schaffen, eine leichte vaginale Schmierblutung kann auftreten, und Ihre seelische Befindlichkeit sackt auf einen Tiefpunkt. Schlechte Laune, Reizbarkeit, Genervtsein und das Gefühl, den dicken Bauch satt zu haben, deuten auch darauf hin, dass die Geburt bevorsteht. Gehen Sie spazieren, schlafen Sie viel und setzen Sie sich nicht selbst unter Druck. Irgendwann geht es los !

58

BEI MIR GEHT ABER GAR NICHTS LOS. ICH BIN »ÜBERFÄLLIG«.

Der ausgerechnete Termin ist nur ein Anhaltspunkt, wann das Kind kommen könnte. Sie wissen, dass Ihr Baby vierzehn Tage davor oder danach zur Welt kommen kann. Ab dem Stichtag müssen Sie und Ihr ungeborenes Kind jeden zweiten Tag untersucht werden. Das ist ein wenig lästig, aber notwendig. Ein Tipp: Geben Sie den werdenden Großeltern, Ihren Freunden und Bekannten am Anfang der Schwangerschaft einfach den Entbindungstermin zehn Tage später an, so werden Sie nicht mit besorgten Fragen gelöchert, weil alle denken, Sie seien noch nicht so weit.

59

WIE MERKE ICH, DASS DIE GEBURT BEGONNEN HAT?

Sie haben entweder einen Blasensprung oder Sie bekommen Wehen.

60

TUT DAS WEH, WENN DIE FRUCHTBLASE SPRINGT?

Nein, es tut nicht weh. Sie merken nur, dass plötzlich warmes, durchsichtiges Wasser abläuft, was sich nicht zurückhalten lässt. Die Fruchtblase springt oft in der Nacht und sehr selten unterwegs, wenn Sie gerade an der Kasse im Supermarkt anstehen.

61

MUSS ICH MICH SOFORT HINLEGEN, WENN DIE BLASE GESPRUNGEN IST?

Nein, das sieht man heute nicht mehr so streng. Nur wenn Sie eine Frühgeburt oder ein Kind in Steißlage erwarten, sollten Sie den Rettungsdienst holen und sich liegend in die Klinik bringen lassen. Der Blasensprung ist das eindeutigste Signal zum Geburtsbeginn, obwohl die Wehen noch auf sich warten lassen können. Sie sollten in Kürze die Klinik aufsuchen, damit das Fachpersonal abschätzen kann, ob eine Infektionsgefahr besteht und die Wehen eventuell etwas unterstützt werden müssen.

62

WANN SOLL ICH IN DIE KLINIK FAHREN?

Ich halte nichts davon, diese Entscheidung mit der Uhr in der Hand zu fällen. Gehen Sie ins Krankenhaus, wenn Ihr Gefühl Ihnen dazu rät, ob die Wehen nun alle halbe Stunde oder in Fünf-Minuten-Abständen kommen. Die Hebammen werden Sie immer freundlich willkommen heißen, Sie untersuchen, ein CTG schreiben und dann mit Ihnen gemeinsam eine Entscheidung über das weitere Vorgehen treffen. Wenn die Wehen noch schwach sind, dürfen Sie spazieren gehen, und wenn Sie schon richtige Wehen haben und der Muttermund sich öffnet, bleiben Sie ohnehin in Hebammenhänden. Sie können nichts verkehrt machen, wenn Sie auf Ihr Gefühl hören.

63

UND WIE LANGE DAUERT ES, BIS ICH MEIN BABY GEBOREN HABE?

Rechnen Sie beim ersten Kind mit etwa 12 bis 14 Stunden Wehen und beim zweiten Kind mit der Hälfte dieser Zeit.

64

UND WANN KOMME ICH ENDLICH IN DEN KREISS-SAAL?

Fälschlicherweise werden immer die gesamten Räumlichkeiten der Geburtshilfe-Station als Kreißsaal bezeichnet, obwohl eigentlich nur das Zimmer, in dem das Kind geboren wird, der Kreißsaal ist. Also: in den richtigen Kreißsaal kommen Sie, wenn der Muttermund etwa fünf bis sechs Zentimeter offen ist und Sie nicht mehr alleine umhergehen dürfen. Ab diesem Zeitpunkt ist auch permanent eine Hebamme bei Ihnen, die Ihnen hilft, mit den Wehen zurechtzukommen, die nach dem Wohlbefinden des Kindes schaut und die Sie und Ihren Partner als »Weise Frau« durch die langen Stunden der Geburt begleitet.

3
ENDLICH IM KREISS-SAAL

▪ ▪

Böse Zungen behaupten, das Wort »Kreißsaal« käme von dem Verb »kreischen«. Das stimmt natürlich nicht. Kreißen ist ein althochdeutsches Wort und heißt: in den Wehen liegen. Eine Kreißende ist demnach eine Frau, die gerade in den Wehen liegt. Aber warum ein Saal? In den frühesten Zeiten der klinischen Geburtshilfe war der Entbindungsraum tatsächlich ein großer Saal, in dem mehrere Frauen, nur durch spanische Wände getrennt, auf einmal entbanden. Der Luxus, jeder Gebärenden einen eigenen, die Intimsphäre wahrenden Raum zuzugestehen, kam erst vor gut zwanzig Jahren auf. Wie stellen Sie sich einen Kreißsaal vor? Bis zur Decke gekachelt, mit grellen Lampen und chromblitzenden Instrumenten, ein steriles Bett in der Mitte und rundherum vermummte Gestalten. Diese Art von Kreißsaal gibt es wirklich. Das ist der Raum für den Kaiserschnitt. Und es ist auch gut so, dass es diesen Raum gibt, denn bei einem Kaiserschnitt muss steril, effizient und bei guter Beleuchtung gearbeitet werden.

Allzu lange ist die Medizin noch nicht in der Lage, ein ungeborenes Kind aus dem Leib einer lebenden Frau zu holen. Erst das Wissen über die Sterilität, die Blutstillung und die Narkose machte dieses Wunder möglich. Cäsar, der römische Kaiser, soll als Erster mittels dieser Operation das Licht der Welt erblickt haben. In früheren Zeiten war der gelungene Kaiserschnitt sicherlich eine dramatische und Aufsehen erregende Operation. Heute werden etwa zehn Prozent aller Kinder auf diese Weise geboren, und als Routineoperation hat der Kaiserschnitt seine Dramatik verloren. Trotz aller Routine ist ein Kaiserschnitt aber auch heute noch für jede Frau ein sehr aufregendes Ereignis, und Sie brauchen sich nicht zu schämen, wenn Sie ein wenig

Angst davor haben. Ein erfahrenes OP-Team wird Sie begleiten und versuchen, den Kaiserschnitt auch als schönes Geburtserlebnis zu gestalten.

Doch zurück in den Kreißsaal. Im Prinzip sieht dieser Raum in jeder Klinik gleich aus. Wichtiger als die Behaglichkeit ist die Funktion, und ich kann Ihnen versichern, dass ab einem bestimmten Punkt während der Geburt die Farbe der Tapeten und Vorhänge für Sie so unwichtig sein wird wie die Rückseite des Mondes. Ich möchte damit sagen, dass Sie Ihre Entscheidung für oder gegen eine Klinik nicht nur an der Kreißsaal-Ausstattung messen sollten, sondern an der Atmosphäre der ganzen Geburtsstation. Arbeiten dort freundliche Menschen? Ist man an Ihnen und Ihren Vorstellungen interessiert? Dürfen Sie Fragen stellen oder begegnet man Ihnen herablassend? Fühlen Sie sich sicher und geborgen oder abgefertigt?
Gehen Sie in den letzten Wochen der Schwangerschaft ruhig zwei oder dreimal in den Kreißsaal Ihrer Wahl, sprechen Sie mit den Hebammen, fragen Sie alles, was Sie auf dem Herzen haben, und lassen Sie sich vielleicht sogar dort untersuchen. Werten Sie es nicht als Desinteresse, wenn die Hebammen einmal nicht so viel Zeit haben. Wenn Sie in den Wehen liegen, möchten Sie – genauso wie die Frau, die jetzt im Kreißsaal ist – eine aufmerksame und fürsorgliche Person um sich haben, die nicht dauernd wegläuft und sich mit dem Besuch auf dem Gang unterhält. Schauen Sie auch einmal auf die Babystation und sprechen Sie mit den Säuglingsschwestern. Wenn diese mit den Neugeborenen liebevoll und behutsam umgehen, sind Sie am richtigen Ort und können dann bald selbst mit der Entbindung loslegen.

»EIN WEIB, WENN SIE GEBIERT,
SO HAT SIE TRAURIGKEIT, DENN IHRE STUNDE IST
GEKOMMEN.
WENN SIE ABER DAS KIND GEBOREN HAT,
DENKET SIE NICHT MEHR AN DIE ANGST,
UM DER FREUDE WILLEN,
DASS DER MENSCH ZUR WELT GEBOREN IST.«

(JOHANNES 16, 21)

65

WAS BEFINDET SICH ALLES IN EINEM KREISS-SAAL?

Das Hauptmöbelstück in einem Kreißsaal ist natürlich das Kreißbett. Von allen Seiten zugänglich, höhenverstellbar und flugs in eine Art gynäkologischen Stuhl verwandelbar, steht es mitten im Raum. Sauber und frisch bezogen, mit diversen Kissen und netter Bettwäsche bestückt, wirkt es direkt gemütlich. Das wirkt aber nur so. Denn nach zwanzig Stunden auf diesem Bett tun jeder Frau die Hüftknochen weh, egal wie gut sie gepolstert ist. Aber Sie wollen ja nicht zwanzig Stunden liegen, sondern herumgehen und in der Senkrechten bleiben, solange es Ihnen möglich ist!

Das nächste wichtige Möbelstück im Kreißsaal ist der CTG-Apparat. CTG ist übrigens die Abkürzung für: Cardio-Toko-Graph, was schlicht Herzton- und Wehenschreiber bedeutet. Selbstverständlich gibt es einen dicken, gemütlichen Sessel für den werdenden Papa, falls er etwas grün um die Nase werden sollte. Ein angewärmter Wickeltisch, der in geheimen Fächern alle medizinischen Utensilien verbirgt, die einem Kind zur Not auf die Sprünge helfen können, steht in jedem Kreißsaal für das Baby bereit. Diskret in einem Schrank versteckt sind die Gerätschaften für eine Zangengeburt, Spritzen, Kanülen, Medikamente und sterile Handschuhe. Ein Kreißsaal ist immer nur zweckmäßig eingerichtet und nicht für eine längere Verweildauer vorgesehen.

66

UND WAS IST EIN SO GENANNTER »WOHNZIMMER-KREISS-SAAL?«

Ein Wohnzimmer-Kreißsaal ist der Versuch, auch in der Klinik eine familiär-gemütliche Atmosphäre zu schaffen. Statt eines schmalen, harten Kreißbettes steht ein großes Doppelbett mit vielen Kissen zur Verfügung. Auch der Vater hat in diesem breiten Bett Platz. Das Zimmer ist geschmückt mit Vorhängen, Bildern und Blumen. Für das Baby gibt es eine kuschelige Wiege. Das Licht, die Einrichtung und die gemütliche Umgebung vermitteln das Gefühl, geborgen und zu Hause zu sein. Die medizinischen Geräte stehen separat einsatzbereit. Diese gemütlichen Entbindungszimmer gibt es in allen Geburtshäusern, und viele Krankenhäuser haben sich für diese neue Idee geöffnet. Wohn-zimmer-Kreißsaal ist aber eigentlich das falsche Wort, denn bei einer Hausgeburt entbindet die Frau in ihrem Bett, und nicht im Wohnzim-mer auf der Couchgarnitur.

67

WAS TRÄGT MAN ALS MODERNE FRAU IM KREISS-SAAL?

Die Zeiten, in denen bei Eintritt in den Kreißsaal den Frauen ein wei-ßes, hinten zugeknöpftes Hemdchen verpasst wurde, sind vorbei. Sie können ein langes, auskochbares T-Shirt für die Geburt einpacken, ein Paar Sandalen oder Pantoffeln, dicke Socken und einen Bademantel. Während der Eröffnungsphase brauchen Sie auch einen Slip, damit Sie nicht mit nacktem Po herumlaufen müssen. Wer tut das schon gerne? Nach der Entbindung werden Sie frisch gewaschen oder Sie können duschen. Ein Tipp: Wenn Sie lange Haare haben, bringen Sie sich ein Haarband mit oder machen Sie sich Zöpfe. Unter der Geburt kommen Sie ordentlich ins Schwitzen, und schweißverklebtes Haar rund um den Kopf erhöht nicht gerade das Wohlbefinden.

68

WAS GESCHIEHT, WENN ICH MIT WEHEN IN DEN KREISS-SAAL KOMME?

Das Wichtigste ist: Hebammen wissen, dass Kinder grundsätzlich zu den unchristlichsten Tageszeiten geboren werden und so können Sie jederzeit, auch am Sonntag und in der Nacht, die Entbindungsstation aufsuchen. Dort wird im Schichtdienst gearbeitet, Sie werden nieman-den stören oder wecken. Sie klingeln also an der Kreißsaaltür. Die Hebamme öffnet Ihnen und heißt Sie herzlich willkommen. Zuerst kommen Sie mit Koffer, Taschen und Wehen in einen kleinen, separa-ten Vorbereitungsraum und müssen einige Formulare ausfüllen. Dann werden Sie untersucht und bekommen ein CTG geschrieben. Man macht sich sozusagen erst einmal ein Bild, ob die Geburt wirklich schon angefangen hat und wenn ja, wie weit es ist, ob es dem Baby gut geht, wie Sie mit den Wehen zurechtkommen und ob alles in Ordnung ist.

69

UND WENN ICH NOCH KEINE WEHEN, ABER EINEN BLASENSPRUNG HABE?

Dann passiert genau dasselbe. Ein CTG wird geschrieben, und Sie werden vaginal untersucht. Es muss nachgeschaut werden, wie tief unten das Köpfchen des Kindes liegt, und ob Sie unbesorgt umherlaufen können, um die Wehen in Gang zu bringen.

70

WARUM WIRD DAUERND EIN CTG GESCHRIEBEN?

Die Herzschläge Ihres Babys geben die beste Auskunft über sein Wohlbefinden. Sie kennen den Apparat schon aus der Vorsorge und wissen, dass das weder gefährlich noch schmerzhaft ist. An den Herzschlägen lässt sich ablesen, ob die Wehen dem Baby zu stark sind und eine rasche Hilfe notwendig ist. Fassen Sie sich also in Geduld, wenn die Hebamme wieder mit den Kabeln anrückt. Während der Eröffnungszeit wird das CTG nur in Intervallen angelegt, und in der Pressphase läuft es ständig. Sie sind sicher auch beruhigt, wenn Sie wissen, dass Ihr Baby wohlauf ist.

71

WIE OFT WERDE ICH DENN NOCH VAGINAL UNTERSUCHT?

Ich weiß, dass die vaginalen Untersuchungen nicht sonderlich angenehm sind, aber da das Baby nun mal aus dieser Körperregion herausschlüpft, muss die Hebamme auch dort den Stand der Dinge untersuchen. Etwa alle zwei Stunden wird die weitere Eröffnung des Muttermundes überprüft. In der Pressphase ist die Untersuchung häufiger notwendig. Versuchen Sie auszuatmen und sich zu entspannen, dann ist es nicht so unangenehm.

72

WERDEN HEUTZUTAGE NOCH DIE SCHAMHAARE ABRASIERT?

Nein, denn bei einer normalen Entbindung ist das überflüssig. Nur bei einem Kaiserschnitt wird Ihnen unten herum eine »Glatze« verpasst.

73

UND WAS IST MIT DEM BERÜCHTIGTEN EINLAUF?

Allen schwangeren Frauen, die in meiner Obhut sind, ist es eine schreckliche Vorstellung, während des Pressens nicht nur das Kind, sondern auch Stuhl mit herauszudrücken. Ich kann Sie gleich beruhigen und Ihnen sagen, dass genau das beinahe allen Frauen passiert. So sind Sie in guter Gesellschaft und brauchen sich keine Gedanken über diesen peinlichen Vorfall zu machen. Die Wehen schieben das Köpfchen des Kindes immer tiefer herunter. Das Köpfchen des Kindes schiebt wie ein Schaufelbagger alles vor sich her, was im Weg ist. Hebammen sind diese Unannehmlichkeit gewöhnt, und das Peinliche wird rasch beseitigt. Sie werden nichts davon merken und ein Einlauf beschützt Sie auch nicht davor. Wenn Sie vor der Geburt schon ein paar Tage nicht auf der Toilette waren, lassen Sie sich bei Wehenbeginn ein kleines Klistier geben, damit Sie sich wohler fühlen.

74

DARF ICH IM KREISS-SAAL NOCH EIN BAD NEHMEN ODER DUSCHEN?

Wenn nach der Ankunftsuntersuchung festgestellt wurde, dass alles in bester Ordnung und Ihr ungeborenes Kind wohlauf ist, dürfen Sie machen, was Sie wollen und was Ihnen gut tut. Sie dürfen baden, duschen, spazieren gehen oder sich ins Bett legen. Etwa alle zwei Stunden werden Sie zu einer weiteren Untersuchung in den Kreißsaal bestellt. Manchmal allerdings – wenn die Fruchtblase gesprungen ist und das Köpfchen des Kindes noch zu hoch sitzt – müssen die Frauen im Bett liegen und dürfen weder baden noch duschen, bis das Baby durch Wehen in eine günstigere Lage geschoben worden ist.

75

WARUM IST UMHERGEHEN ZUR ERÖFFNUNG DES MUTTERMUNDES GUT?

Die meisten Gebärenden wehren sich instinktiv gegen das Liegen, denn durch eine aufrechte Körperposition wird wesentlich mehr Druck nach unten ausgeübt und der Muttermund öffnet sich schneller und leichter. Aufrecht sind die Wehen viel weniger schmerzhaft und besser zu bewältigen. Gehen Sie herum – notfalls in kleinen Kreisen immer ums Kreißbett – bis Ihre Füße Sie nicht mehr tragen. Erst dann sollten Sie sich auf das Kreißbett legen.

76

UND WAS BRINGT DER DICKE PEZZI-BALL?

Setzen Sie sich nicht selbst unter Druck, die Wehen unbedingt auf dem dicken Ball veratmen zu wollen. Den meisten Gebärenden ist das eine viel zu wackelige Angelegenheit, und sie stehen nach einer Wehe wieder von dem Ball auf. Wenn es Ihnen gefällt, ist der Ball prima.

77

WARUM WIRD MIR NOCH BLUT ABGENOMMEN?

Mit diesem kleinen Pieks, der in beinahe allen Kliniken vorgenommen wird, werden die aktuellen Werte Ihres Blutes getestet. Es ist nur eine Sicherheitsmaßnahme, die Ihrer Gesundheit dient.

78

WOFÜR DIENT DIE KANÜLE IM ARM?

Auch das dient nur der Sicherheit, denn Sie wissen, dass jeder Geburt auch ein gefährlicher Aspekt innewohnt. Durch den Zugang zu Ihrem Kreislauf mittels der Kanüle können Sie im Notfall sofort mit Infusionen oder Medikamenten versorgt werden. Die dicken Kanülen sind aus biegsamem Plastikmaterial, stören nicht, und Sie können sich völlig frei bewegen.

79

UND WARUM WIRD MEHRMALS BLUTDRUCK UND FIEBER GEMESSEN?

Auch das sind vorbeugende Maßnahmen, um eine gefährliche Situation für Sie oder Ihr Baby rechtzeitig erkennen zu können. Steigender Blutdruck kann eine beginnende Schwangerschaftsvergiftung andeuten und Fieber eine Entzündung.

80

IST DIESE GANZE MEDIZINISCHE PROZEDUR DENN NOTWENDIG?

Selbstverständlich ist eine Geburt keine Krankheit und die ganze medizinische Prozedur ist letztendlich nicht notwendig. Aber: Wenn 999 Kinder ohne Probleme geboren werden, kann beim tausendsten Kind eine Komplikation auftreten, die rasches medizinisches Eingreifen erforderlich macht. Wenn Ihr Baby dann dieses tausendste Kind ist, sind Sie dankbar und froh über die schnelle medizinische Hilfe. Es ist eine schwierige Frage, die auch unter Geburtshelfern sehr kontrovers diskutiert wird. Der momentane Konsens ist: So viel Sicherheit wie möglich, so wenig Technik wie nötig. Keiner ist gerne im Krankenhaus oder setzt sich gerne medizinischen Behandlungen aus, aber bei einer Geburt geht es immer um zwei Menschenleben, die beide gesund und munter nach vollbrachter Tat den Kreißsaal verlassen sollen.

81

IST AUCH IMMER EIN GYNÄKOLOGE BEI DER GEBURT DABEI?

Hebamme und Gynäkologe sind in der Geburtshilfe ein Team. Einer vertraut dem Können des anderen und bei Problemen wird Hand in Hand gearbeitet. Während der Eröffnungsphase betreut Sie überwiegend die Hebamme und der Arzt bleibt in Rufweite. Wenn es dann ans Pressen geht, sind beide im Raum, um Ihnen und Ihrem Baby zu helfen.

82

UND WER ENTSCHEIDET, OB UND WANN WELCHE MEDIKAMENTE NOTWENDIG SIND?

Die Entscheidung für oder gegen schmerzstillende Medikamente unter der Geburt liegt immer allein in Ihrer Hand. Sie werden beraten, aber niemals gezwungen oder überrumpelt, Medikamente zu nehmen.

83

WELCHE MEDIKAMENTÖSEN HILFEN GIBT ES ÜBERHAUPT?

Eine sanfte und wirkungsvolle Hilfe ist die Homöopathie. Gerade für die Entbindung gibt es viele homöopathische Mittel, die gut helfen. Manche Kliniken haben sich darauf spezialisiert, Geburtshilfe mit Akupunktur und Homöopathie anzubieten. Eine weitere Möglichkeit stellen schmerzstillende Zäpfchen dar. Eventuell lassen Sie sich auch eine stark schmerzlindernde Spritze in den Po geben. Die Medikamente in den Spritzen können Sie müde und etwas dusselig machen. Manchmal hilft das sehr gut zur Entspannung. Setzen Sie sich vor der Entbindung nicht selbst unter Druck, auf jeden Fall eine Geburt ohne Medikamente haben zu wollen. Niemals sollte eine Entbindung zu einem Alptraum voller Schmerzen werden. Die meisten Gebärenden kommen sehr gut ohne Medikamente durch die Geburt, aber die Errungenschaften der modernen Medizin dürfen Sie auch ruhigen Gewissens in Anspruch nehmen, wenn Ihnen danach zumute ist.

84

WAS IST EIGENTLICH DIE PDA?

PDA ist die Abkürzung für Peridural-Anästhesie und im Prinzip eine lokale Betäubung wie beim Zahnarzt, nur an einer anderen Körperstelle. Im Volksmund heißt die PDA auch Rückenmarkspritze, was aber völlig verkehrt ist und nur unnötige Angst hervorruft. Das anästhesierende Medikament wird in bestimmte Wirbelkanäle oder das Rückenmark umgebende Räume eingebracht. Das Rückenmark selbst wird dabei nicht berührt. Die PDA wird immer von einem Facharzt für Anästhesie gelegt und kann eine sehr gute Hilfe für langwierige und schwierige Entbindungen darstellen. Sie können jederzeit um diese Hilfe bitten.

85

MERKE ICH MIT DER PDA NICHTS MEHR VON DEN WEHEN?

Ja und nein. Wenn die PDA gut »sitzt«, spüren Sie die Wehen nur noch als Hartwerden des Bauches, empfinden aber keinen Schmerz mehr. Die Betäubung hält etwa zwei Stunden vor, dann kann eventuell nochmal eine Dosis gespritzt werden. Wenn die Hebamme aber sieht, dass die Geburt bald bevorsteht, wird Sie Ihnen zumuten, das letzte Stück Weg ohne PDA zu bewältigen. Das Herauspressen des Babys geht besser mit Mutters Hilfe.

86

WANN SIND DENN WEHENMITTEL NOTWENDIG?

Wehenmittel werden verabreicht, wenn die Geburt allzu lange auf sich warten lässt. Auch die Gabe von Wehenmitteln wird mit Ihnen vorher besprochen, damit Sie wissen, dass die Wehen durch diese Medikamente nun etwas heftiger werden.

87

DARF ICH WÄHREND DER WEHEN ESSEN UND TRINKEN?

Die meisten Gebärenden haben unter der Geburt keinen Hunger, aber viel Durst. Es spricht nichts dagegen, Wasser, Tee oder Säfte in kleinen, vorsichtigen Schlucken (sonst kommt es postwendend wieder) zu trinken. Wenn Sie Hunger haben, essen Sie ein wenig Obst. Sehr gut bewährt haben sich Traubenzuckerwürfel, die Sie mit in Ihre Entbindungstasche packen und bei Bedarf jederzeit essen können.

88

WARUM FRIERE UND SCHWITZE ICH BEI DEN WEHEN?

Das ist ganz normal. Die Arbeit der Wehen bringt Sie ins Schwitzen und die Anstrengung ins Frösteln. Nehmen Sie eine Decke und werfen Sie diese bei Bedarf wieder von sich. Ziehen Sie sich ein Paar dicke Wollsocken an.

89

UND WAS IST, WENN ICH AUF DIE TOILETTE MUSS?

Die Hebamme wird Sie stündlich zum Wasserlassen anhalten, damit Ihre volle Blase dem Köpfchen des Babys nicht den Weg versperrt. Wenn Sie im Bett liegen und an Kabel angeschlossen sind, müssen Sie leider eine Bettpfanne benutzen. Wenn Sie allerdings dringend nochmal ein großes Geschäft erledigen müssen, sollten Sie immer der Hebamme Bescheid sagen und niemals alleine zur Toilette gehen. Wahrscheinlich ist es das Kind, das nach unten drückt und herauswill.

90

WIE MERKE ICH, DASS DIE PRESSWEHEN EINSETZEN?

Sie haben das Gefühl, dringend auf die Toilette gehen zu müssen. Dieses Gefühl – der Pressdrang – lässt sich weder unterdrücken, veratmen noch ignorieren. Der Pressdrang bereitet keine Schmerzen, es ist eher ein angenehmes Gefühl. Vor allem wissen Sie, dass endlich der schlimmste Teil der Geburt, die Muttermundseröffnung, vorüber ist, Sie nun aktiv mithelfen dürfen und in absehbarer Zeit Ihr Kind im Arm halten werden.

4

DIE ENTBINDUNG SELBST

▪ ▪

Sie sind schon einige Stunden im Kreißsaal. Der Muttermund war bei der letzten vaginalen Untersuchung acht Zentimeter eröffnet. Sie atmen und schwitzen, jammern und wehklagen ein bisschen, und Ihr Partner sieht auch schon ziemlich müde aus. Langsam vergeht Ihnen die Lust auf das Kinderkriegen. Muss das denn so lange dauern? Muss das denn so weh tun? Ihre Haare sind zerrauft, der Mund ist trocken, die Hüftknochen tun weh vom Liegen, die Beine sind eingeschlafen und jetzt wird es Ihnen auch noch übel. In hohem Bogen kommt das Abendbrot von gestern zurück. Die Hebamme, die frisch und munter wirkt, kann gerade noch die Spuckschüssel reichen. Jetzt haben Sie aber wirklich keine Lust mehr! Kann denn dieses Kind jetzt nicht endlich rauskommen? Wer kam überhaupt auf die blöde Idee, ein Kind haben zu wollen? Ihr Mann?! Der ist schuld, dass Sie jetzt hier so liegen und sich so elend fühlen. Sie wollen nur noch nach Hause, aber vermutlich zieht Ihnen die nächste Wehe schon an der Türe die Pantoffeln aus. So ein verdammter Mist! Sie müssen wohl hier bleiben! Kann diese blöde Hebamme nicht mal etwas tun, damit es schneller geht. Oder der Arzt. Der hat sich seit Stunden nicht mehr blicken lassen. Hilfe! Ich will jetzt, sofort und auf der Stelle einen Kaiserschnitt. Hilfe! Oder wenigstens eine PDA. Macht nur, dass es endlich aufhört! Hilfe! Hilfe! Ich habe Angst! Ist das etwa normal? ...

Ja. Es ist normal. Sie sind jetzt für etwa eine Stunde in der so genannten Übergangsphase. Die unangenehmste Zeit der ganzen Geburt. Die Wehen kommen im Abstand von einer Minute und sind ausgesprochen heftig. Der Muttermund wird auf zehn Zentimeter gedehnt. Das Kind wird mit dem Kopf voran durch die Beckenknochen geschoben. Es muss sich auf dieser Reise mit dem ganzen Köpfchen drehen, um die Knochen passieren zu können. Sie werden erstaunt sein, welche Kräfte in Ihnen schlummern und wie Ihr Körper instinktiv alles richtig macht. Die Übergangszeit ist die schwerste Zeit, wirklich eine schwere Stunde. Plötzlich müssen Sie nochmal aufs Klo. Hilfe, Schwester, Hebamme! Ich muss aufs Klo. Jetzt! Ganz dringend! Die Hebamme lächelt. Nein, sagt sie, das ist das Baby, das jetzt kommen will, und bei der vaginalen Untersuchung strahlt sie über das ganze Gesicht. Es ist alles offen, sagt sie, Sie dürfen jetzt drücken. Was? Drücken? Wie geht das denn? Hilfe! Das kann ich doch gar nicht. Wie – das Baby will jetzt kommen? Ich habe mich doch gerade mit den Wehen abgefunden. Was soll ich denn nun machen? Hilfe! Die nächste Wehe kommt. Es gibt keine Fragen und Angst mehr. Der Pressdrang nimmt Ihren ganzen Körper in Besitz. Sie wissen genau, in welcher Richtung das Baby heraus will und helfen mit Ihrer ganzen Kraft mit. Da ist auch plötzlich der Arzt.

Ihr Mann feuert Sie mit Worten an und stützt Ihren Kopf. Bei jeder Presswehe wird das Kind ein Stückchen tiefer geschoben. Man sieht schon die Haare, sagt die Hebamme. Sie sehen überhaupt nichts und haben das Gefühl, schon Stunden gepresst zu haben. Dabei waren es nur acht bis zwölf Wehen. Plötzlich ein höllisches Brennen an den Schamlippen. Hilfe, kann da mal jemand löschen?! Hört das denn nie auf? Die Hebamme hat sich tief zwischen Ihre Beine gebeugt und sagt: Jetzt hecheln, nicht mehr drücken! Hecheln, hecheln! Von mir aus, dann hechel ich eben, vielleicht hilft das gegen das Brennen. Ihr Mann hat ganz große Augen und ist still. Das Brennen hört auf. Der Kopf ist schon draußen, sagt der Arzt, nochmal pressen, aber langsam und vorsichtig. Dann tut es einen kleinen Schwups in Ihrem Bauch und einen kleinen Schrei zwischen Ihren Beinen. Das Ganze – zwischen Hecheln und Brennen – hat etwa fünf Sekunden gedauert. Ihr Kind ist zur Welt gekommen. Nichts tut mehr weh. Sie wollen auch nicht mehr nach Hause. Sie wollen nur noch dieses kleine, nasse, glitschige Bündel Mensch in Ihre Arme schließen und mitsamt der ganzen Welt umarmen. So schlimm war die Geburt eigentlich gar nicht. Jetzt ist sie vorbei.

91

TUT DIE EIGENTLICHE GEBURT DES KINDES NICHT FURCHTBAR WEH?

Nein, das tut sie nicht. Durch den Druck des Köpfchens werden in Ihrer Vagina alle Nerven regelrecht abgeklemmt, und wo kein Nerv ist, kann auch kein Schmerz weitergeleitet werden. Sie haben einfach nur ein unbändiges Bedürfnis, etwas Großes, Hinderliches und Schweres herauszudrücken. Das einzig Unangenehme ist das geschilderte Brennen, das durch die Dehnung des Dammes hervorgerufen wird. Stecken Sie einmal rechts und links einen Finger in Ihren Mund und ziehen ihn dann kräftig auseinander. So bekommen Sie eine Vorstellung von der Dehnung, die das heraustretende Baby an Ihrer Vagina verursacht. Dieses Brennen dauert etwa fünf bis zehn Sekunden und dann haben Sie Ihr Kind auf dem Arm. Es lohnt sich, das auszuhalten!

92

WIRD DIE VAGINA DURCH DIE DEHNUNG NICHT BLEIBEND AUSGEWEITET?

Es ist leider immer noch ein gängiges Klischee, dass eine Frau, die Kinder geboren hat, keine elastische Vagina mehr hätte und der Spaß am Sex dadurch vorbei wäre. Der weibliche Körper ist perfekt zum Kinderkriegen ausgestattet und die Vagina hat elastische Muskeln, die sich bei Bedarf öffnen, dehnen und wieder schließen können. Besuchen Sie einen guten Rückbildungskurs nach der Entbindung, der auch Ihren Beckenboden wieder richtig in Schwung bringt. Viele Frauen berichten sogar, dass sie erst nach der Geburt eines Kindes den Spaß am Sex richtig entdeckt haben.

93

WIE FÜHLT SICH DIESER PRESSDRANG AN?

Im Prinzip – wenn auch etwas unappetitlich – fühlt sich der Pressdrang so an, als ob Sie ganz dringend zum Stuhlgang auf die Toilette müssten. Unaufschiebbar und sehr nachdrücklich. Sie können sich vorstellen, dass dieses Gefühl keinen Schmerz verursacht. Sie wissen, dass die längste Phase der Entbindung – die Eröffnungszeit – vorüber ist und Sie endlich aktiv mithelfen können.

94

WAS MUSS ICH TUN, WENN DIE PRESSWEHEN KOMMEN?

Auf jeden Fall die Hebamme rufen, falls diese nicht ohnehin schon bei Ihnen ist. Die Hebamme informiert wiederum den Arzt, der sich jetzt auch zu Ihnen gesellt. Sie sind nicht alleine in dieser Phase und werden auch niemals alleine gelassen. Ihr Körper sendet Ihnen eindeutige Signale, wo es langgeht, und die Hebamme unterstützt Sie mit klaren Anweisungen.

95

ICH HABE SCHRECKLICHE ANGST VOR DEM DAMMSCHNITT.

Mit dieser Angst stehen Sie nicht alleine auf der Welt. Alle Frauen haben Angst vor einem Dammschnitt, und die Vorstellung, dass mit einer Schere in diesen empfindlichen Körperteil geschnitten wird, ist auch nicht sehr schön. Aber: durch den Druck des Köpfchens auf die Nerven in der Scheide ist die Schmerzleitung unterbrochen und ich versichere Ihnen, dass Sie von dem Dammschnitt wirklich nichts merken werden. Außerdem kommen auch eine Menge Kinder ohne Schnitt auf die Welt. Massieren Sie ab der 32. Schwangerschaftswoche täglich Ihren Damm mit Johanniskrautöl ein (Seite 29) und hoffen Sie auf die Künste der Hebamme. Manchmal ist aber, trotz bester Vorbereitung, ein kleiner Schnitt nötig, um dem Kind auf die Welt zu helfen. Grämen Sie sich deswegen nicht. Die Naht zwickt ein bis zwei Tage ein wenig, heilt aber dann sehr schnell ab.

96

IN WELCHER KÖRPERPOSITION SOLL ICH DENN PRESSEN?

In den meisten Kliniken sitzen Sie halb-aufrecht mit angezogenen Beinen und abgestütztem Rücken. Ihr Partner hält Ihren Kopf und Nacken nach vorne, damit Sie nicht aus Versehen in den Kopf pressen. Eigentlich ist diese Körperlage zum Drücken ganz angenehm, obwohl sie ein wenig in Verruf geraten ist. Das Rückenteil des Kreißbettes kann auch senkrecht nach oben gestellt werden, damit Sie eine anständige Stütze im Kreuz haben. Besprechen Sie mit Ihrer Hebamme, in welcher Position Sie gerne entbinden möchten.

97

UND WOZU DIENEN GEBÄRHOCKER, STUHL ODER SEIL?

Auf einem Hocker zu entbinden oder sich an einem Seil zu halten, gehört zu den modernen Varianten der Geburtshilfe. So modern sind diese Positionen aber nicht, denn bei vielen Naturvölkern kommen die Kinder schon immer in dieser Lage auf die Welt. Auch der Gebärstuhl ist nur eine Wiederentdeckung. Bis vor zweihundert Jahren etwa besaß jede Hebamme einen eigenen Gebärstuhl, den sie zu jeder Entbindung mitschleppen musste. Wenn die Klinik Ihrer Wahl dieses »Equipment« anbietet, probieren Sie es aus, wenn Ihnen danach ist. In manchen Krankenhäusern wird den Frauen auch gestattet, auf dem Boden im Vierfüßlerstand zu gebären. Nach meiner persönlichen Erfahrung bevorzugen Gebärende, wenn man Ihnen die freie Wahl der Pressposition überlässt, die Seitenlage oder den Vierfüßlerstand. Wenn die Hebamme Sie aber freundlich bittet, zum Pressen auf das Kreißbett zu krabbeln, berücksichtigen Sie auch das Alter und die Beweglichkeit der Hebamme. Gerade bei einer Entbindung im Vierfüßlerstand muss die Hebamme zum Dammschutz in die Position eines Automechanikers gehen, der ohne Grube einen Wagen von unten repariert. Nicht alle Hebammen sind derartig sportlich und durchtrainiert. Die meisten Hebammen werden sich sehr große Mühe geben, Ihre Wünsche zu erfüllen.

98

UND WAS IST EINE UNTERWASSERGEBURT?

Unterwassergeburt bedeutet, dass Sie in einer riesigen, speziellen Badewanne Ihr Baby zur Welt bringen. Sie können sowohl für die Wehenzeit als auch für die Geburt selbst im Wasser bleiben. Warmes Wasser fördert die Qualität der Wehen und lindert den Schmerz. Dem Baby soll gleichzeitig der Übergang vom Leben im Fruchtwasser zu unserem Luft-Leben erleichtert werden. Die Meinungen über die Sicherheit der Wassergeburt sind unter den Fachleuten noch etwas geteilt, aber viele Kliniken haben sehr gute Erfahrungen damit gemacht. Wenn Sie sich für eine Unterwassergeburt interessieren, müssen Sie in eine Klinik gehen, die diese spezielle Badewanne im Kreißsaal hat, und sich vor Ort mit den Geburtshelfern unterhalten.

99

WELCHE LAGE HAT EIGENTLICH DAS KIND BEI DER GEBURT?

Das Baby liegt mit seinem Rücken an Ihrem Bauch und schlüpft mit dem Hinterkopf heraus, und zwar zuerst mit der Stelle, an der Mönche ihre Tonsur haben und Männer oft früh eine Glatze kriegen. Das Kind schaut sozusagen bei der Geburt zuerst zu Ihrem Po, dreht sich dann mit dem Köpfchen nach rechts oder links zu Ihrem Oberschenkel und rutscht mit den Schultern heraus. Der Bauch, die Hüfte und die Beine flutschen einfach hinterher. Das Baby weiß von ganz alleine, wie es diese Drehung vollführen muss.

100

UND WAS IST EINE ZANGENGEBURT?

Eine Geburt mit der Zange hört sich Furcht erregend an, ist es aber nicht. Manchmal braucht das Kind ein wenig äußere Hilfe, um zur Welt zu kommen. Dazu benutzt man eine Geburtszange. Stellen Sie sich dieses Instrument wie eine überdimensionale Zuckerzange vor, mit der das Köpfchen des Kindes wie ein Würfelzucker vorsichtig angefasst und in der richtigen Position herausgezogen wird. Eine Zangengeburt ist nicht gefährlicher als eine normale Entbindung. Leider muss man dabei immer einen Dammschnitt machen.

101

UND DIE SAUGGLOCKE? WAS IST DAS?

Auch die Saugglocke gibt dem Baby nur eine kleine äußere Hilfe, um auf die Welt zu kommen. Auf das Köpfchen des Kindes wird eine Art umgedrehte Mokkatasse gesetzt und dann wird durch ein elektrisch betriebenes Gerät Unterdruck – oder ein Vakuum – erzeugt, der das Baby herauszieht. Auch das ist für die Kinder weder schmerzhaft noch gefährlich.

102

UND DER KAISERSCHNITT? WIE FUNKTIONIERT DER?

Heutzutage können Sie sich – außer in akuten Notsituationen – aussuchen, ob Sie einen Kaiserschnitt in Vollnarkose oder Teilbetäubung erleben möchten. Direkt oberhalb der Schamhaare wird ein etwa zehn Zentimeter langer Bauchschnitt angebracht, die Gebärmutter eröffnet und das Baby herausgehoben. Die ganze Operation dauert ungefähr eine Stunde, wobei etwa fünf Minuten bis zur Geburt des Kindes vergehen und 55 Minuten, um den Schnitt wieder zu vernähen. Manche Kliniken erlauben, dass der werdende Vater mit in den OP kommen darf.

103

WAS VERSTEHT MAN UNTER EINER »GLÜCKSHAUBE?«

In früheren Zeiten sagte man, dass ein Kind, welches mitsamt der intakten Fruchtblase geboren wird, eine Glückshaube trage und ein besonderes Schicksal im Leben habe. Natürlich muss die Fruchtblase sofort geöffnet werden, damit das Baby atmen kann.

104

WAS IST ES FÜR EIN GEFÜHL, WENN DAS BABY ENDLICH AUF MEINEM BAUCH LIEGT?

Dieses Gefühl ist unbeschreiblich, und Sie werden sich bis an Ihr Lebensende daran erinnern. Sie können sich schon jetzt darauf freuen, und vor allem macht es alle Strapazen der Geburt wieder wett.

105

WAS MUSS MAN TUN, WENN EIN KIND KOMMT, OHNE DASS FACHLICHE HILFE DABEI IST?

In seltenen Fällen passiert es tatsächlich, dass sich ein Baby so schnell auf die Welt drängelt, dass weder eine Hebamme, noch ein Arzt oder Sanitäter zur Stelle sind. Man nennt das eine Sturzgeburt. Die Wehen können weniger als zehn Minuten dauern und die Frau mitten im Alltag überraschen. Das Allerwichtigste ist: Bewahren Sie Ruhe, suchen

Sie sich eine warme, saubere Decke und überlassen Sie sich dem natür-
lichen Ablauf der Dinge. Lassen Sie das Baby herausschlüpfen, nehmen
es in die Arme und hüllen Sie sich und das Kind in die warme Decke.
Die Kinder, die so vorwitzig sind und so schnell geboren werden, sind
immer wohlauf und quietschfidel. Das Kind bleibt an der Nabelschnur.
Machen Sie nichts mit oder an der Nabelschnur. Dann bestellen Sie
den Rettungswagen und lassen den Notarzt die Abnabelung und alles
Weitere vornehmen.

Kinder können auch im Auto auf der Fahrt in die Klinik geboren
werden. Sagen Sie Ihrem Partner, dass er auf keinen Fall versuchen
soll, mit einem Affenzahn doch noch das Krankenhaus zu erreichen,
wenn Sie schon spüren, dass das Kind unterwegs herausdrängt. Halten
Sie im Straßengraben, Warnblinker an, Sitze zurückklappen, Decke
holen und Ruhe bewahren. Wenn das Kind da ist, können Sie in Ruhe
und sicher in die Klinik weiterfahren. So eine schnelle Geburt ist immer eine besondere Überraschung, aber weder Sie noch Ihr Baby geraten dadurch in Lebensgefahr. Mutter Natur in ihrer grenzenlosen
Weisheit hat es so eingerichtet, dass eine Frau letztendlich ihr Kind
auch alleine und ohne fremde Hilfe gebären kann. Netter ist es allerdings, wenn freundliche und kompetente Hilfe zur Seite steht. Frauen
brauchen zur Geburt Geborgenheit, Wärme und eine liebevolle Umgebung. Dann können sie sich entspannen, loslassen und ohne Angst
Ihr Kind zur Welt bringen.

5
DAS NEUGEBORENE DIREKT NACH DER GEBURT

. . . .

Giraffenbabys fallen bei der Geburt aus etwa drei Metern Höhe auf die Erde. Sofort müssen sie ihre Beine und den langen Hals sortieren, aufstehen und notfalls weglaufen. Sie können das, weil sie so genannte Nestflüchter sind. Delphinbabys werden von zwei geburtshilflich-erfahrenen Delphintanten direkt nach der Geburt rechts und links untergefasst und an die Wasseroberfläche zum Atmen gebracht. Auch Delphine sind Nestflüchter. Das Menschenbaby jedoch teilt sich mit vielen anderen Lebewesen das Privileg, ein Nesthocker zu sein. Das bedeutet, dass ein Menschenkind relativ hilflos auf die Welt kommt und längere Zeit auf die Pflege, Fürsorge und Fütterung durch Erwachsene angewiesen ist. (Planen Sie etwa zwanzig Jahre).

Das Neugeborene besitzt eine Menge angeborener Reflexe, mit dessen Hilfe Mutter Natur sein Überleben abgesichert hat. Einer davon ist der Saugreflex. Wenn etwas Warmes oder Weiches wie zum Beispiel eine Brust seine Wange berührt, dreht es das Köpfchen in diese Richtung und beginnt zu saugen. Ein anderer Reflex zwingt das Baby, sich bei abrupten Bewegungen mit seinen Händchen überall festzuklammern. Sogar in die kleinen Füße mit den perlenartigen winzigen Zehen hat die Evolution einen Greifreflex zur Sicherheit eingebaut, damit unsere Urahnen-Mutter notfalls beide Hände frei hatte, um gegen den Bären zu kämpfen, der unbedingt mit ihr das Abendbrot teilen wollte. Probieren

Sie das aber bitte nicht aus. Weder den Kampf mit dem Bären, noch ob sich Ihr Baby ganz alleine an Ihnen festhalten kann.

Bei den ersten Vorsorgeuntersuchungen wird das Neugeborene auf alle Reflexe getestet, und das reicht dem heutigen Kind als Training. Die Ankunft hier auf unserer Welt glich bis vor etwa fünfundzwanzig Jahren ohnehin einem Sturz in ein Distelfeld. Die Augen – nur an die sanfte Dunkelheit des Mutterleibes gewöhnt – wurden mit grellen OP-Scheinwerfern geblendet. Die Ohren – vertraut mit dem Gluckern des Fruchtwassers und dem rhythmischen Schlagen der Herzenstrommel – wurden mit lauten Befehlen zum Pressen geärgert. Die Hautoberfläche – verwöhnt vom kuscheligen Gebärmutternest – wurde ruppig mit rauen Tüchern abgerieben. Die Nabelschnur – das Band zum lebensnotwendigen Sauerstoff – ohne Vorwarnung gekappt. Das ganze Neugeborene – gemütlich zum Schlafen zusammengerollt – wurde mit lang gestrecktem Rücken und in die Tiefe baumelndem Köpfchen unsanft in die Höhe gehoben. Als Belohnung für den ersten empörten Schrei gab es noch ordentlich einen Klaps auf den Po.

Dem französischen Gynäkologen Frédéric Leboyer mit seinem wunderbaren Buch über die sanfte Geburt ist es zu verdanken, dass sich diese grobe Geburtshilfe gewandelt hat. Und ich kann nur jeder werdenden Mutter seine poetische Lektüre empfehlen. Heute wird auch im modernsten Kreißsaal das Baby nach den Strapazen der Geburt freundlich begrüßt, und der Klaps auf den Po ist lange abgeschafft.

106

BRAUCHT DAS BABY ALS »STARTHILFE« WIRKLICH KEINEN KLAPS AUF DEN PO?

Jedes Lebewesen besitzt im Gehirn ein so genanntes Atemzentrum. Während der Passage durch Ihre Beckenknochen laufen im Gehirn Ihres Babys hoch komplizierte biochemische Vorgänge ab, die dieses Atemzentrum dazu bringen, seine Arbeit aufzunehmen. Natürlich funktioniert dieser Vorgang auch bei einem Kaiserschnitt. Zusätzlich sorgt der Übergang vom Leben im Fruchtwasser zu unserer Luft durch Druckveränderungen in den Lungen und Bronchien dafür, dass Ihr Kind von ganz alleine atmet. Direkt nach der Geburt versorgt die Nabelschnur das Baby noch wenige Minuten mit Sauerstoff, damit es sich in Ruhe an das Atmen gewöhnen kann. Die meisten Kinder holen schon Luft, wenn sie erst bis zum Rumpf geboren sind. Auch für Ihr Baby ist die Geburt ein sehr aufregender Tag und sein Organismus wird von der Natur bestens auf dieses Ereignis vorbereitet.

107

ABER WAS PASSIERT, WENN MEIN BABY NICHT SOFORT ATMET?

Sie brauchen sich darüber wirklich keine Sorgen zu machen. Fast alle Babys kommen gesund und munter krähend auf die Welt. Zwischen Ihren Beinen darf sich das Baby einen Moment ausruhen und wird dabei von der Hebamme bewacht. Da wir gleich sehen, wenn ein Baby Hilfe braucht, wird diese Hilfe im Notfall auch sofort gegeben. Zuerst wird dann das Kind mit einem warmen Tuch am ganzen Körper abgerubbelt, um seine Lebensgeister zu beleben. Wir klopfen auf die Füßchen und stimulieren damit über Reflexbahnen das Atemzentrum. Schleim und Fruchtwasser werden aus der Nase und dem Mund abgesaugt, um die Atemwege frei zu machen. Zur Sicherheit ist jeder Kreißsaal auch mit einem Beatmungsgerät ausgestattet, um dem Neugeborenen zu Hilfe zu kommen. Der Weg durch Ihre Beckenknochen ist für das Kind der gefährlichste Teil, denn wenn das Baby hier auf der Welt angekommen ist, kann die moderne Technik rettend zur Seite stehen.

108

WAS IST MIT DER NABELSCHNUR?

Die Nabelschnur, die im Durchschnitt eine Länge von 60-80 cm hat, führt im Inneren drei Gefäße. Eines bringt Sauerstoff und Nährstoffe zum Baby hin, und zwei kleinere Gefäße transportieren das verbrauchte Blut zurück zur Plazenta. Die Gefäße sind mit einem glibberigen Polster rundherum vor Schlag, Zug und Stoß geschützt. Die Nabelschnur hat von innen her einen Druck wie ein Gartenschlauch, durch den Wasser läuft. Durch die Nabelschnur wird dem Ungeborenen alles gebracht, was es zum Leben und Wachsen braucht. Wenn das Kind geboren ist, fällt die Nabelschnur nach drei bis vier Minuten in sich zusammen und das Pulsieren hört auf. Die Hebamme klemmt mit zwei sterilen Klammern die Nabelschnur ab und erlaubt dann dem Vater, das nun überflüssige Lebensband abzuschneiden. Ein großer Moment, nicht nur für den Vater, sondern auch für das Kind, das nun endgültig und unwiderruflich sein eigenständiges Leben beginnt. Der Rest der Nabelschnur wird mit weichen Tupfern umhüllt, etwas gepudert und fällt nach ungefähr einer Woche von alleine ab.

109

UND WENN DIE NABELSCHNUR UM DEN HALS DES BABYS GEWICKELT IST?

Diese Schauergeschichte dürfen Sie getrost vergessen und zu Ihrem Erstaunen erfahren, dass etwa ein Drittel aller Kinder bei der Geburt die Nabelschnur in irgendeiner Form um sich gewickelt haben. Um den Hals wie eine schicke Kette, um den Fuß, die Hand oder auch wie ein Paket um den ganzen Körper. Durch den eigenen Innendruck der Nabelschnur passiert den Babys dadurch überhaupt nichts. Bei der Geburt des Köpfchens sieht die Hebamme, wenn die Nabelschnur um den Hals gewickelt ist, und mit einer routinierten Bewegung wickelt sie diese einfach ab. Einmal habe ich ein Baby entbunden, das die Nabelschnur insgesamt achtmal um den Hals geschlungen hatte, und das Baby krähte schon lauthals, als ich noch mit dem Abwickeln beschäftigt war. Machen Sie sich also keine Sorgen über dieses Schreckgespenst der Umschlingung.

110

WANN KOMMT DIE NACHGEBURT?

Die Plazenta, wie sie lateinisch genannt wird, heißt auch Mutterkuchen. Das ist ein guter Name, denn sie sieht wirklich wie ein kleiner Napfkuchen aus, wiegt etwa ein Pfund bis ein Kilo und ist kugelrund. Natürlich ist sie voller Blut, denn sie hatte ja die Aufgabe, den Blutkreislauf der Mutter mit dem des Ungeborenen zu verbinden und alles Lebensnotwendige herbeizuschaffen. Wenn das Kind geboren ist und selbständig atmet, wird die Plazenta nicht mehr gebraucht und innerhalb der nächsten Stunde völlig schmerzfrei geboren. Die Nachgeburt wird genauestens auf Vollständigkeit inspiziert und dann tiefgekühlt aufbewahrt. Früher kauften Kosmetikfirmen die gefrorenen Plazenten und verwendeten sie zur Herstellung von feiner Gesichtscreme. Ehrlich! Heute werden sie wegen der Aids-Gefahr im Sondermüll verbrannt. Bei Hausentbindungen ist es ein schöner – und sehr alter – Brauch, die Nachgeburt im Garten zu vergraben und an dieser Stelle einen Lebensbaum für das Kind zu pflanzen. Für einen frisch geborenen Buben wurde der Baum vor dem Haus und für ein Mädchen nur hinter dem Haus gepflanzt. Zwillinge können sich entweder eine Plazenta teilen oder jeder kann seine eigene haben.

111

WARUM SCHREIT DAS KIND BEI DER GEBURT?

Stellen Sie sich vor, Sie wären einige Stunden völlig zusammengedrückt in einem Gehäuse eingequetscht, das gerade mit Müh' und Not so groß ist wie Sie, und Ihr armer Kopf müsste dabei einen Durchgang durch eine stabile Wand bohren. Da würden Sie auch schreien, wenn Sie endlich frei wären! Die Zeit der Eröffnungswehen genießen die Ungeborenen wahrscheinlich in der Art einer rhythmischen Ganzkörpermassage ganz gern, aber die Passage durch Ihre Beckenknochen während der Presswehen ist für die Babys wohl nicht sonderlich angenehm. Die Kinder helfen ja bei der Geburt auch mit, stoßen sich mit den Füßen am Gebärmuttergrund ab und rudern mit den Händen. Sie brauchen sich nun aber keine Sorgen um Ihr Baby zu machen. Babys sind auf den Vorgang der Geburt bestens eingerichtet und wir alle, die wir schon hier auf der Welt sind, haben die Geburt gut überstanden. Das Neugeborene muss einmal ordentlich schreien, um seine Bronchien und Lungen zu entfalten. Manche Kinder sind nach diesem ersten Schrei sofort wieder still und schauen sich mit großen Augen um, andere Kinder schimpfen ein wenig länger und wollen von dieser Welt noch nicht so viel sehen. Spätestens wenn Sie Ihrem Baby das erste Mal die Brust reichen, wird es sich mit seiner neuen Lebenslage versöhnen.

112

ABER WIE EIN BABY AUS DER REKLAME SIEHT MEIN KIND JA NICHT AUS!

Sie haben Recht. Das pausbackige und rosige Reklamebaby ist auch schon mindestens sechs Wochen alt. Denn *direkt nach* der Geburt können Neugeborene sehr eigenwillig aussehen. Der Kopf ist vielleicht verformt wie bei einem Pharao, die Nase hatte Besuch von einem Boxer, die Augen sind geschwollen und tiefe Falten bedecken das kleine Gesicht. Die Hautfarbe hat noch keinen Schimmer von dem niedlichen Rosa des Babys. Hände und Füße sind bläulich verfärbt. Wenn Sie eine Entbindung mit der Zange oder Saugglocke hatten, sieht man die Male der Instrumente. Manchmal ist das Kind von Kopf bis Fuß mit einer weißlichen Käseschmiereschicht bedeckt oder sieht so verschrumpelt aus, als hätte es zu lange in der Badewanne verbracht. Manche Kinder sind obendrein – vor allem am Rücken, an den Ohren und Schläfen – mit einem feinen Haarflaum, den Woll- oder Lanugohaaren bedeckt. Alles in allem: Sie werden Ihr Baby sehen und sofort lieben, auch wenn es noch etwas verbeult aussieht.

113

UND WENN ICH MEIN BABY NICHT SOFORT LIEBE?

Das geht vielen Frauen so. Durch die Anstrengung der Geburt kann es sogar passieren, dass Sie richtig wütend auf Ihr Kind sind. Wütend, weil es so lange gedauert hat, weil es so weh getan hat und weil dieses Kind so ewig nicht geboren werden wollte. Vielleicht möchten Sie Ihr Baby auch erst mal überhaupt nicht auf den Arm nehmen und es begrüßen. Nicht bei allen Frauen stellt sich die viel beschworene Mutterliebe automatisch und sofort ein. Machen Sie sich kein schlechtes Gewissen und haben Sie ein bisschen Geduld, bis Sie sich erholt haben.

114

WARUM IST DER KOPF SO VERFORMT UND WANN VERSCHWINDET DAS?

Die Knochen am Kopf des Babys sind noch nicht zu dem runden, kompakten Schädel eines Erwachsenen zusammengefügt. Zwischen den einzelnen Knochenplatten hat die Natur kleine Lücken gelassen, die es dem Kopf während der Geburt ermöglichen, sich wie Ziegel auf einem Dach zusammenzuschieben. Das Köpfchen kann sich dadurch in seinem Umfang beträchtlich verringern. Das tut dem Baby nicht weh und ist auch nicht gefährlich. Diese Lücken nennt man Fontanelle, und es ist ein Aberglaube, dass man das Baby dort nicht anfassen darf. Sicher muss man nicht mit dem Finger hineinpieken, aber kämmen und streicheln dürfen Sie Ihr Baby auch an dieser Stelle.

Als Geheimtipp verrate ich Ihnen, dass unter der Fontanelle das Rülpszentrum sitzt und ein sanftes Kraulen dieser Stelle feinste Bäuerchen hervorlockt. Erst nach der Pubertät sind die Schädelknochen richtig zusammengewachsen. Direkt nach der Geburt bringen die verschobenen Schädelplatten lustige Kopfformen hervor, aber nach spätestens ein bis zwei Tagen hat sich alles wieder normalisiert. Dem Gehirn des Kindes schadet das nicht, selbst wenn der Kopf wirklich wie bei einem Pharao nach hinten geschoben ist.

115

WARUM IST DIE NASE SO PLATT?

Das kleine Babynäschen besteht nur aus Knorpel, nicht aus Knochen wie beim Erwachsenen. Dieser Knorpel wird bei der Reise durch das Becken Platz sparend zur Seite gedrückt und braucht drei bis vier Wochen, um sich wieder zu erholen. Fast alle Neugeborenen haben eine völlig plattgedrückte Nase und Vorhersagen über die spätere Nasenform sind auf jeden Fall verfrüht.

116

WARUM SIND DIE AUGEN SO VERQUOLLEN?

Babys lagern in den letzten Tagen vor der Geburt ein wenig Wasser in ihrem Gewebe ein und das setzt sich gerne in die Augenlider. Auch der Druck auf den Kopf bei der Entbindung lässt die Augen zuschwellen. Nach wenigen Tagen ist dieses gestaute Wasser resorbiert, und Ihr Kind bekommt vernünftig die Augen auf.

117

WELCHE AUGENFARBE HABEN NEUGEBORENE?

Die meisten bringen ein wässriges, undefinierbares Grau-Blau mit auf die Welt.

118

WARUM HAT DAS KIND SO TIEFE FALTEN?

Das weiß ich nicht genau. Ich vermute aber, dass es die Anstrengung und der Druck unter der Geburt sind, die diese Falten entstehen lassen. Hebammen sagen: Die Falten, die das Kind bei der Geburt hat, sind an der gleichen Stelle, an der dieser Mensch im Alter Falten haben wird. Nach zwei Wochen werden Sie auf jeden Fall ein faltenfreies Baby haben.

119

WARUM IST DIE HAUTFARBE SO KOMISCH?

Wenn das Kind im ersten Moment zwischen Ihren Beinen liegt, dürfen Sie sich nicht über die bläuliche Hautfarbe erschrecken. Sobald Ihr Baby einen tiefen Atemzug geholt hat, wird es rosiger. Einige Tage lang können die Händchen und Füßchen noch leicht bläulich wirken. Das kommt daher, dass der Organismus des Kindes zuallererst und am wichtigsten das Gehirn und die Bauchregion mit dem lebensnotwendigen Sauerstoff versorgt und die Extremitäten ein bisschen zu kurz kommen. Diese Verfärbung schadet dem Kind auf keinen Fall. Ziehen Sie dem Neugeborenen dicke Söckchen an, und die Wärme an den Füßen wird auch die Hände warm und rosig machen.

120

UND WAS IST MIT DEM SO GENANNTEN STORCHENBISS?

Etwa ein Drittel aller Kinder kommen mit einem Storchenbiss zur Welt. Diese dunkelroten Flecken sitzen bevorzugt an Stirn, Nase und am Hinterkopf. Der Storchenbiss ist nur eine Pigmentveränderung, die auf jeden Fall im Laufe des ersten Lebensjahres verblasst. Wenn Ihr Kind in das Trotzalter kommt – so etwa mit zwei bis drei Jahren – zeigen sich diese Storchenbisse während eines Trotzanfalles wieder, um danach für immer zu verschwinden.

121

MEIN BABY IST MIT DER ZANGE ODER SAUGGLOCKE GEHOLT WORDEN.

Direkt nach der Entbindung sind die Abdrücke der Zange oder Saugglocke auf dem Köpfchen zu sehen. Zur Sicherheit wird nach einigen Tagen eine Ultraschall-Untersuchung des Kopfes vorgenommen. Babys stecken aber einiges weg, und so verheilen diese Male eigentlich immer ohne Probleme.

122

UND WAS IST KÄSESCHMIERE?

Etwa bis zum 8. Monat sind die Ungeborenen über und über mit dieser Käseschmiere, eine Art weißer Creme, bedeckt, und wenn die Kinder ein wenig zu früh auf die Welt kommen, ist die Creme noch nicht von der Haut resorbiert. Die Käseschmiere ist eine Schutzschicht vor dem Fruchtwasser. Sie wird nach der Geburt nicht vom Körper des Kindes abgewaschen und verschwindet in einigen Stunden von alleine. Die Haut des Babys nimmt sie auf. Hebammen, die sich ja immer sehr viel die Hände waschen müssen, nehmen von dem Baby einen Tupfer Käseschmiere und cremen sich damit die Hände ein.

123

MEIN BABY IST GANZ VERSCHRUMPELT AN HÄNDEN UND FÜSSEN.

Wenn Babys so verschrumpelt auf die Welt kommen, heißt das, dass sie ein wenig zu lange ohne die schützende Käseschmiere im Fruchtwasser geschwommen sind. Diese »Waschfrauenhände« haben nur Neugeborene, die nach dem ausgerechneten Termin geboren werden.

124

WANN VERSCHWINDET DIE LANUGOBEHAARUNG?

Die zarten Wollhaare sind spätestens nach etwa sechs Lebenswochen verschwunden. Wenn Ihr Baby bei der Geburt viel von diesem Flaum auf dem Körper hat, deutet das nicht auf einen späteren starken Haar- oder Bartwuchs hin, sondern ist einfach ein Überbleibsel aus der Embryonalzeit.

125

WARUM HUSTET UND NIEST MEIN BABY SOFORT NACH DER GEBURT?

Mit dem Husten und Niesen befreien sich die Babys von Schleim und Fruchtwasser, das sie vielleicht »unterwegs« noch getrunken haben. In den ersten Lebensstunden spucken die Neugeborenen die letzten Reste des Fruchtwassers aus und viele Kinder mögen vorher auch noch nichts trinken.

126

WIRD DENN JEDES KIND DIREKT NACH DER GEBURT ABGESAUGT?

Den meisten Kinder wird mit einem ganz dünnen Absaugschlauch sofort nach der Geburt das Fruchtwasser aus der Nase und dem Mund abgesaugt, damit dieses beim ersten Atemzug nicht in die Bronchien gelangt. Babys finden diese Prozedur nicht sehr angenehm, es bereitet ihnen aber auf keinen Fall Schmerzen.

127

IST DAS KIND GESUND?

Eine Minute nach der Entbindung, fünf und dann nochmal zehn Minuten später wird bei jedem neugeborenen Kind der so genannte Apgar-Test gemacht. Der Herzschlag, die Hautfarbe, die Reflexe, die Atmung und die Spannung des Körpers werden bewertet, und fast alle Babys erreichen die Höchstzahl von 10 Punkten. In der ersten Lebensstunde, also noch im Kreißsaal, wird die erste Vorsorgeuntersuchung gemacht. Bei dieser Untersuchung wird Ihr Baby von Kopf bis Fuß angeschaut. Zusätzlich zu diesen Gesundheitstests werden aus der Nabelschnur ein paar Tropfen Blut genommen und auf den Sauerstoffgehalt geprüft. In der Nabelschnur sind keine Nerven, und diese Blutentnahme tut dem Baby nicht weh. All diese Maßnahmen dienen dazu, Ihnen nach wenigen Momenten sagen zu können: Ja, Ihr Baby ist gesund.

128

UND WANN WIRD DAS KIND GEWOGEN UND GEMESSEN?

Ein reifes, ausgetragenes Neugeborenes wiegt zwischen 3.000 und 4.000 Gramm und ist etwa 48 bis 54 Zentimeter lang. Abweichungen nach oben und unten sind erlaubt. Nachdem Sie Ihr Kind etwa zehn Minuten begrüßt haben, wird die Hebamme Sie freundlich fragen, ob sie es für einen kleinen Moment haben darf. Sie trägt es an einen vorgewärmten Ort im Kreißsaal, versorgt den Nabelschnurrest, nimmt die erste Untersuchung vor, wiegt und misst das Kind, bindet ihm ein Namensbändchen an und packt es warm ein. Dann kriegen Sie Ihr Baby zum Schmusen zurück.

129

WARUM IST ES IM KREISS-SAAL BLOSS SO WARM?

Etwa 37° C Körperwärme ist das Kind gewöhnt, und auch wenn wir im Kreißsaal 25° C haben, empfindet es das Kind noch als einen Temperatursturz.

130

WAS PASSIERT EIGENTLICH BEI EINEM KAISERSCHNITT MIT DEM BABY?

Das Baby wird aus Ihrem Bauch gehoben, abgenabelt und dann einer Hebamme übergeben, die zusammen mit einem Kinderarzt das Neugeborene genauso begutachtet wie nach einer normalen Entbindung. Wenn Sie den Kaiserschnitt mit PDA gewählt haben, können Sie Ihr Baby auch sofort begrüßen, halten und mit ihm schmusen. Bei der Vollnarkose schlafen Sie in dieser Zeit noch und bekommen Ihr Baby dann beim Aufwachen gezeigt. Wenn Sie mit Kaiserschnitt entbinden, darf Ihr Partner bei der Erstversorgung des Kindes dabei sein und Ihr Baby halten, bis Sie wieder wach sind. Kaiserschnittbabys sind meistens weniger lädiert, weil sie nicht durch die Beckenknochen gepresst wurden.

131

WANN MACHT MEIN BABY ZUM ERSTEN MAL PIPI?

Wenn Ihr Kind direkt nach der Geburt auf Ihrem Bauch liegt und sich ausruht, kann es plötzlich ein bisschen feucht werden, denn fast alle Kinder machen direkt nach der Entbindung zum ersten Mal Pipi.

132

UND WANN HAT MEIN BABY DAS ERSTE MAL STUHLGANG?

Sie dürfen sich nicht wundern, wenn es auf Ihrem Bauch nicht nur ein wenig feucht, sondern sogar klebrig wird, denn viele Kinder machen direkt nach der Geburt zum ersten Mal ihr großes Geschäft. Der erste Stuhlgang ist pechschwarz, riecht nach nichts und heißt Mekonium.

133

WANN WIRD DAS KIND ZUM ERSTEN MAL GESTILLT?

Es gibt keine feste Zeit, in der das Baby zum ersten Mal trinken soll. Jedes Neugeborene hat andere Bedürfnisse. Manche möchten schon nach wenigen Minuten saugen, andere melden sich erst nach ein bis zwei Stunden zum Trinken. Ihr Baby wird Ihnen zeigen, wenn es Hunger hat. Es lutscht an den Fingern, sucht, schmatzt oder weint. Die Hebamme im Kreißsaal hilft Ihnen beim ersten Anlegen.

134

WIE LANGE BLEIBE ICH MIT MEINEM BABY IM KREISS-SAAL?

Sie und Ihr neugeborenes Kind bleiben mindestens zwei Stunden nach der Geburt unter der Obhut der Hebamme im Kreißsaal. Sie werden gewaschen und frisch angekleidet, Ihr Baby wird versorgt, es muss alles wieder aufgeräumt und sauber gemacht werden und Sie beide werden auf Komplikationen, die in dieser Zeitspanne auftreten können, beobachtet. Zur Aufgabe der Hebamme gehört es auch noch, den Verlauf der Entbindung zu dokumentieren und die Geburtspapiere zu schreiben.

135

WELCHE PAPIERE BEKOMMT MEIN BABY DENN NACH DER GEBURT?

Die Hebamme stellt eine Geburtsbescheinigung aus, auf der das Geburtsdatum und die Geburtszeit vermerkt ist, ebenso wie das Geschlecht, das Gewicht und die Größe des Kindes. Sie müssen sich direkt nach der Entbindung noch nicht für einen Namen entscheiden. Erst für die Geburtsurkunde, die Sie dann mittels dieser Geburtsbescheinigung erhalten, müssen Sie sich auf einen oder mehrere Vornamen festlegen. Später muss das Kind noch bei der Meldebehörde als bei Ihnen wohnhaft angezeigt werden. Weiterhin stellt die Hebamme das Vorsorgeheft für Ihr Baby aus und trägt die erste Untersuchung direkt ein. Dieses Vorsorgeheft nehmen Sie dann später mit zum Kinderarzt. Auch in Ihren Mutterpass wird die Entbindung eingetragen.

136

WAS NIMMT DAS NEUGEBORENE KIND EIGENTLICH WAHR?

Neugeborene Kinder sind oft sehr wach und schauen sich mit intensivem Blick alles genau an. Das Kind kennt die Stimme der Eltern und beruhigt sich, wenn es angesprochen wird. Auf dem Bauch der Mutter liegen, den Herzschlag hören und mit einem warmen Tuch zugedeckt sein, mögen alle Babys. Wir wissen nicht wirklich, was ein Baby empfindet, aber wir wissen, dass ein Baby weint, wenn ihm etwas nicht gefällt. Wenn also Ihr Kind friedlich auf Ihrem Bauch liegt und Sie mit großen Augen anschaut und nicht mehr schreit, dann wird es schon zufrieden sein.

6
AUF DER WOCHENSTATION

▪ ▪

Um »ein glückliches Wochenbett zu halten, muss die Wöchnerin streng auf eigene Ruhe denken und für Stille in ihrer Nähe sorgen, wobei sie auf die Unterstützung des Mannes zu rechnen hat, dessen Autorität sich der Wochenstube nicht entziehen darf. Die Wöchnerin vermeide sorgfältig alles, was ihr Gefühl verletzen und ihre Leidenschaften erregen kann.

Das geschieht aber leider nicht, wenn gleich nach der Geburt den Besuchen aller Verwandten und Freundinnen Tür und Tor geöffnet wird, wenn diese unter dem Vorwand von Teilnahme mit tausend Fragen die noch ermattete Wöchnerin über den Verlauf der Geburt und über die dabei empfundenen Schmerzen bestürmen, oder wenn sie Neuigkeiten mit geschwätziger Zunge erzählen; das geschieht nicht, wenn in der Wochenstube allerlei Wirtschaftsangelegenheiten besprochen werden; wenn die jetzt leicht erregbare Frau durch gehässige Bemerkungen der Umgebung gereizt wird; und dies geschieht nicht, wenn die Wöchnerin in dem kleinsten Schmerz, den sie empfindet, die größte Gefahr sieht und von den unbedeutendsten Vorfällen einen schädlichen Einfluss auf sich befürchtet.

Sie überlasse sich dem Gleichmut und der Ruhe, unter deren Einfluss alles nach Wunsch gehen wird; sie vergesse nicht, dass der weibliche Körper für reizende Einflüsse psychischer und physischer Art nie empfänglicher ist als im Wochenbett ...« so steht es in einem »Belehrungsbüchlein für junge Frauen und Mütter«, geschrieben 1860 von Dr. Ammon, seines Zeichens königlicher Leibarzt Seiner Majestät von Sachsen. Im Vorwort wünscht sich der Herr Leibarzt, dass diese Schrift auch dem »schlichtesten weiblichen Wesen das bange Herz beleben und zu gewissenhaftester Erfüllung der ersten Mutterpflichten als weiblichem Lebensberufe verhelfen möge ...«

Diese Belebung des bangen Herzens möge Ihnen auch heute zuteil werden, und zu diesem Zwecke werden Sie gut zwei Stunden nach der Geburt mitsamt Kind, Koffern und Taschen auf die Wochenstation gebracht. Meistens liegt man zu zweit in einem Zimmer, und das ist auch ganz schön, denn so können Sie gleich mit Ihrer Bettnachbarin – einer ebenso jungen Mutter wie Sie – Erfahrungen über Ihren neuen Lebensberuf austauschen. Die Wochenstation ist eine fröhliche Abteilung im Krankenhaus, da es keine Krankenabteilung ist. Dort stehen Ihnen Krankenschwestern, Säuglingsschwestern und die Ärzte rund um die Uhr zur Seite, um zu gewährleisten, dass Sie ein glückliches Wochenbett im Sinne des Leibarztes verbringen können.

137

ICH MÖCHTE ABER NACH DER GEBURT GLEICH NACH HAUSE GEHEN!

In den letzten zehn Jahren hat sich die Anzahl der Frauen, die eine ambulante Geburt anstreben und auch verwirklichen, erhöht. Nach der Entbindung müssen Sie auf jeden Fall zwei bis vier Stunden unter der Obhut der Hebamme im Kreißsaal bleiben. Nach dieser Zeit dürfen Sie unter bestimmten Voraussetzungen ohne Sorgen mit Ihrem Baby nach Hause gehen. Niemand kann und wird Sie zwingen, in der Klinik zu bleiben. Wenn Sie eine ambulante Geburt planen, treffen Sie die Entscheidung heimzugehen immer erst nach der Entbindung, wenn alle Voraussetzungen erfüllt sind.

138

WAS SIND DIE VORAUSSETZUNGEN FÜR EINE AMBULANTE GEBURT?

Die wichtigste Voraussetzung ist selbstverständlich, dass Sie und Ihr Kind die Entbindung gesund und munter überstanden haben. Sie sollten nicht allzu viel Blut verloren haben und einigermaßen sicher auf den Beinen stehen können. Das Baby darf keine Anpassungsschwierigkeiten oder Atemprobleme haben. Ein Dammschnitt und eine Naht sind kein Grund, um im Krankenhaus zu bleiben. Die nächste Voraussetzung ist, dass Sie – am besten schon vorab – eine freiberuflich tätige Hebamme beauftragen, die jeden Tag bei Ihnen zu Hause vorbeikommt. Eine weitere Voraussetzung ist, dass Sie einen Kinderarzt kennen, der in der ersten Lebenswoche des Kindes die zweite Vorsorgeuntersuchung beim Baby vornimmt.

Die letzte – und genauso wichtige – Voraussetzung ist, dass Sie zu Hause tatkräftige Hilfe haben. Ihr Partner muss Urlaub nehmen und den Haushalt »schmeißen«, während Sie in Ruhe auf dem Sofa liegen und mit Ihrem Neugeborenen schmusen. Ich persönlich halte die ambulante Geburt für eine sehr gute und glückliche Lösung, vor allem für Frauen, die das zweite oder dritte Baby bekommen und nicht so lange in der Klinik verschwunden sein wollen.

139

WIE OFT KOMMT DIE WOCHENBETT-HEBAMME?

Die Hebamme kommt jeden Tag und auch am Wochenende.

140

MUSS ICH DAS SELBST BEZAHLEN?

Nein, diese Betreuung übernimmt Ihre Krankenkasse.

141

WAS MACHT DIE HEBAMME?

Sie untersucht Ihr Baby, schaut nach dem Nabel, zeigt Ihnen alles und beobachtet auch Ihre Gesundheit. Zu Hause haben Sie durch die Hebamme die gleiche Versorgung wie in der Klinik.

142

WANN DARF ICH NACH DER GEBURT WIEDER AUFSTEHEN?

Im Prinzip dürfen Sie aufstehen, wenn Sie sich danach fühlen. Nach einer PDA und/oder einem Kaiserschnitt sollten Sie immer die Schwestern zu Hilfe rufen, da die Beine noch ein wenig wackelig sein können.

143

UND WANN DARF ICH WIEDER NACH DRAUSSEN GEHEN?

Im Prinzip auch, wenn Sie sich danach fühlen. Es gibt nach der Entbindung keinen medizinischen Grund, Frischluftzufuhr zu meiden. Halten Sie Ihre Brüste warm und verschieben Sie die Bergwanderung noch ein paar Tage. Langsam und gemütlich ist die Devise!

144

WIE LANGE BLEIBT MAN NORMALERWEISE IN DER KLINIK?

Der reguläre Aufenthalt beträgt etwa vier bis sechs Tage. Am fünften Tag wird bei Ihrem Baby die zweite Vorsorgeuntersuchung gemacht, und das Stillen ist nach dieser Zeit meistens schon gut in Gang gekommen. Nach einem Kaiserschnitt müssen Sie mit circa zehn bis vierzehn Tagen Aufenthalt in der Klinik rechnen.

145

UND WAS PASSIERT NUN SO AUF DER WOCHENSTATION?

Im Prinzip passiert auf der Wochenstation nicht viel. Sie lernen Muttersein und Ihr Baby wird beobachtet.

146

WARUM HEISST ES EIGENTLICH »WOCHENSTATION?«

Früher mussten die Frauen nach der Geburt mindestens vier bis sechs Wochen im Bett bleiben, durften nur zur Toilette aufstehen und hatten wahrscheinlich alle Krampfadern vom langen Liegen. Diese Zeitspanne nennt man wegen der Anzahl der Wochen das Wochenbett und die frisch entbundene Frau eine Wöchnerin. Heute stehen die Frauen direkt nach der Entbindung auf, aber die alte Bezeichnung ist geblieben.

147

UND WAS IST DER WOCHENFLUSS?

In der Gebärmutter haben Sie an der Stelle, an der die Plazenta saß, eine Wunde und der Wochenfluss ist nichts weiter als das Sekret dieser inneren Wunde. Die Heilung bringt Ihr Körper ganz alleine fertig. Der

Wochenfluss besteht in den ersten zwei bis drei Tagen nach der Geburt hauptsächlich aus Blut und geht dann für ungefähr sechs Wochen in eine bräunliche Schmierblutung über, die etwas eigenartig riecht. Sie dürfen ohne Sorgen duschen, aber keine Tampons benutzen. Ehelicher Verkehr ist erst nach Abschluss der Wochenbettzeit wieder erlaubt.

148

UND WAS IST WOCHENBETTFIEBER?

Durch mangelnde Hygiene kam es früher sehr oft zu dem so genannten Kindbettfieber, und viele Frauen sind daran gestorben. Heute gibt es diese Erkrankung kaum mehr.

149

WELCHE HYGIENEVORSCHRIFTEN MUSS ICH DENN BEACHTEN?

Im Krankenhaus geistern gefährliche Keime herum, und Sie sollten sich peinlichst genau an die Hygieneanweisungen der Schwestern halten. Die häuslichen Bakterien werden durch Hände waschen vertrieben. Desinfektionsmittel ist nicht nötig.

150

WARUM WIRD DAUERND FIEBER GEMESSEN?

Weil sich das Kindbettfieber, wie der Name schon sagt, durch Fieber bemerkbar macht. Aber nicht jede Temperaturerhöhung deutet auf eine Infektion hin. Manchmal haben die frisch entbundenen Frauen am dritten Tag nach der Geburt ein wenig Fieber durch den Milcheinschuss.

151

UND WARUM WIRD JEDEN TAG NACH MEINER GEBÄRMUTTER GEFÜHLT?

Nach der Geburt des Kindes muss sich der Uterus zusammenziehen und wieder in Ihrem Becken verschwinden. Durch eine schmerzlose, äußere Tastuntersuchung kann die Hebamme fühlen, wie weit sich Ihre Gebärmutter schon zurückgezogen hat. Spätestens nach drei Wochen hat die Gebärmutter wieder ihre ursprüngliche Größe und Lage erreicht. Nach einem Kaiserschnitt dauert die Rückbildung etwas länger.

152

WAS SIND NACHWEHEN?

Mit den Nachwehen bewirkt Ihr Körper genau diese Rückbildung der Gebärmutter. Beim ersten Kind spüren Sie von den Nachwehen kaum etwas, aber wenn Sie schon mehrere Kinder geboren haben, können die Nachwehen richtig unangenehm werden. Das Saugen des Babys an der Brust stimuliert hormonell den Uterus zum Zusammenziehen.

153

WAS IST ÜBERHAUPT MIT DEN HORMONEN?

Durch die Geburt des Kindes kommt es zu einem radikalen Hormonumschwung in Ihrem Körper. Das Wochenbett ist ein wenig mit den Wechseljahren zu vergleichen. Alles geht drunter und drüber. Die Hormone bewirken, dass Milch aus Ihren Brüsten fließt und die Gebärmutter sich zurückbildet. Die Hormone bewirken, dass Sie nachts aufwachen und völlig durchgeschwitzt sind. Die Hormone bewirken heftige Stimmungsschwankungen, euphorische Glücksgefühle und Tränenausbrüche. Nach zwei bis drei Wochen hat sich alles wieder normalisiert.

154

ICH MUSS DAUERND WEINEN. IST DAS NORMAL?

Die ersten zwei Tage nach der Entbindung erhalten Sie von Ihrem Organismus einen Adrenalinstoß, der Sie wach und glückselig macht, voll des Staunens und der Freude über dieses kleine gesunde Menschlein, das Sie geboren haben. Am dritten Tag wachen Sie auf und fangen an zu weinen. Außerdem haben Sie dicke, schmerzhaft-geschwollene Brüste, die Naht tut immer noch weh, Ihr Mann hat die falschen Blumen mitgebracht und das vollkommene Baby hat einen Pickel im Gesicht. Der Alltag hat Sie wieder und Sie haben den so genannten Baby-Blues. Früher sagte man dazu: Heultage, und das trifft den Nagel auf den Kopf.

155

WARUM WERDEN DIE BRÜSTE AM DRITTEN TAG SO UNANGENEHM SCHWER?

Lesen Sie das Kapitel 11 über das Stillen.

156

WAS IST MIT DER DAMMNAHT?

Ein gut genähter und versorgter Dammschnitt sollte nach spätestens einer Woche keine Schmerzen mehr verursachen. Die ersten Tage kann die Naht einige Unannehmlichkeiten beim Sitzen, Laufen und auf der Toilette bereiten.

157

WIE SOLL ICH DIE NAHT PFLEGEN?

Im Krankenhaus halten Sie sich an die Verordnungen der Schwestern, Sitzbäder zu nehmen und die Dammnaht zu spülen. Bei größeren Schmerzen bestehen Sie darauf, dass Sie genau untersucht werden. Manchmal entzündet sich die Naht, oder Fäden lösen sich vorzeitig auf. Sie dürfen duschen, sollten aber keine Seife benutzen. Wechseln Sie oft die Binden, so dass die Wunde immer mit einer sauberen Vorlage bedeckt ist.

158

KANN ICH ZU HAUSE DIE NAHT ANDERS PFLEGEN?

Zu Hause hilft bei der Heilung Frischluftzufuhr. Mein persönlicher Tipp: Ein Fläschchen Ringelblumentinktur aus der Apotheke holen und bei jedem Toilettengang die Naht damit abspülen. Wenn Sie zehn Tage nach der Entbindung immer noch große Schmerzen an der Naht haben, lassen Sie die erfahrene Wochenbett-Hebamme nachschauen.

159

MEINE FREUNDIN HATTE NOCH EIN HALBES JAHR ÄRGER MIT DER NAHT.

Die Gruselgeschichten, dass Frauen noch ein halbes Jahr nach der Geburt Ärger mit dem »Unterstübchen« haben, können der Wahrheit entsprechen, sind allerdings die Ausnahme.

160

WANN MUSS ICH WIEDER ZUM FRAUENARZT?

Sechs bis acht Wochen nach der Entbindung sollten Sie auf jeden Fall zur Abschlussuntersuchung zu Ihrem Gynäkologen gehen.

161

WANN GEHE ICH ZUM ERSTEN MAL ZUR TOILETTE?

In den ersten zwei Stunden nach der Geburt wird die Hebamme Sie bitten, Wasser zu lassen. Bei den meisten Frauen klappt das ohne Probleme. Wenn der Urin sehr stark auf der Naht brennt, können Sie es unter der Dusche mit Warmwasserbegleitung probieren. Das hilft sehr gut.

162

UND WANN HABE ICH WIEDER STUHLGANG?

Etwa am dritten Tag nach der Geburt wird sich auch dieses Bedürfnis wieder melden, Sie können in Ruhe bis dahin abwarten. Abführmittel sollten Sie nicht nehmen. Nach einem Kaiserschnitt kann allerdings ein wenig Hilfe nötig sein.

163

ICH HABE ANGST VOR DEM ERSTEN STUHLGANG!

Viele Frauen haben große Angst vor diesem ersten Toilettengang, weil sie sich vorstellen, dass durch das Pressen auf der Toilette die Naht aufspringen könnte. Ich kann Ihnen versichern, dass das niemals passiert, da die Naht an einer ganz anderen Stelle sitzt. Bei den ersten Toilettenbesuchen sollten Sie entweder einen Waschlappen, feuchtes Klopapier oder einfach die Dusche zum Abputzen benutzen. Hände waschen nach vollbrachter Tat ist selbstverständlich.

164

ICH HABE HÄMORRHOIDEN. WAS KANN ICH TUN?

Durch den Druck unter der Geburt können sich kleine bis ziemlich große Hämorrhoiden entwickeln. Meistens gehen diese unangenehmen Ausstülpungen von alleine innerhalb von sechs bis acht Wochen wieder weg. Wenn die Hämorrhoiden Ihnen Schmerzen bereiten, holen Sie sich in der Apotheke eine Salbe auf Blutegelbasis und halten die Hämorrhoiden damit immer bedeckt.

165

OBWOHL ICH AUF DER TOILETTE WAR, HABE ICH EINEN BLÄHBAUCH.

Ihre Darmschlingen, die von dem Baby zur Seite gedrückt wurden, fallen in die leere Beckenhöhle zurück und müssen sich neu sortieren. Während dieser Zeit plustern sich die Schlingen gerne auf. Das Einzige, was dagegen hilft, ist: Pupsen, Pupsen und nochmal Pupsen.

166

WANN DARF ICH BESUCH BEKOMMEN?

Denken Sie an die Ratschläge des Herrn Leibarztes und seine Bedenken gegen geschwätzige Freundinnen. Bestellen Sie sich Ihren Besuch nach Ihren Wünschen und setzen Sie konsequente Grenzen. Kleinkinder mit Masern, Keuchhusten oder Pickeln unbekannter Herkunft und Erwachsene mit Triefnasen sollten an letzter Stelle auf Ihrer Besucherliste stehen!

167

DARF MAN BLUMEN IN DER WOCHENSTUBE HABEN ODER NICHT?

Ein Strauß Blümchen schadet niemand, falls sich aber Ihr Zimmer in einen botanischen Garten verwandeln sollte, gebieten Sie Einhalt und schenken die Blumen der Oma. Die freut sich auch.

168

WAS IST ROOMING-IN?

Bis vor etwa zwanzig Jahren bekamen die jungen Mütter ihre neugeborenen Babys nur zum Füttern ins Zimmer gebracht und konnten dann zu Hause sehen, wie sie mit Baden, Pflegen und Versorgen zurecht kamen. Väter durften ihren Nachwuchs lediglich durch eine Glasscheibe bewundern. Heutzutage sind alle Wochenstationen auf Rooming-in eingerichtet, dass heißt: Sie haben Ihr Baby im Zimmer und können frei entscheiden, wann und ob überhaupt die Säuglingsschwestern das Kind versorgen, oder ob Sie alles alleine machen.

169

SOLL ICH AUCH NACHTS ROOMING-IN MACHEN?

Sie können sich von Nacht zu Nacht anders entscheiden.

170

AB WANN MACHT MAN RÜCKBILDUNGSGYMNASTIK?

Solange Sie in der Klinik liegen, geht jeden Tag eine Krankengymnastin über die Wochenstation und zeigt Ihnen sanfte Turnübungen, mit denen die Durchblutung der Beine, die Rückbildung der Gebärmutter und die Straffung des Beckenbodens gefördert wird. Solange Sie noch Schmerzen in der Dammnaht haben, sollten Sie diese Übungen nicht übertreiben.

171

WANN BESUCHE ICH AM BESTEN EINEN RÜCKBILDUNGSKURS?

Wenn Ihr Baby sechs bis acht Wochen alt ist, dürfen Sie einen Kurs besuchen. Die Kosten werden auch von Ihrer Krankenkasse übernommen.

7

DAS BABY IN DEN ERSTEN LEBENSTAGEN

■ ■ ■ ■ ■ ■ ■ ■ ■ ■ ■ ■ ■ ■ ■ ■ ■ ■ ■ ■

Endlich sind Sie in Ihrem Zimmer auf der Wochenstation angekommen. Sie liegen gemütlich in dem frisch bezogenen Bett und wagen kaum zu atmen vor lauter Glück. Ihr kleiner Prinz oder die kleine Prinzessin liegt gewickelt und frisch gekämmt, friedlich schlummernd neben Ihnen in dem kleinen Kinderbettchen. Staunend betrachten Sie immer wieder dieses winzige atmende Wunder. So sieht es also aus – Ihr Baby. Wie oft haben Sie in der Schwangerschaft daran gedacht, wie dieser Moment sich anfühlen wird, wenn die Geburt vorbei ist und Sie Ihr Baby endlich anschauen können? Jetzt ist es da. Das Kind ist gesund, Sie sind gesund, und alle Angst ist überstanden. Genießen Sie diesen Moment, diese stille Stunde in den sonst so geschäftigen Zeiten des Alltags. Ihr ganzes Leben lang werden Sie mit friedvoller Dankbarkeit an diesen Augenblick zurückdenken und wissen, dass sich an jenem Punkt alles geändert hat. Wie immer Sie sich auch vorbereitet haben mögen auf Ihre neue Rolle, es wird auf jeden Fall anders werden, als Sie es sich vorgestellt haben. Dieser Moment, in dem Sie zum ersten Mal alleine mit Ihrem Kind sind, wird zu den kostbarsten Erinnerungen Ihres Lebens zählen.

Bald wird das Neugeborene aufwachen und krähen. Bald wird die Routine des Krankenhauses nach Ihnen greifen, und bald wird das Kind zu Ihrem neuen Alltag gehören. Schon kommt eine Schwester herein, möchte wissen, was Sie zu Abend essen wollen, zupft Ihr Bett zurecht und misst bei Ihnen Fieber. Dann sollen Sie aufstehen und zur Toilette gehen. Das Telefon wird angeschlossen. Betten werden verschoben und eine Zimmernachbarin kommt herein. Der stille Moment ist vorüber. Eine Säuglingsschwester kommt und fragt, ob Sie Rooming-in machen möchten, stillen wollen, ob sie einen Wickeltisch im Zimmer haben wollen und wie das Kind denn nun heißen soll. Die nächste Säuglingsschwester sagt, dass Sie auf jeden Fall stillen sollten, aber dass die Vormilch nicht genügt und das Baby auf jeden Fall Glukoselösung trinken soll. Was um alles in der Welt ist denn Glukoselösung? Mein Baby schläft doch außerdem noch. Und die dritte Säuglingsschwester weckt Ihr Baby auf und zeigt Ihnen gleich, wie gewickelt wird. Das Baby brüllt wie am Spieß, und Ihr Herz zieht sich zusammen. Die Krankenschwester bringt Ihr Abendbrot und die Freundin ist am Telefon. Nass geschwitzt sollen Sie unter gestrengen Blicken den Nabelschnurrest pudern und neu bewickeln, das Baby strampelt und schreit. Sicher fehlt ihm die Glukoselösung. Im Wochenzimmer ist es stickig heiß, und Ihre Naht tut Ihnen weh.

Nach zwei Tagen hat das Kind zu viel abgenommen, hätten Sie besser doch nicht so halsstarrig auf der Vormilch bestanden. Zu allem Überfluss blüht auf dem ganzen Baby die Neugeborenen-Akne, das Kind ist trinkfaul und gelb, und Sie fragen sich allen Ernstes, warum alle anderen Wöchnerinnen immer so glücklich lächeln. Sicher kommen die alle viel besser zurecht, und Muttersein ist wohl doch ein sehr kompliziertes Unterfangen. Nein, aber aller Anfang ist schwer und das Glücksgefühl der ersten Stunden nach der Geburt muss einem praktischen Alltag weichen. Die ersten Tage mit Ihrem Neugeborenen sind zauberhaft, aber sehr verwirrend, und wenn Sie sich sechs bis acht Wochen Zeit zum Aneinandergewöhnen und Üben geben, klappt es danach wie am Schnürchen.

172

WIE LANGE WIRD DAS BABY ÜBERHAUPT NEUGEBORENES GENANNT?

Als Neugeborenes wird das Kind so lange bezeichnet, bis der Nabelschnurrest abgefallen und verheilt ist. Dann wird es sofort zum jungen Säugling.

173

WANN FÄLLT DER NABELSCHNURREST DENN AB?

Das ist individuell. Eine dicke Nabelschnur von einem großen, schweren Kind braucht meistens ein paar Tage länger zum Abheilen. Der Durchschnitt beträgt fünf Tage.

174

WIESO FÄLLT DER NABELSCHNURREST EINFACH AB?

Die Nabelschnur besteht aus einem Gewebe, das unter Luftkontakt vertrocknet. Wir sagen dazu: Der Nabel mumifiziert, und das ist auch ein guter Ausdruck, denn der Rest der Nabelschnur sieht nach ein bis zwei Tagen wirklich wie eine Mumie aus. Die Nabelschnur wird immer dünner, trockener und spröde wie Pergamentpapier und fällt dann ab.

175

WIE MUSS ICH DEN NABELSCHNURREST VERSORGEN?

Wenn Sie davor Angst haben oder sich ekeln – was wirklich viele junge Mütter empfinden – lassen Sie die Säuglingsschwester oder Hebamme den Nabel versorgen. Die Behandlung des Nabelschnurrestes unterliegt dem jeweils aktuellen Modetrend. Früher musste man mit sterilen Handschuhen und Tupfern den Nabel versorgen, da diese Nabelwunde eine Eintrittspforte für Keime darstellte. Heute wird der Nabel ein wenig gepudert, mit einer Kompresse bedeckt und dann eine luftige Binde ums Babybäuchlein gewickelt. Manche Hebammen machen auch gar nichts mit dem Nabel und lassen ihn einfach an der Luft trocknen.

176

IST ES SCHLIMM, WENN ETWAS BABY-PIPI AN DEN NABEL KOMMT?

Das macht überhaupt nichts, denn der Urin ist steril.

177

HAT DAS ABNABELN EINEN EINFLUSS AUF DIE FORM DES BAUCHNABELS?

Erstaunlicherweise hält sich dieses Gerücht seit vielen Jahrhunderten. Nein, es hat keinen Einfluss, denn die Form des Nabels ist genetisch festgelegt.

178

HILFE – ICH MUSS DEM KIND EINE NEUE WINDEL ANZIEHEN.

Viele Eltern absolvieren während der Schwangerschaft brav einen Säuglingspflegekurs. An steifen, sperrigen und vor allem stillen Puppen wird Wickeln, An- und Ausziehen und Babybaden geübt. Dann ist das Kind da und muss gewindelt werden. Es zappelt und schreit, macht krumme Arme, die sich nicht durch den Hemdcheneingang fädeln lassen und pullert Ihnen direkt in den Ausschnitt. Schweiß bricht aus unter der Wärmelampe des Wickeltisches. Dem Baby ist es aber vollkommen gleichgültig, ob die Windel grade oder schief sitzt, also lassen Sie sich nicht von gestrengen Blicken routinierter Säuglingsschwestern irritieren. Am Anfang ist jede frische Hose des Kindes ein Abenteuer, aber spätestens in vier Wochen können Sie es im Schlaf.

179

HILFE, HILFE – NUN MUSS ICH DAS BABY AUCH NOCH WASCHEN.

Man ist heute davon abgekommen, die Kinder jeden Tag zu baden. Eine kleine, erfrischende Katzenwäsche sollte aber täglich sein, vor allem der Windelbereich muss einmal am Tag mit Wasser abgewaschen werden.

180

NACKT SIEHT MEIN BABY NOCH GANZ SCHÖN LÄDIERT AUS. BLEIBT DAS SO?

Vielleicht ist Ihr Kind von oben bis unten voller Pickel, roter Placken oder schuppt am ganzen Körper die Haut ab. Die Beine sind total krumm und die Füßchen nach innen geschlagen. Die Fußnägel sehen aus wie eingewachsen. Bei Buben ist der Hodensack überdimensional vergrößert, bei Mädchen sehen die Schamlippen komisch aus. Die kleinen Brüstchen sind angeschwollen. Der Bauch ist doppelt so dick wie der Brustkorb. Die Kopfform lässt auch noch zu wünschen übrig und die kleinen Öhrchen stehen wie Segel im Wind. Aus den Äuglein läuft grün-gelbe Flüssigkeit, die Nase ist voll weißer Mitesser und außerdem hat Ihr Baby dauernd Schluckauf, der das ganze kleine Körperchen erbeben lässt. Und laufend niesen muss es auch noch.

181

IST DAS BABY SCHON ERKÄLTET, WEIL ES LAUFEND NIEST?

Nein. Klitzekleine Kinder befreien mit dem Niesen ihre Nase von Staub und da es in Ihrem Bauch keinen Staub gab, hier auf der Welt aber sehr wohl, müssen die Babys andauernd niesen.

182

WIE WÜRDE SICH DENN EINE ERKÄLTUNG ZEIGEN?

Eine richtige Erkältung zeigt sich durch eine laufende Nase wie bei uns Erwachsenen.

183

UND DER SCHLUCKAUF? WAS MACHE ICH DAGEGEN?

Babys haben schon im Bauch laufend Schluckauf und werden alleine damit fertig. Der Schluckauf stört nur die Eltern, niemals das Kind. Wenn Sie eine Weile warten, geht er von alleine wieder weg. Geben Sie dem Baby einen Schluck zu trinken, dann verschwindet er schneller.

184

UND DIE WEISSEN MITESSER AUF DER NASE?

Die haben alle Neugeborenen. Diese Pünktchen sind keine Mitesser, sondern Hormonpickel. Sie heißen Milien und gehen im Laufe der ersten vier Lebenswochen weg.

185 ·

UND DIE TRIEFENDEN ÄUGLEIN? WAS KANN ICH DAGEGEN TUN?

Mindestens die Hälfte aller Neugeborenen hat in der ersten Lebenswoche diese Irritation an den Augen, bei der grün-gelbliches Sekret aus den Äuglein läuft. Unsere Anatomie hat uns Tränendrüsen gegeben, Augenflüssigkeit und ein kleines Löchlein am unteren Augenlid, durch das diese Flüssigkeit ablaufen kann. Wenn wir weinen, sprudelt so viel Flüssigkeit auf einmal über das Auge, dass das Löchlein diese Flut nicht bewältigen kann, und die Tränen kullern die Backen herunter. Bei kleinen Babys ist dieses Abflusslöchlein oft noch verstopft, die Augenflüssigkeit sammelt sich an und läuft als Sekret aus den Äuglein. Selten verbirgt sich dahinter eine Infektion. Kochen Sie einen Beutel Kamillentee, lassen ihn abkühlen und wischen die Augen mit einem sauberen Tuch von außen nach innen mehrmals täglich mit der Kamille ab. Falls nach einer Woche keine durchgreifende Besserung erfolgt, sollten Sie sich vom Kinderarzt eine Augensalbe verschreiben lassen. Die Augen der Kinder nehmen auf keinen Fall Schaden.

186

UND DIE ABSTEHENDEN ODER WIE SCHNECKEN EINGEROLLTEN OHREN?

Wenn Ihr Baby abstehende Ohren hat, werden die auch so bleiben. Früher hat man den Kindern die Ohren mit Leukoplast festgeklebt, in der Hoffnung, abstehende Ohren damit zu beseitigen. Hat alles nicht geholfen. Die eingerollten Schneckenöhrchen allerdings werden sich mit der Zeit entrollen.

187

WANN KRIEGT DAS KIND SEINE ENDGÜLTIGE KOPFFORM?

Die durch die Geburt entstandenen Verformungen des Kopfes verschwinden spätestens nach einer Woche. Kinder, die mit der Zange geholt wurden, haben manchmal monatelang komische Knubbel an den Druckstellen durch die Zange, die aber nichts zu bedeuten haben und im ersten Lebensjahr verschwinden. Kinder, die mit der Saugglocke geholt wurden, haben ebenso lang eine weiche, wabbelige und kreisrunde Stelle am Kopf, die sich auch im ersten Lebensjahr verwächst.

188

WARUM IST DER BAUCH DES BABYS DICKER ALS DER BRUSTKORB?

Kleinkinder haben noch keine Taille, und die Proportionen des Körpers sind anders als bei Erwachsenen. Der Kopf und der Bauch sind im Verhältnis zum restlichen Körper wesentlich größer. Ein sattes, glückliches Baby hat ein kugelrundes, prall mit Milch gefülltes Bäuchlein.

189

WARUM HAT MEIN BABY SO DICKE BRÜSTCHEN?

Durch die Hormone von Schwangerschaft und Stillen kann es bei Buben und Mädchen zu dieser Brustdrüsenschwellung kommen. Manchmal tritt sogar ein wenig Milch aus, die von alters her »Hexenmilch« genannt wird. Drücken Sie an dieser Schwellung nicht herum und haben Sie vier Wochen Geduld. Spätestens bis dahin wird die Schwellung abklingen.

190

DAS GENITALE DES MÄDCHENS

Bei neugeborenen Mädchen stehen die kleinen Schamlippen oft zwischen den großen hervor, auch die Klitoris ist im Verhältnis sehr groß. Wundern Sie sich nicht und warten Sie vier Wochen, dann wird das Genitale Ihrer Tochter so aussehen, wie es soll – nämlich wie ein kleines Brötchen. Lassen Sie sich keinen Schrecken einjagen, wenn Ihre winzige Tochter scheinbar schon ihre Tage hat. Blutungen aus der Scheide oder ein fädenziehender, durchsichtiger Schleim sind nur Folgen des hormonellen Tangos und dürfen bedenkenlos von oben nach unten abgewischt werden.

191

DAS GENITALE DES BUBEN

Keine Sorge, der beängstigend große Hodensack Ihres kleinen Prinzen wird nicht so bleiben. Wassereinlagerungen sind dafür verantwortlich, und nach spätestens vier Wochen werden sich die Hodensäckchen den restlichen Körperproportionen angepasst haben. Nach der Geburt wird bei den kleinen Buben vorsichtig danach getastet, ob beide Hoden schon im Hodensäckchen sind. Meistens ist das der Fall, manchmal wandern die Hoden noch ein wenig in der Leiste herum, sollten aber bis zum ersten Lebensjahr ihr Ziel erreicht haben.

192

HAT MEIN JUNGE EINE VORHAUTVERENGUNG?

Früher wurden die Mütter dazu angehalten, bei kleinen Buben die Vorhaut mehrmals täglich über den winzigen Penis zu ziehen, um so eine eventuelle Vorhautverengung, eine Phimose, zu beseitigen. Dann hat man festgestellt, dass durch diese Manipulation winzige Risse in die Vorhaut gesetzt werden, die eine Phimose erst recht hervorrufen. Wenn Ihr Sohn geboren ist und Sie einmal in hohem Bogen angepullert worden sind, ist mit seinem kleinen Penis alles in Ordnung.

193

MEIN KLEINER SOHN HAT SCHON EINE EREKTION. IST DAS NORMAL?

Ja, das ist ganz normal. Bevor die Buben zum Pipi-Machen ansetzen, richtet sich der Penis zur Vorwarnung auf, damit Sie Ihre neue Bluse in Sicherheit bringen können.

194

WARUM SEHEN DIE FUSSNÄGEL WIE EINGEWACHSEN AUS?

Das sieht bei kleinen Babys immer so aus. Erst mit etwa einem Jahr hat das Kind anständige Fußnägel.

195

WARUM HAT DAS BABY DIE FÜSSE SO KOMISCH NACH INNEN GEKLAPPT?

Die Füßchen werden während der Schwangerschaft Platz sparend nach innen eingeklappt und brauchen vier bis sechs Wochen, bis sie sich richtig entfaltet haben. In seltenen Fällen müssen die Füßchen krankengymnastisch beturnt werden, und in noch selteneren Fällen muss ein Gipsverband für einige Wochen der Entfaltung nachhelfen.

196

SIND DIE KRUMMEN BEINE NORMAL?

Alle Babys auf der Welt haben O-Beine. Wenn das Kind laufen lernt, sieht es aus wie ein Cowboy ohne Pferd, und erst nach einigen Monaten aufrechten Ganges werden die Beine langsam gerade.

197

WARUM SCHUPPT SICH DIE HAUT VON OBEN BIS UNTEN AB?

Nach der Geburt – wenn die Käseschmiere eingezogen ist – wechselt das Kind einmal seine oberste Hautschicht. Die Haut, die für das Fruchtwasser gut war, wird abgelegt und eine neue, dem Leben an der Luft besser angepasste, kommt zum Vorschein. Lassen Sie Ihr Kind sich pellen und warten Sie vier Wochen. Wenn Ihr Baby sehr trockene und schuppige oder sogar rissige Haut hat, hilft ein wenig Fettcreme. Melkfett oder kaltgepresstes Olivenöl wirken Wunder bei dieser Hauterneuerung.

198

UND WAS SIND DIESE ROTEN PLACKEN ÜBERALL AM KÖRPER?

Das sind nur Empfindlichkeitserscheinungen während der Umstellung vom Wasser aufs Landleben. Sie brauchen sich keine Sorgen zu machen.

199

ABER DIE VIELEN PICKEL AM KÖRPER ...

Ihr Baby kann und darf sechs bis acht Wochen lang aussehen wie ein pubertierender Teenager. Diese Pickel überall am Körper nennt man Neugeborenen-Akne. Witzigerweise hat diese Akne Wanderpickel, das heißt, Sie wickeln Ihr Baby und es hat lauter Pickel am Bauch, beim nächsten Wickeln sitzen die Pickel, die übrigens richtige Eiterpusteln sein können, am Bein. Drücken Sie an diesen Pickeln nicht herum und machen Sie sich um Himmels willen keine Gedanken darum, ob diese Pickelei ein Hinweis auf eine später folgende Neurodermitis ist. Nein,

ist sie nicht. Neugeborene hatten diese Pickel schon, als das Wort Neurodermitis noch gar nicht erfunden war. Übrigens: kein Clerasil benutzen!

200

WARUM WIRD MEIN BABY ANDAUERND GEWOGEN?

Lesen Sie über die Gewichtsentwicklung in Kapitel 17 nach.

201

Wie und wann soll ich mein Baby stillen?

Lesen Sie in Kapitel 11 alles über das Stillen.

202

WIE OFT MUSS DAS KIND GEWICKELT WERDEN?

Genauso oft, wie es trinkt. Neugeborene haben fast immer etwas in der
Hose und müssen etwa sechs- bis achtmal in vierundzwanzig Stunden
gewindelt werden.

203

WELCHE KLEIDER MUSS DAS BABY IN DER KLINIK TRAGEN?

In der Klinik ist es meistens viel wärmer als Sie es zu Hause haben.
Dem Kind reicht ein Hemdchen, ein Jäckchen, die Windel und die
Strampelhose. Solange Sie im Krankenhaus sind, bekommt das Baby
die Kleidung gestellt.

204

WELCHE KLEIDUNG BRAUCHT MAN FÜR DEN HEIMWEG
VON DER KLINIK?

Für den Heimweg sollten Sie – je nach Witterung – zusätzlich zur
Grundgarderobe noch ein Wolljäckchen und eine Mütze einpacken.

205

HILFE – MEIN BABY WIRD GELB!

Beinahe fünfzig Prozent aller Kinder entwickeln zwei bis drei Tage nach der Geburt diese so genannte Neugeborenen-Gelbsucht. Es ist keine richtige Erkrankung, obwohl sie sich zu einer solchen auswachsen kann. Diese Gelbsucht ist weder ansteckend, noch wird sie durch Keime hervorgerufen. Im Mutterleib hat ein Ungeborenes wesentlich mehr rote Blutkörperchen, als es draußen braucht. Nach der Geburt zerfallen die überschüssigen Blutkörperchen und setzen einen gelben Blutfarbstoff frei, der im Körper des Babys kreist und nur langsam abgebaut werden kann. Mit einer kleinen Blutuntersuchung kann der Wert dieses Stoffes – man nennt ihn Bilirubin – gemessen werden. Je höher der Bilirubin-Wert steigt, desto gelber wird das Kind. Sogar das Weiße in den Augen kann sich verfärben. Gelbe Babys sind oft ein wenig müde und trinkfaul und brauchen ein paar Tage, bis sie richtig fit sind. Das Bilirubin wird durch die Leber, die Nieren, den Darm und die Haut des Kindes abgebaut. Dieser Prozess wird durch starkes Licht und viel Trinken unterstützt. Eine Gefahr durch die Neugeborenen-Gelbsucht besteht heutzutage für die Babys nicht mehr, denn wenn der Wert eine bestimmte Höhe erreicht, werden die Kinder unter eine spezielle Lichtlampe gelegt und von den Säuglingsschwestern routiniert zum Trinken gebracht.

206

MUSS DAS KIND DAZU IN EINE KINDERKLINIK VERLEGT WERDEN?

Nein. Alle Entbindungsstationen haben Brutkästen, die mit dieser speziellen Lichtlampe ausgestattet sind.

207

MEIN BABY LIEGT UNTER DER LICHTLAMPE. WAS MUSS ICH TUN?

Wenn Sie Ihr Kind zum ersten Mal unter der Lichtlampe sehen, kann das sehr erschreckend für Sie sein. Ganz nackt und mit zugebundenen Augen liegt Ihr winziges Kind im Brutkasten unter diesem grellen

Licht. Das Kind muss nackt im Brutkasten liegen, damit das Licht an den ganzen Körper kommt und die Äuglein müssen durch die schwarze Piratenklappe geschützt werden. Babys liegen gerne unter der Lichtlampe. Es ist warm wie in Mamas Bauch, und die verbundenen Augen stören sie nicht. Zum Stillen dürfen Sie das Kind aus dem Kasten herausnehmen, und länger als ein bis zwei Tage dauert die Lichtbehandlung nicht.

208

WARUM IST GERADE MEIN BABY GELB?

Diese Gelbsucht tritt verstärkt bei Kindern auf, deren Eltern unterschiedliche Blutgruppen oder Rhesus-Faktoren haben. Frühgeborene haben es häufiger als am Termin geborene Kinder. Außerdem gibt es ein Gesetz der Serie, das heißt wenn Ihr erstes Kind gelb war, wird auch das zweite oder dritte diese Gelbsucht entwickeln. Aber wie gesagt: Die Neugeborenen-Gelbsucht ist heutzutage nicht mehr gefährlich, da diese speziellen Lichtlampen entwickelt wurden.

209

UND WENN DAS KIND BEI EINER AMBULANTEN GEBURT DIESE GELBSUCHT ENTWICKELT?

Die Hebamme, die Sie zu Hause täglich besucht, kann den Bilirubin-Wert optisch einschätzen und wird Sie zum Kinderarzt für die Blutabnahme schicken, wenn sie sich Sorgen macht. Notfalls – was aber wirklich nur äußerst selten vorkommt – muss Ihr Baby für zwei bis drei Tage in eine Kinderklinik eingewiesen werden.

210

ABER ZU HAUSE HAT MAN DOCH KEINE LICHTLAMPE.

Stellen Sie das Babykörbchen den ganzen Tag ans Fenster, denn das Tageslicht resorbiert ebenfalls das Bilirubin. Geben Sie dem Baby viel zu trinken. Bedenken gegen eine ambulante Geburt wegen der Gefahr einer Gelbsucht, halte ich für übertrieben.

211

WAS IST NUN ÜBERHAUPT MIT DIESER GLUKOSELÖSUNG?

Glukoselösung ist Wasser mit speziellem Zucker, und wenn Neugeborene das zum Überleben bräuchten, würde es aus der Brust kommen. Bis auf wenige Ausnahmefälle, z.B. wenn das Kind sehr gelb ist, braucht das Kind dieses Zuckerwasser nicht. Lassen Sie sich nicht irritieren: Die Natur hat in Ihrem Busen alles perfekt bereitgestellt, was Ihr Baby braucht.

212

ABER DAS BABY BRAUCHT DOCH ZUSÄTZLICH TEE, ODER?

Wenn Ihr Baby sehr gelb ist oder draußen vierzig Grad in der Sonne herrschen, dann dürfen Sie Ihrem Kind ein wenig Tee anbieten. Die meisten Babys allerdings sind klug und spucken den Tee in hohem Bogen wieder aus.

213

SCHMECKT DAS KIND DENN DEN UNTERSCHIED ZUR MILCH?

Babys können süße Milch und bitteren Tee sehr gut unterscheiden. Die Geschmacksknospen auf der Zunge bilden sich schon früh in der Schwangerschaft.

214

UND WANN IST DIE ZWEITE VORSORGE-UNTERSUCHUNG?

Die erste Untersuchung wird, wie Sie schon wissen, direkt nach der Geburt vorgenommen. Nach vier bis sechs Tagen schaut sich ein Kinderarzt das Baby zum zweiten Mal von Kopf bis Fuß an und dokumentiert die Untersuchungsergebnisse auch in dem gelben Vorsorgeheft.

215

WARUM BEKOMMT MEIN KIND DIESE VITAMIN-K-TROPFEN?

Vitamin K hilft beim Prozess der Blutgerinnung, und alle Neugeborenen bekommen einen kleinen Stoß davon, um gut geschützt zu sein.

216

UND WARUM WIRD MEIN BABY AM FÜNFTEN TAG ZUR BLUTENTNAHME IN DEN FUSS GEPIEKT?

Im Rahmen der Gesundheitsvorsorge wird bei allen Kindern ein wenig Blut abgenommen und in einem speziellen Labor auf bestimmte Stoffwechselerkrankungen hin untersucht. Wenn Sie von diesem Labor nie etwas hören, ist der Test in Ordnung, andernfalls werden Sie privat verständigt.

217

WANN DARF ICH ENDLICH MIT MEINEM KLEINEN SCHATZ NACH HAUSE?

Wenn Kinderarzt, Frauenarzt und die Schwestern der Wochenstation sicher sind, dass mit Ihnen und Ihrem Baby alles in Ordnung ist.

218

SOLL ICH MIR DENN – AUCH WENN ICH DIE PAAR TAGE IM KRANKENHAUS SCHON VERSORGT WURDE – FÜR DANACH NOCH EINE HEBAMME BESTELLEN?

Ja, das sollten Sie auf jeden Fall. Die meisten Fragen rund um Ihr Baby tauchen erst zu Hause auf und warum sollten Sie diese professionelle Hilfe nicht in Anspruch nehmen?

8

DIE WOHNUNG AUF DAS KIND VORBEREITEN

Zuerst müssen Sie sich ein Haus kaufen, natürlich mit Garten. Das Babyzimmer soll nach Süd-Ost liegen. Dann zaubern Sie 10.000,— DM aus der Tasche und statten das Kinderzimmer aus. Wickelkommode, Schrank und Bett müssen mit der Farbe der Tapete harmonieren. Der Opa schnitzt eine Wiege und Hund und Katze kommen ins Heim. Wie, Sie haben keine 10.000,— DM, der Opa kann nicht schnitzen und Sie hängen an Ihrem Tier? Na gut, dann müssen wir uns etwas anderes überlegen.

Ein Haus mit Garten ist für Kinder natürlich prima, aber ein Haus ist teuer, die Kinder sind teuer und Bausparprämien kriegt auch nicht jeder. Vielleicht klappt das ja später mal mit dem Haus. Vorerst tut es auch eine Wohnung, notfalls eine abgeteilte Ecke im Zimmer der Eltern. Etwa zum zweiten Geburtstag braucht jedes Kind aber ein eigenes Plätzchen. Das muss aber nicht nach Süd-Ost liegen.

Das Geld lassen Sie im Portemonnaie und nehmen einen Tisch als Wickelplatz. Die Babywäsche können Sie in jedem Schrank aufbewahren. Ein Kinderbettchen muss jedoch irgendwann ins Haus, denn spätestens nach sechs Monaten darf das Baby nicht mehr in einem Stubenwagen oder der Wiege schlafen. Waldi darf bleiben und die kleine Miezekatze auch. Tiere bringen nämlich Freude ins Leben! Lediglich Vogelspinnen, Giftschlangen und Fleisch fressende Pflanzen müssen jetzt ins Terrarium und dürfen nicht mehr frei herumlaufen.

Was machen wir mit dem Opa und der Wiege? Das ist ein schwer wiegendes Problem, denn für diese alten Rituale gibt es keinen Ersatz.

Vielleicht kann der werdende Vater seine handwerklichen Fähigkeiten zum Einsatz bringen und ein echtes Erbstück bauen? Jedenfalls ist das meiste auf der Welt wesentlich komplizierter als eine Wohnung auf ein Baby vorzubereiten. Lassen Sie Ihre Phantasie walten, kaufen Sie Secondhand-Sachen oder von privat und funktionieren Sie einfach etwas um. Praktisch und stabil ist besser als teuer und Ton in Ton. Von dem gesparten Geld machen Sie lieber mit Ihrem Kind eine schöne und erholsame Reise in die Sonne.

219

WARUM DARF EIN KIND AB DEM SECHSTEN LEBENSMONAT NICHT MEHR IN DER WIEGE ODER DEM STUBENWAGEN SCHLAFEN?

Weil Babys ab diesem Alter unerwartet aufzustehen pflegen und dann mitsamt Wiege oder Stubenwagen umstürzen.

220

WIE IST DAS OPTIMALE KINDERBETT BESCHAFFEN?

Lesen Sie Frage 723.

221

UND DIE OPTIMALE WICKELKOMMODE?

Sie können eine echte Wickelkommode kaufen oder einen Tisch umbauen. Sie können einen fahrbaren Wickeltisch kaufen oder einen Aufsatz für die Badewanne. Sie können eine Platte auf eine Kommode schrauben oder Ihr Kind auf dem Boden wickeln. Der letzte Vorschlag hat zwei Vorteile: Erstens kann Ihr Baby nie vom Wickeltisch fallen und zweitens verdient Ihr Orthopäde dann auch ein bisschen Geld, weil Sie es in vier Wochen an den Kniegelenken haben.

222

WELCHE BEDINGUNGEN MUSS EINE GUTE WICKELKOMMODE ERFÜLLEN?

Sie darf nicht zusammenbrechen, wenn Sie Ihr Baby drauflegen. Bei dem Modell »Platte auf alter Kommode« ist es wichtig, dass die Wickelplatte auch hinten festgeschraubt wird, weil sonst Ihr Baby wie ein

Katapult weggeschleudert wird, wenn Sie sich vorne aufstützen. Der Wickelplatz muss auf Ihre Körpergröße ausgerichtet sein. Wenn die Wickelkommode zu hoch ist, müssen Sie Ihr Baby nach Tastsinn windeln und wenn sie zu niedrig ist, kriegen Sie Skoliose. Sie werden mindestens drei Jahre an diesem Platz verbringen! Machen Sie ihn sich gemütlich.

223

BRAUCHT MAN DENN EINE WICKELAUFLAGE?

Eine große, wabbelige Plastikauflage ist sehr praktisch. Sie können aber auch aus Schaumstoff oder dicken Handtüchern selbst eine herstellen.

224

MUSS AUF DIE WICKELAUFLAGE NOCH EIN HANDTUCH?

Legen Sie sich mal nackt auf kaltes Plastik!

225

BRAUCHT DER WICKELTISCH SCHUBLADEN?

Es ist schon nützlich, wenn Sie frische Wäsche und Pflegeutensilien in Griffweite haben.

226

ODER EIN REGAL ÜBER DEM WICKELTISCH?

Ich bin ein entschiedener Gegner des Regals direkt über dem Wickeltisch. Wenn das Regal in der richtigen Höhe hängt, kommen Sie kaum dran und müssen immer auf Zehenspitzen nach den Sachen angeln. Dann hängen wir es doch einfach tiefer? Nein, denn wenn es so tief hängt, dass Sie drankommen, hängt es in der falschen Höhe.

227

WIESO KANN DENN DAS BLÖDE REGAL FALSCH HÄNGEN?

Wenn Sie – völlig schlaftrunken – in der Nacht Ihr Baby nach dem Wickeln hochheben, knallen Sie das Kind mit dem Gesicht an dieses blöde Regal. Eltern passiert so was! Ehrlich!

228

WO SOLL ALSO DAS REGAL HIN?

Links oder rechts vom Wickeltisch können Sie so viele Regale anschrauben, wie Sie wollen.

229

WAS IST NOCH FÜR DEN WICKELPLATZ WICHTIG?

Wasseranschluss und Wärme.

230

WASSERANSCHLUSS?

Den Wickeltisch im Bad aufzustellen ist eine feine und praktische Sache, weil Sie nicht mit Schüsseln voll warmem Wasser, tropfenden Waschlappen oder frisch gebadeten Babys zwischen Kinderzimmer und Bad hin und her laufen müssen. Wenn Ihr Bad zu klein ist, gibt es eben diesen Luxus nicht oder Sie müssen doch ein Haus kaufen.

231

MUSS DENN IM WICKELZIMMER DIE HEIZUNG IMMER ANGESTELLT SEIN?

Kaufen Sie sich einen Heizstrahler im Baumarkt und schrauben ihn mit zwei Dübeln in etwa einem Meter Entfernung über der Wickelkommode fest. Ich halte dieses Gerät – eine so genannte Wärmelampe – für eine der tollsten Erfindungen neben der Waschmaschine.

232

DARF MAN ZUM WÄRMEN AUCH EINE ROTLICHTLAMPE BENUTZEN?

Babys lieben die Farben rot, orange und gelb. Wenn Sie neben den Wickeltisch eine Lampe, die genau in diesen Farben strahlt, aufstellen, wird Ihr Baby mit wachsender Begeisterung in dieses Licht gucken. In eine Rotlichtlampe darf man aber niemals reingucken – auch Babys nicht. Nein, benutzen Sie keine Rotlichtlampe für den Wickeltisch.

233

WAS BRAUCHT MAN NOCH IM KINDERZIMMER?

Wenn Sie den Platz haben, stellen Sie für die ersten drei Monate ein Sofa ins Kinderzimmer, dann haben Sie entweder ein gemütliches Stilleckchen oder eine Ausweichmöglichkeit für »wilde« Nächte.

234

MUSS MAN IMMER IM KINDERZIMMER STILLEN?

Nein, natürlich nicht. Die ersten Wochen sind Sie aber vielleicht froh über ein ruhiges Plätzchen. Nicht jede Frau möchte mit blanken Brüsten im Wohnzimmer bei der kaffeetrinkenden Verwandtschaft sitzen.

235

VON WELCHEN WILDEN NÄCHTEN SPRECHEN SIE?

Lesen Sie das Kapitel über Blähungen!

236

WIE MUSS ICH DENN DEN REST DER WOHNUNG VORBEREITEN?

Machen Sie sich den Spaß und legen sich einmal in jedem Raum Ihrer Wohnung auf den Boden. So haben Sie die Perspektive eines Babys, das gerade lernt, sich fortzubewegen.

237

WAS MUSS IN JEDEM RAUM GEMACHT WERDEN?

Alle Steckdosen müssen mit Kindersicherungen versehen werden. Kleine Krabbelbabys stecken ihre niedlichen, nass gesabberten Wurstfinger liebend gerne in Steckdosen! Die Fenster und alle scharfen Kanten der Möbel brauchen ebenfalls Kindersicherungen.

238

BRAUCHT MAN FÜR TREPPEN EIN GITTER?

An jede Treppe gehört ein Absperrgitter mit Kindersicherung.

239

WAS IST IN DER KÜCHE ZU SICHERN?

Herd, Backofen und die Putzmittel.

240

UND WAS IM BAD?

Natürlich auch die Putzmittel und ebenso die Medikamente. Kleine Kinder gehen wirklich an alles, und ehe Sie sich versehen, hat das Baby irgendetwas Giftiges im Mund.

241

UND WAS IST MIT DEM WOHNZIMMER?

Sie müssen davon ausgehen, dass ein Kind bis zum zweiten Geburtstag immer da sein will, wo Sie sind. Wenn Sie sich viel im Wohnzimmer aufhalten, sollten Sie eine Umräumaktion vornehmen. Alle kostbaren und zerbrechlichen Sachen und technische Geräte wie Fernseher oder HiFi-Anlage oben aufbauen, Aschenbecher in die Küche und den Rauchglastisch auf den Speicher. Sie sparen sich Stress, wenn Ihre Wohnung kindgerecht ist und der Entdeckerdrang des Babys nicht dauernd gebremst werden muss. Leeren Sie in der Küche und/oder im Wohnzimmer die zwei unteren Schubladen eines Schrankes und richten diese als Babys eigene Schubladen ein. Ihr Krabbelkind kann dann stundenlang daran arbeiten, seine Schubladen ein- und wieder auszuräumen, während Sie in Ruhe ein Buch lesen.

242

AN WAS SOLLTE NOCH GEDACHT WERDEN?

Eine frisch gestrichene Wohnung oder ein Kinderzimmer sollte mindestens vier Wochen »ausdünsten«, bevor ein Neugeborenes dort einzieht. Das Gleiche gilt für neu gekaufte Holzmöbel, die nach Lasur riechen.

243

KANN DAS ZWEITE ZUM ERSTEN KIND INS ZIMMER?

Babys mögen gerne bei einem größeren Geschwister schlafen und wohnen.

244

MEIN BABY FÄNGT JETZT AN ZU KRABBELN.

Selbst wenn Ihre Wohnung absolut kindersicher ist, müssen Sie Ihre Augen immer überall haben. Krabbelkindern geht jedes Gefühl für Gefahren ab, die Welt ist für sie ein riesengroßer Spielplatz, wo man alles in den Mund stecken und probieren kann. Inspizieren Sie auch Ihren Garten auf giftige Pflanzen hin!

245

WIE LANGE VOR DER GEBURT SOLL DENN ALLES FERTIG HERGERICHTET SEIN?

Etwa vier Wochen vor dem Geburtstermin sollten Sie fertig sein. Den Wickeltisch und das Schlafkörbchen können Sie mit einem sauberen Laken bedecken, bis der Nestbautrieb Sie ein bis zwei Tage vor der Geburt nochmals heftig befällt und Sie alles erneut kontrollieren wollen.

246

SAGT MAN NICHT AUCH, DASS ES UNGLÜCK BRINGT, VORHER ALLES FÜRS BABY VORZUBEREITEN?

Solche Unkenrufe stoßen nur Leute aus, die auch am Freitag, den 13. niemals in ein Flugzeug steigen würden.

247

WIE IST DAS DENN NUN MIT TIEREN IN DER WOHNUNG?

Außer Würmern, Flöhen, Zecken und Krätzemilben sind Tiere und Kinder gute Spielkameraden. Sorgen Sie als Erwachsener dafür, dass es nicht zu Eifersucht kommt oder Ihr herzensguter Hund vom Krabbelkind am Fell gerissen wird. Machen Sie Ihrem Baby unmissverständlich klar, dass ein Katzenklo kein Spielplatz ist, das Aquarium nicht umgeworfen werden darf und die Fingerchen nicht in den Papageienkäfig gehören.

248

VIELLEICHT IST MEIN BABY ALLERGISCH AUF KATZENHAARE?

Wenn Sie eine Katze haben und demnach nicht allergisch sind, ist es sehr unwahrscheinlich, dass Ihr Baby auf die Katzenhaare reagiert.

249

VIELLEICHT SETZT SICH DIE KATZE AUF DAS BABY?

Katzen mögen warme und weiche Sitzgelegenheiten. Babys sind warm und weich und riechen zudem lecker nach Milch. Sie müssen ein Auge auf Ihr Kätzchen haben! Auf Babys Gebrüll allerdings verschwindet die Katze vorwurfsvoll-beleidigt.

250

WIE MACHE ICH DEN HUND MIT DEM NEUGEBORENEN BEKANNT?

Lassen Sie den Hund das Baby einmal ablecken. Igitt, ich weiß! Außerdem sollten Sie noch etwas weitaus Ekligeres tun, nämlich dem Hund eine Windel – und zwar eine volle – zum Ablecken geben. So wird Ihr Hund für alle Zeit wissen, dass dieses winzige Menschenbündel nun zum Rudel gehört und Ihnen am Herzen liegt.

251

UND WENN DER HUND BEISST?

Dann sollten Sie Ihre Fähigkeiten als Hundehalter überdenken und das Tier solange weggeben.

252

MEIN HUND – ODER MEINE KATZE – SCHLÄFT IN MEINEM BETT.

Da haben Sie doch im Winter eine gute Wärmflasche für die Füße. Allerdings wird diese Fell-Wärmflasche auch ins Kinderbett steigen.

253

DIE SCHÖNE REISE IN DIE SONNE WAR NICHT SO TEUER. WAS MACHE ICH MIT DEM RESTLICHEN GELD?

Kaufen Sie sich nach der Pubertät der Kinder schöne, neue Möbel, kostbares Porzellan, weiche, unbekleckerte Teppiche und ein schickes Sofa, das nun nicht mehr als Hüpfburg verwendet wird.

9
DIE ERSTEN TAGE ZU HAUSE

■ ■

Endlich dürfen Sie mit Ihrem Prinzen oder Ihrer Prinzessin nach Hause. Alle Abschlussuntersuchungen sind gemacht, alles ist in Ordnung. Ihr Mann hat zwei Wochen Urlaub genommen und holt Sie von der Wochenstation ab. Stolz setzt er das Kind in den Autositz. Wie niedlich es in der Ausfahrgarnitur aussieht! Es schläft. Das Mützchen ist noch viel zu groß. Sie bringen den Schwestern eine Kleinigkeit für die Kaffeekasse, verabschieden sich von Ihrer Zimmernachbarin und gehen, nach fünf langen Tagen, endlich heim. Das Auto steht direkt vor der Klinik, die Sonne scheint und Sie sind glücklich.

Daheim begrüßen Sie bunte Girlanden an der Tür, ein überlebensgroßer Klapperstorch und ein riesiges »Willkommens«-Schild. Als Sie das sehen, laufen die Tränen. Behutsam trägt Ihr Mann das Baby samt Kindersitz in die Wohnung. Das Baby schläft. Alles ist sauber, alles ist aufgeräumt und es riecht nach Mittagessen. Die Oma kommt aus der Küche und bei der Umarmung laufen wieder die Tränen. Das Telefon klingelt. Die andere Oma will wissen, ob Sie schon daheim sind und wann sie denn endlich das Baby sehen darf.

Später essen Sie zu Mittag. Das Telefon klingelt. Ihre beste Freundin ruft an und fragt, ob Sie schon daheim sind und wann sie denn endlich das Baby sehen darf. Das Baby schläft. Ihr Mann hilft der Oma beim Abwaschen. Das Telefon klingelt. Die nächste Freundin ruft an und fragt, wie die Geburt war und wann sie denn endlich das Baby sehen darf. Sie erzählen der Freundin alles von der Geburt. Restlos alles. Kaum sitzen Sie auf dem Sofa, da läutet es an der Tür. Die Nachbarin steht da mit einem Geschenk – ob Sie mal kurz das Baby sehen darf?

Das Kind schläft immer noch mit seiner zu großen Mütze halb auf dem Gesicht. Sie haben gerade die Füße auf das Sofa gelegt, da klingelt es schon wieder. Ihnen kommen die Tränen. Die andere Nachbarin, auch mit einem Geschenk, steht da – ob sie mal – nur ganz kurz – das Baby sehen darf?

Das Baby wacht auf. Jetzt geht Ihr Mann ans Telefon, weil Sie stillen. Eine halbe Stunde später, während des Wickelns, hören Sie die Oma an der Tür sagen: Nein, das geht jetzt im Moment nicht, das Kind wird nämlich gerade frisch gemacht. Beim Wickeln sehen Sie zu Ihrem Schrecken, dass etwas Blut aus dem Nabel kommt. Ihnen kommen die Tränen. Wären Sie doch nur im Krankenhaus geblieben. Dort war es so schön ruhig! Das Baby ist jetzt leider nicht mehr ruhig. Es schreit und schreit. Sie stillen wieder. Sie wickeln noch einmal. Wieder Blut am Nabel. Sie stillen wieder. Ihr Mann spricht mit irgendjemandem am Telefon. Das Baby schreit wie am Spieß. Wahrscheinlich wegen des blutenden Nabels. Die Oma weiß auch nicht, was das ist und ob das gefährlich ist.

Es klingelt wieder an der Tür. Nein, bitte keinen mehr, der nur mal ganz kurz – und ich will auch gar nicht stören! – das Baby sehen will. Sie wollen niemanden mehr sehen! Die Naht tut auch wieder weh, alles geht Ihnen gegen den Strich, Sie sind müde und erschöpft und gerade mal ein paar Stunden zu Hause. Wie soll das denn die nächsten sechs Wochen werden? Mitsamt Ihrem schreienden Kind sitzen Sie völlig erledigt auf dem Sofa, als die Nachsorgehebamme kommt. Was ist denn hier los, fragt sie und Sie brechen schon wieder in Tränen aus.

254

PASSIERT DENN DAS IMMER SO?

Nein, nicht immer, aber sehr oft und bei vielen Wöchnerinnen.

255

BIN ICH ZU HAUSE NOCH EINE WÖCHNERIN?

Das Wochenbett dauert etwa sechs bis acht Wochen und solange sind Sie eine Wöchnerin. Sie sollten sich schonen, viel ruhen und Ihre neuen Herausforderungen als Mutter in liebevoller Gelassenheit angehen.

Wöchnerinnen haben durch die Hormonschwankungen sehr nah am Wasser gebaut und purzeln von Tränen in Euphorie und zurück. Das gehört zum Wochenbett. Viele junge Mütter brechen jedes Mal in Tränen aus, wenn sie an das Baby denken. Das gibt sich aber nach einer Weile.

256

WIE KANN ICH DAS NACHHAUSEKOMMEN WENIGER ANSTRENGEND GESTALTEN?

Die geschilderte, kleine Szene enthält schon ein paar gute Ideen, aber auch manches, das verkehrt gelaufen ist. Nehmen wir zuerst das Schiefgelaufene, nämlich die vielen Anrufe und Besuche.

257

ABER FREUNDE UND VERWANDTE WOLLEN DOCH WISSEN, OB ICH DAHEIM BIN.

Ziehen Sie den Telefonstecker aus der Wand und bestimmen Sie selbst, wann und wen Sie anrufen wollen.

258

UND DIE TÜRKLINGEL SOLL ICH AUCH ABSTELLEN?

Genau. Sie können dann bei Ihren selbstgewählten Telefonaten auch gleich besprechen, wer Sie wann besuchen kommen darf.

259

ABER ALLE WOLLEN DAS BABY SEHEN!

Das stimmt, aber es sind Ihr Baby und Ihre Nerven, die strapaziert werden. Das Kind bleibt mindestens noch vier Wochen so winzig und in dieser Zeitspanne werden dann alle das Baby gesehen haben.

260

WAS SIND DIE GUTEN IDEEN?

Der nette Abschied von der Wochenstation, der Urlaub Ihres Mannes, die Essen kochende und putzende Oma, der alte Brauch des Türeschmückens, die Nachsorgehebamme und natürlich die vielen Geschenke.

261

ICH BIN ABER DOCH FROH, ENDLICH AUS DER KLINIK ZU KOMMEN!

Sicher sind Sie froh, aber auf der Wochenstation standen Ihnen rund um die Uhr Fachleute für alle Fragen zum Baby zur Seite. Zu Hause ist alles anders als in der Klinik und das kann in den ersten Tagen schnell zu Verwirrung und Tränen führen.

262

WORAN MUSS ICH DENKEN, BEVOR ICH DIE KLINIK VERLASSE?

Wichtig ist, dass sowohl Sie als auch Ihr Baby die Abschlussuntersuchung bekommen haben. Fragen Sie in der Verwaltung, ob die Bescheinigungen vom Amt bereits angekommen sind. Sie sparen sich zu Hause viel Lauferei, wenn Sie den ganzen Papierkrieg schon in der Klinik erledigt haben. Vergessen Sie Ihren Mutterpass und das gelbe Kinderheft nicht!

263

DEN SCHWESTERN DARF MAN EINE KLEINIGKEIT SCHENKEN?

Schwestern und Hebammen trinken gerne Kaffee, essen gerne Pralinen und freuen sich auch über schöne Blumen.

264

MUSS DENN MEIN PARTNER UNBEDINGT URLAUB NEHMEN?

Er muss nicht, aber es ist eine sehr gute Idee. Zu zweit können Sie sich wesentlich leichter in Ihre neue Aufgabe als Eltern einfinden. Ihr Mann kann die Alltagserledigungen übernehmen, nachts mit dem schreienden Baby wandern, kochen, putzen, Wäsche waschen, das Kind wickeln und Sie verwöhnen.

265

BRAUCHE ICH ZUSÄTZLICH NOCH EINE HILFE FÜR ZU HAUSE?

Eine Hilfe, die tatkräftig den Haushalt organisiert, ist ein Geschenk für jede frisch entbundene Frau. Oft übernehmen Omas diesen Liebesdienst. Wenn schon ein Kind unter acht Jahren in Ihrem Haushalt lebt, können Sie auch über die Krankenkasse eine Hilfe beantragen.

266

HABEN SIE NOCH EIN PAAR GUTE IDEEN FÜR DEN HAUSHALT?

Wenn Sie eine Gefriertruhe besitzen, können Sie in den letzten Wochen der Schwangerschaft Mahlzeiten vorkochen und einfrieren. Bestellen Sie Pizza, wenn Sie nicht kochen wollen. Machen Sie sich vor allem keinen Stress mit dem Anspruch auf einen perfekten Haushalt! Lassen Sie den Abwasch, die Wäsche und den Müll stehen und legen sich lieber zu einem Mittagsschläfchen hin! Ihr Baby braucht eine ausgeruhte Mutter und keinen Fußboden, von dem man essen kann. Wenn Ihr Partner über Mängel in der Haushaltsführung klagt, soll er sie selbst beseitigen!

267

IST ES ÜBERALL BRAUCH, DIE TÜRE ZU SCHMÜCKEN?

Ich weiß es nicht, finde diesen Brauch aber sehr hübsch. Ein großes Schild mit dem Namen, Geburtsdatum und Gewicht des Babys, geschmückt mit bunten Girlanden, freut nicht nur die heimkehrende Mutter, sondern informiert auch schon mal die neugierigen Nachbarn. Mancherorts wird auch eine Wäscheleine mit Babykleidern über die Straße gespannt oder ein großer Storch aufgestellt.

268

UND WER KRIEGT DIE GANZEN GESCHENKE?

Meistens bekommen nur die Babys etwas geschenkt, als ob die Mütter nichts zu feiern hätten. Wenn Sie eine Wöchnerin besuchen gehen, bringen Sie doch der Mutter auch eine Kleinigkeit mit!

269

WIE LANGE DARF MICH DIE HEBAMME NOCH ZU HAUSE BETREUEN?

Bis Ihr Baby acht Wochen alt ist, darf die Hebamme diese Wochenbettbesuche durchführen. Nehmen Sie schon vor der Entbindung Kontakt mit der Hebamme auf. Adressen von Hebammen finden Sie in den Gelben Seiten, bei Ihrem Arzt, in der Klinik oder in den Geburtshäusern. In manchen Städten gibt es auch so genannte Hebammenzentralen. Die Hebammenhilfe kostet Sie nichts.

270

WAS PASSIERT DENN BEI SO EINEM WOCHENBETTBESUCH?

Die Hebamme nimmt sich Zeit für ein ausführliches Gespräch, zeigt Ihnen alles, untersucht das Baby, schaut nach Ihrem Wohlbefinden und beantwortet alle Fragen, die zu Hause noch auftauchen.

271

GUCKT SIE AUCH NACH DEM BLUTENDEN NABEL?

Aber selbstverständlich, und dann wird sie Ihnen erklären, dass beinahe bei allen Neugeborenen der Nabel ein wenig nachblutet, wenn die Schnur abgefallen ist und dass Sie sich wirklich keine Sorgen machen müssen.

272

HAT MEIN BABY VIELLEICHT EINEN NABELBRUCH?

Bei sehr vielen Neugeborenen steht der Bauchnabel etwa sechs bis acht Wochen lang wie ein Knöpfchen hervor. Wenn das Baby Bauchmuskulatur entwickelt, zieht sich das Knöpfchen nach innen. Ein echter Nabelbruch sieht aus wie ein kleines Wasserkissen, das sich bis zu zehn Zentimeter aus dem Nabel vorwölben kann.

273

SCHAUT DIE HEBAMME AUCH NACH DEN VERKLEBTEN AUGEN DES BABYS?

Der Ausfluss dieses grün-gelben Sekretes kann auch zu Hause noch andauern, und die Nachsorgehebamme wird entscheiden, ob Sie zum Kinderarzt gehen müssen.

274

HILFE – MEIN BABY SCHIELT WIE EIN WELTMEISTER!

Das Baby kann seine Augenmuskulatur noch nicht koordinieren und bei dem Versuch, etwas zu fixieren, rutschen die Augen in diesen aparten Silberblick. Sechs Wochen darf Ihr Baby schielen, so viel es will.

275

WANN KRIEGT DAS BABY EIGENTLICH SEINE ENDGÜLTIGE AUGENFARBE?

Das kann bis zu einem Jahr dauern.

276

KONTROLLIERT DIE HEBAMME AUCH DAS GEWICHT DES BABYS?

Die meisten Hebammen besitzen eine eigene Säuglingswaage, um die Babys zu wiegen. Die Hebamme wird Sie beim Stillen beraten und unterstützen, an die Gabe der Vitamintabletten erinnern und an den Termin für die nächste Vorsorgeuntersuchung. Sie wird versuchen, alle Ihre Fragen zu beantworten und Ihnen mit Rat und Tat zur Seite stehen. Hebammen haben ein feines Gefühl dafür, wie viel Hilfe und Unterstützung bei jeder einzelnen Mutter noch vonnöten sind und wann diese Hilfe langsam ausklingen darf.

277

MIR TUT DIE NAHT IMMER NOCH SO WEH.

Eventuell haben sich Fäden mit der Haut verknäult, diese Fäden können schnell von der Hebamme gezogen werden.

278

BEIM STEHEN UND LAUFEN HABE ICH SCHMERZEN UND DAS GEFÜHL, MEINE BECKENKNOCHEN SIND KAPUTT.

Vermutlich hat sich Ihre Schambeinfuge gelockert. Das ist der kleine Knochen, der unter den Schamhaaren sitzt. Stärken Sie diesen Knochen mit »Calcipot« aus der Apotheke und einem strammen Hüfthalter.

279

ICH BIN UNERMESSLICH MÜDE UND ERSCHÖPFT!

Vielleicht ist Ihr Eisenwert noch niedrig, weil Sie bei der Geburt viel Blut verloren haben. Nehmen Sie eine Packung »Kräuterblut-Elixier«. Schlafen Sie mittags, gehen Sie viel spazieren, ernähren Sie sich gut und reichhaltig und lassen Sie alles ganz geruhsam angehen.

280

IMMER WENN ICH STILLE, KLINGELT DAS TELEFON.

Telefonieren und Stillen gleichzeitig erst in vier Wochen üben!

281

IMMER WENN ICH AM WICKELTISCH STEHE, KLINGELT ES AN DER TÜR.

Klingeln lassen, außer Sie erwarten den Geldbriefträger. Das Baby mit an die Türe nehmen!

282

DARF DER BRIEFTRÄGER DAS BABY ANFASSEN?

Babys mögen nicht von fremden Leuten begrapscht und geküsst werden.

283

WANN DARF ICH ZUM ERSTEN MAL SPAZIEREN GEHEN?

Früher sagte man, dass frisch entbundene Frauen und Neugeborene aus Hygienegründen sechs Wochen nicht aus dem Haus sollen. Das ist aber absoluter Quatsch! Sie können mit Ihrem Baby spazieren gehen, wann Sie wollen und so weit Sie Ihre Füße tragen. Licht, Luft und Sonne sind gesund. Fremde Leute dürfen das Kind nicht betatschen, und wenn sie noch so begeistert von kleinen Babys sind!

284

WANN DARF DENN DER ERSTE BESUCH KOMMEN?

Sobald Sie möchten. Sagen Sie Ihrem Besuch, dass er sich die Hände waschen soll!

285

UND WANN DARF ICH MIT DEM BABY JEMANDEN BESUCHEN GEHEN?

Natürlich auch, sobald Sie möchten. Rauchfreie Zone ist Ehrensache!

286

WARUM IST MEIN BABY DIE ERSTEN TAGE ZU HAUSE SO UNRUHIG?

Ihr Kind spürt den Umzug von der Klinik nach Hause und muss sich erst an alles gewöhnen.

287

MUSS ICH MICH AUCH ERST AN ALLES GEWÖHNEN?

Die ersten zwei bis vier Wochen mit einem neugeborenen Kind sind wie eine Fahrt auf der Achterbahn. Das ist zwar sehr vergnüglich, aber auch schrecklich aufregend. Mal geht es hoch, mal geht es runter, mal bleibt Ihnen vor Schreck die Luft weg und mal trägt es Sie beinahe aus der Kurve. Betrachten Sie diese ersten Wochen als eine Übungsphase und Eingewöhnungszeit, denn auch Muttersein darf man in Ruhe lernen.

10

DER ALLTAG MIT EINEM BABY

■ ■ ■ ■ ■ ■ ■ ■ ■ ■ ■ ■ ■ ■

Die Girlanden an der Tür sind abgehängt. Keiner bringt mehr Geschenke. Das Telefon schweigt wie eine beleidigte Leberwurst. Die Oma ist in Urlaub geflogen, die Nachbarn sind in der Arbeit und Ihr Mann auch. Es regnet. Drei Trommeln Wäsche warten im Keller. So ein Baby macht ganz schön viel Wäsche! Es ist ungefähr 13 Uhr. So genau wissen Sie das nicht, es ist Ihnen auch ziemlich egal. Vielleicht sollten Sie duschen und einen Kaffe trinken?

Das Kind ist jetzt acht Wochen alt und schläft immer noch nicht durch. Heute Nacht waren Sie wieder von zwei bis fünf Uhr wach und fühlen sich wie gerädert. Das Baby nicht. Es liegt auf der Krabbeldecke, gluckst und brabbelt vor sich hin. Morgen ist um 8.30 Uhr der wichtige Termin zur dritten Vorsorgeuntersuchung beim Kinderarzt. Wie sollen Sie das bloß schaffen? Die letzten Wochen haben Sie sich mit Mühe um 11 Uhr aus dem Bett gequält, außerdem haben Sie kein Auto, weil Ihr Mann das für die Arbeit braucht, und der Kinderwagen ist ein riesiges, schweres Monstrum. Und was machen Sie, wenn das Baby just in dem Moment Hunger hat und schreit? Sie müssten aber zur Untersuchung gehen und fragen, was das Baby für komische Pickel am Popo hat. Sie fühlen sich allein und überfordert. Die Tränen laufen. Dem Kind wird es langweilig auf der Decke. Es schreit. So haben Sie sich das alles nicht vorgestellt! Das Baby war gewünscht und geplant, Sie haben sich so auf das Kind gefreut und jetzt sitzen Sie beide zusammen auf der Krabbeldecke und heulen.

Die Schwiegermutter sagt, dass das Kind schon verwöhnt ist und Ihr Mann als Baby nie so anstrengend gewesen wäre und schon nach zwei Wochen durchgeschlafen hätte. Sie sollen das Kind einfach schreien lassen, es würde sonst ein Tyrann. Vielleicht stimmt das? Bestimmt machen Sie alles falsch!

Die anderen Frauen mit Kinderwagen, die Sie auf Ihren einsamen Spaziergängen sehen, wirken alle so glücklich und entspannt. Das Baby auf Ihrem Arm ist still. Es lächelt Sie an und unter Tränen lächeln Sie zurück. Niemals könnten Sie dieses kleine Wesen einfach schreien lassen, was redet die Schwiegermutter für einen Quatsch? Vielleicht rufen Sie heute die Frau an, mit der Sie auf der Wochenstation in einem Zimmer gelegen haben? Deren Baby ist doch genauso alt, vielleicht können Sie sich treffen oder gemeinsam spazieren gehen? Die Wolken haben sich verzogen und die Sonne kommt heraus. Sie setzen das Baby in die Wippe und nehmen es mit ins Bad. Sie brauchen eine Dusche und das Kind eine frische Windel.

Nach dem Kaffee erreichen Sie die Frau von der Wochenstation und verabreden sich in der Stadt, um zusammen nach neuen Hosen zu gucken, weil Sie es beide satt haben, in schlabberigen Jogginghosen rumzulaufen. Das Aufstehen morgen wird schon klappen! Eigentlich klappt doch alles ganz gut! Und das Baby ist so süß und niedlich, wenn es mit seinem zahnlosen Mund lächelt und »errö« oder »aga« sagt. Sie fließen über vor Liebe und können sich kaum mehr vorstellen, dass Sie jemals ohne dieses Kind gelebt haben.

288

SIND DIESE STIMMUNGSSCHWANKUNGEN NOCH HORMONELL BEDINGT?

Sechs bis acht Wochen nach der Geburt haben sich die Hormone wieder beruhigt. Diese Achterbahn der Gefühle hat damit zu tun, dass Sie wenig schlafen, Babys sehr anstrengend sind, der Alltag Ihre ganze Kraft fordert und Sie noch in der »Ich-gewöhne-mich-daran-ein-Kind-zu-haben«-Phase leben.

289

WIE LANGE DAUERT DENN DIESE PHASE?

Die Wahrheit ist: Wenn Sie sich gerade so richtig gut daran gewöhnt haben, ist Ihr Kind erwachsen und zieht aus. Eltern zu sein fordert von uns Erwachsenen, sich zwanzig Jahre in Frage zu stellen, sich neu zu orientieren, Kompromisse zu schließen und offen für Veränderungen zu sein. Kinder entwickeln sich, und Sie müssen sich immer mit entwickeln!

290

JETZT IST MEIN BABY ABER ERST ACHT WOCHEN ALT!

Ihr Kind hat in diesen Wochen schon einen großen Sprung in seiner Entwicklung gemacht. Es reagiert auf Sie, es antwortet Ihnen, es lächelt auf Kontakt. Aber es ist immer noch ein winziges Baby, das noch keinen Schlaf- und Wachrhythmus gefunden hat, immer herumgetragen werden will, viel Wäsche schmutzig macht und sich kaum mit sich selbst beschäftigen kann.

291

WARUM IST EIN BABY IN DIESEM ALTER SO ANSTRENGEND?

Ein Baby in diesem Alter zu versorgen ist ein Full-Time-Job. Tagsüber lässt sich das Kind kaum ablegen, nachts schläft es nicht gut und Spielsachen interessieren es noch nicht. Die Mutter – als häufigste Betreuungsperson – muss ihren gesamten Alltag auf die Bedürfnisse des Babys ausrichten.

292

SO WIE DIE UNTERSUCHUNG BEIM KINDERARZT, ODER?

Eine Untersuchung morgens um 8.30 Uhr beim Kinderarzt muss den Tag vorher wie eine militärische Operation geplant werden. Hat das Kind Hunger? Ist es frisch gewickelt? Was muss ich alles mitnehmen? Wann muss ich losgehen? Was mache ich, wenn es gerade dann schläft? Oder schreit? Wie komme ich überhaupt dahin? Soll ich den Kinderwagen nehmen? Gibt es da Treppen? Nehme ich besser das Tragetuch? Und wenn es in Strömen regnet? Wie lange wird die Untersuchung dauern? Muss ich eine Ersatzflasche mitnehmen? Oder besser Tee?

293

SIE LACHEN?

Dann haben Sie noch nie ein schreiendes, hungriges, schlecht gelauntes Baby durch strömenden Regen mit einem Monstrum von Kinderwagen alleine zehn Treppen hochgeschleppt und dabei gerochen, dass die Windel bis zum Anschlag voll ist! Da können Ihnen vor Wut und Verzweiflung schon mal die Tränen kommen.

294

NENNT MAN DAS DANN EINE WOCHENBETT-DEPRESSION?

Eine echte Wochenbett-Depression ist eine sehr ernst zu nehmende Befindlichkeit, in der ärztliche und psychologische Hilfen dringend erforderlich sind. Man weiß bis heute noch nicht genau, wodurch diese tiefe Depression nach der Geburt hervorgerufen wird. Wenn Sie sich nach der Entbindung nur noch schrecklich fühlen, völlig überfordert von der Sorge um das Baby, ängstlich, verzweifelt und hilflos, dürfen Sie diese Gefühle nicht mit sich alleine herumtragen. Sie müssen mit Ihrem Gynäkologen oder der Hebamme darüber sprechen und Hilfe erhalten. Der Unterschied zwischen einer Wochenbett-Depression und der Verzweiflung im Regen auf der Treppe besteht darin, dass, wenn Sie die Treppe oben sind, die Sonne wieder scheint und das Baby satt und zufrieden ist, Sie auch wieder froh und lustig sind und den neuen Alltag bewältigen können.

295

WIE SOLL ICH DENN DEN ALLTAG AM BESTEN ORGANISIEREN?

Die vernünftigste Idee ist es, den Alltag um die Bedürfnisse des Babys herum zu gruppieren. Der meiste Stress entsteht ohnehin nur durch den selbst auferlegten Druck, trotz Baby einen perfekt organisierten Alltag zu haben. Wenn Sie früher immer um sieben aufgestanden sind, um neun mit dem Haushalt fertig waren und um zwölf ein warmes Essen auf dem Tisch hatten, vergessen Sie es für eine Weile. Mit einem Krabbelkind können Sie langsam wieder zu Ihren löblichen Prinzipien zurückkehren.

296
WANN WACHT DENN EIN BABY MORGENS AUF?

Es gibt ein paar Langschläfer unter den Kindern, aber die meisten süßen Sonnenscheinchen finden, dass die Nacht um 6 Uhr zu Ende ist.
Man wünscht, aus dem Bett geholt zu werden und zu frühstücken.

297
UND DANACH?

Danach steht erst mal Körperpflege auf dem Programm. Wickeln, Waschen, Einölen, Cremen und Kämmen.

298
UND WEITER?

Dann ist es ungefähr 7 Uhr. Sie könnten zwar gut noch eine Runde
Schlaf brauchen, aber Ihr Baby ist wach und bereit für spannende
Abenteuer.

299
UM 7 UHR MUSS DER REST DER FAMILIE AUCH AUFSTEHEN!

Also gibt es Frühstück mit dem Gatten und Baby auf dem Arm oder in
der Wippe. Das Baby quengelt nach zehn Minuten, denn die Wippe ist
ein langweiliges Abenteuer!

300
WAS PASSIERT UM 7.30 UHR?

Sie versuchen, den Frühstückstisch abzuräumen, die Betten zu machen und die Wäsche zu sortieren. Das Kind schreit empört, wenn Sie
es ablegen, denn es möchte gerne dabei sein. Mit Kind auf dem Arm
ist es aber ein sinnloses Unterfangen. Sie trinken noch einen Kaffee.
Ein neuer Versuch, den Haushalt zu machen. Ihr Kind schreit wieder
empört. Sie gehen mit Kind in der Wohnung umher. Plötzlich ist es
11 Uhr, Ihr Mann ruft an und fragt, ob Sie es schön gemütlich haben.

301

WAS ANTWORTE ICH?

Ja sehr! Hausfrau und Mutter ist mein Traumberuf! Das Baby weint im Hintergrund, hat Hunger, eine volle Windel, ist müde und reibt sich die Augen.

302

JETZT KOMMT DER SO GENANNTE MITTAGSSCHLAF, ODER?

Sie legen sich mit Kind ins ungemachte Bett, erwachen beide wieder um 13 Uhr. Mist, denn Sie wollten doch endlich die Wäsche sortieren und geduscht haben Sie auch noch nicht. Wahrscheinlich haben Sie den Schlaf gebraucht, die letzte Nacht war nicht gerade erholsam.

303

WAS IST DANN UM 14 UHR?

Das Baby wird wieder gefüttert. Sie beschließen zu duschen. 15.30 Uhr: Dusche beendet, weil das Kind nicht alleine in der Wippe sitzen bleiben wollte. Erst recht nicht, wenn Mutter hinter dem Duschvorhang verschwindet! Der Frühstückstisch ist immer noch nicht abgeräumt. Sie bringen die Wäsche in den Keller. Aus den Augen, aus dem Sinn!

304

UM 16 UHR KOMMT DANN DER SPAZIERGANG?

Das Baby schläft im Kinderwagen, Sie müssen noch für das Abendessen einkaufen. Das Baby mag den Supermarkt nicht, schreit durchdringend. 16.30 Uhr: Einkauf beendet, schweißgebadet.

305

ZU HAUSE DANN EIN GEMÜTLICHES ABENDESSEN?

Ihr Mann kommt heim, räumt den Frühstückstisch ab und fragt: »Was machst du eigentlich den ganzen Tag?« Das Baby schreit, hat Hunger und eine volle Windel.

306

JETZT GEHT DAS BABY ABER SCHLAFEN!

Kurz vor der Tagesschau: Kind endlich im Bett. 21 Uhr: Baby wieder wach, hat Bauchschmerzen. 22 Uhr: Baby wieder wach, hat Hunger. Mitternacht: Baby wieder wach, muss pupsen. 3 Uhr: Mann schläft im Gästezimmer. 5 Uhr: Baby hat fertig gepupst und schläft in Ihrem Bett.

307

UND WANN WACHT DAS SÜSSE SONNENSCHEINCHEN AM NÄCHSTEN TAG WIEDER AUF?

Wie schon gesagt, sind die meisten Babys Frühaufsteher, um von dem neuen Tag mit all seinen spannenden Abenteuern auch ja nichts zu verpassen.

308

VERLÄUFT DER ALLTAG MIT DEM BABY WIRKLICH SO?

So oder so ähnlich. Auf jeden Fall wird er von den Bedürfnissen des Kindes bestimmt. Erst nach und nach, im Verlauf von mehreren Wochen, beschäftigt sich das Baby mehr mit sich selbst, lässt sich mit Spielsachen ablenken oder liegt eine halbe Stunde ohne zu schreien auf der Krabbeldecke. Wenn das Kind fünf bis sechs Monate alt ist, können Sie mit Sicherheit in Ruhe duschen, Wäsche sortieren oder den Tisch abräumen. Das Problem ist nicht, dass ein Baby im Alltag so anstrengend ist, sondern dass die jungen Mütter glauben, dass nur ihr Kind so anstrengend ist und nur sie den Alltag nicht richtig bewältigen. Üben Sie sich in Gelassenheit und treffen Sie sich mit anderen jungen Müttern, um zu erfahren, dass es allen so geht und alle Babys den Alltag so grundlegend durcheinander werfen.

309

ICH WILL ABER NICHT IN EINE STILLGRUPPE!

Sie können ja einmal gucken gehen.

310

ICH WAR EINMAL GUCKEN. DIE STILLGRUPPE IST SCHRECKLICH!

Organisieren Sie eine eigene Krabbelgruppe! Annoncieren Sie in der Zeitung, dass Sie ein paar pfiffige und witzige Mütter kennen lernen wollen, die nicht nur über den Stuhlgang ihres Babys sprechen.

311

WAS MACHE ICH MIT DER SCHWIEGEROMA UND ANDEREN LEUTEN, DIE IMMER ALLES BESSER WISSEN?

Lächeln Sie freundlich, antworten Sie: »Ich werde darüber nachdenken«, und dann gehen Sie mit Ihrem Baby um, wie Sie es für richtig halten. Es ist ein bekanntes Phänomen, dass immer die Leute, die keine Kinder haben, am besten wissen, wie man Kinder zu erziehen hat. Lassen Sie sich nicht verunsichern!

312

WIE ORGANISIERE ICH NUN EINEN SO FRÜHEN TERMIN BEIM KINDERARZT?

Es spricht nichts dagegen, Ihren Mann zu bitten, zwei Stunden später zur Arbeit zu gehen und Ihnen zu helfen. Zu zweit geht alles besser! Das Baby wacht sowieso früh auf und dann machen Sie es gleich ausgehfein. Wenn das Kind gerade heute beschlossen hat, lange zu schlafen, dann hat es eben Pech gehabt und wird geweckt. Schließlich hat es Sie auch schon ungefähr dreitausend Mal geweckt! Während Ihr Mann mit dem Baby auf dem Arm frühstückt, machen Sie sich ausgehfein. Dann das Kind in den Autositz, frische Windel und Babypass einpacken und los geht's.

313

WAS SAGT DER KINDERARZT ZU DEN KOMISCHEN PICKELN AM POPO?

Vermutlich hat Ihr Baby einen Soor-Pilz. Jedes anständige Baby hat während der Säuglingszeit mindestens einmal den Soor im Mund oder am Po. In der Windelgegend zeigt sich der Pilz durch kreisrunde Pöckchen, die sich bis in die Leistenbeugen ausbreiten und dann aufplatzen. Meistens ist der Popo auch wund. Der Kinderarzt verschreibt Ihnen eine spezielle Anti-Pilz-Salbe.

314

WARUM KRIEGEN BABYS SONST NOCH EINEN WUNDEN PO?

Babys haben auch in der Windelgegend eine unterschiedlich empfindliche Haut. Wenn Sie Ihr Kind sechs- bis achtmal pro Tag wickeln, Stuhlgang und Urin mit Wasser abwaschen, den Po ein wenig ölen oder cremen, dann dürfte das Baby theoretisch nicht wund werden. Leider nur theoretisch, denn tatsächlich gibt es viele Kinder, die trotz bester Pflege beständig wund sind. Empfindlichkeit kann der Grund sein, die falschen Windeln, ein falsches Pflegeprodukt, besagter Pilz oder ein zu scharfes Essen der stillenden Mutter. Und manche Kinder haben einen wunden Po, obwohl nichts falsch ist.

315

DER PILZ WIRD ALSO MIT DER SALBE BEHANDELT?

Fragen Sie den Kinderarzt nach »Mycundex«-Salbe, die hilft nämlich gegen Pilz und wunden Po gleichzeitig. Wenn Ihr Baby beständig wund, aber kein Pilz zu sehen ist, können Sie auch diese Salbe verwenden.

316

WELCHE NAHRUNGSMITTEL KÖNNTEN DENN ZU SCHARF SEIN?

Chili und Peperoni, frischer Zitronensaft und Tomaten.

317

TOMATEN SIND DOCH NICHT SCHARF!

Tomaten sind aber so genannte Nachtschattengewächse und viele Kinder reagieren auf frische Tomaten mit einem pickeligen, wunden Po.

318

HAT DAS ESSEN DER STILLENDEN FRAU KEINEN EINFLUSS AUF DAS WOHLBEFINDEN DES KINDES?

Als Ursache von Blähungen beim Baby halte ich die Ernährung der stillenden Frau für relativ unwichtig. Die Qualität der Nahrungsmittel, die Sie zu sich nehmen, hat aber natürlich einen Einfluss auf Ihre Milch. Drei Tafeln Schokolade machen das Baby verstopft. Zwei Liter frisch gepresster Apfelsaft bescheren dem Baby eine florierende Verdauung und Nachtschattengewächse können rote Pickel hervorrufen. Nehmen Sie kurz angedünstete Tomaten oder Tomatenmark.

319

WIE KANN EIN PFLEGEPRODUKT FALSCH SEIN?

Die von Ihnen ausgewählte Pflegeserie kann Inhaltsstoffe haben, die das Kind nicht verträgt. Probieren Sie eine andere Serie. Viele Kinder reagieren auf die öl- oder lotiongetränkten Tücher mit einem wunden Po. Nehmen Sie Wasser und Waschlappen!

320

FALSCHE WINDELN GIBT ES AUCH ALS URSACHE?

Ja, sehr oft. Wenn Sie Wegwerfwindeln benutzen, wechseln Sie die Marke. Sparen Sie nicht am falschen Ort! Wenn Sie alle Marken durchprobiert haben, könnte es an der Wegwerfwindel an sich liegen. Dann müssen Sie mit Stoff wickeln. Umgekehrt gilt das Gleiche!

321

SIND STOFFWINDELN BESSER ALS FERTIGWINDELN?

Die Erfindung der Waschmaschine hat Frauen endlich davon befreit, stundenlang in wabernden Waschküchen Windeln zu waschen. Die Erfindung der Fertigwindel hat Frauen dann wiederum davon befreit, stundenlang an der Waschmaschine zuzubringen. Ökologie hin oder her: Wegwerfwindeln sind praktisch. Es gibt größere Umweltsünden als eine volle Windel, für die wir Erwachsene uns schämen sollten!

322

WIE SIEHT DENN SO EIN WUNDER PO AUS?

Es reicht von einer Rötung bis zu blutenden, offenen Wunden. Bei jeder Urin- oder Stuhlentleerung weint das Baby, auch das Saubermachen ist für das Kind eine Qual.

323

WAS HILFT RASCH UND GUT?

Warmes, klares Wasser zum Saubermachen nehmen. Den Popo föhnen und dick eincremen. Eventuell eine Salbe mit Medizin benutzen. Den Popo baden. Licht, Luft und Sonne. Wenn alles nichts hilft, den Popo nackt lassen.

324

ALSO NICHT MIT ÖL ABPUTZEN?

Einen wunden Po dürfen Sie nicht mit Öl abwischen, das bereitet dem Baby unnötige Schmerzen. Am besten setzen Sie das Kind ins Waschbecken und spülen alle Ausscheidungen mit fließend-warmem Wasser ab. Vorsichtig trockentupfen.

325

WIE SOLL ICH DENN DEN PO FÖHNEN?

Mit wedelnden Bewegungen wird die ganze Windelzone mit einem normalen Haarföhn trockengeblasen. Wichtig: Legen Sie Ihr Baby dabei immer auf den Bauch, weil ein gezielter Pipistrahl nicht nur Sie, sondern das ganze Kind unter Strom setzen kann. Babys mögen das Geföhntwerden sehr gerne.

326

WELCHE CREME SOLL ICH BENUTZEN?

Die gute, alte Penaten-Creme – ordentlich dick aufgetragen – hat schon viele wunde Popos geheilt. Sie können es auch mit Kaufmann's Kindercreme versuchen.

327

WELCHE SALBE HILFT NOCH?

Eine sehr gute Salbe ist »Unguentolan«, die Ihnen schon bei den wunden Brustwarzen begegnet ist. Salben mit Hamamelis oder Zink helfen auch, ebenso das »Mycundex«.

328

WOMIT SOLL ICH DEN POPO BADEN?

Baden Sie den Popo in gekochtem Kamillentee, in Kleie- oder Eichenrinden-Extrakt-Bädern.

329

LICHT, LUFT UND SONNE SIND WOHL ALLHEILMITTEL?

In der Tat!

330

DAS BABY KANN DOCH NICHT DIE GANZE ZEIT NACKT BLEIBEN!

Wenn der ganze Popo blutig wund ist, kann das Baby unten herum nackt bleiben. Zum Schlafen legen Sie dicke Handtücher unter, und wenn das Kind wach ist, bekommt es aus Moltontüchern eine Art Rock gebastelt, der den Popo nicht berührt. Zwischendurch ausgiebig föhnen, baden, sonnen und eincremen.

331

MEIN BABY HAT IMMER WIEDER EINEN WUNDEN PO.

Vermutlich hat Ihr Kind eine Disposition für empfindliche Haut. Spätestens mit einem halben Jahr wird die Haut widerstandsfähiger und der wunde Po seltener.

332

MEIN BABY BEKOMMT NUR EINEN WUNDEN PO BEIM ZAHNEN.

Das geht vielen Kindern so. Pflegen Sie den Popo wie oben beschrieben.

333

MEIN BABY HAT KEINEN WUNDEN PO, SOLL ABER BREIT GEWICKELT WERDEN.

Durch das breite Wickeln wird die ordnungsgemäße Entwicklung des Hüftknochens unterstützt. Zwischen die Beinchen und über die Wegwerfwindel legen Sie eine dicke, gefaltete Mullwindel und spreizen damit die Hüftknochen, dann ziehen Sie als »Befestigung« eine Strumpfhose oder einen Schlüpfer drüber. Fertig ist das breite Wickeln. Die Entwicklung des Knochens wird per Ultraschall beurteilt.

334

MIT DEM BABY IST NUN ALLES IN ORDNUNG. MUSS ICH DENN DANN AUCH NOCH MAL ZUM ARZT GEHEN?

Acht Wochen nach der Entbindung findet die Abschlussuntersuchung beim Frauenarzt statt. Diese Untersuchung wird noch in den Mutterpass eingetragen und beendet den Zyklus Schwangerschaft und Geburt. Besprechen Sie unbedingt die weitere Empfängnisverhütung.

335

WANN DARF MAN MIT EINEM BABY VERREISEN?

Das kommt darauf an, wohin und wie Sie reisen wollen. Eine Fahrt mit dem Auto zur 200 Kilometer entfernten Verwandtschaft können Sie unternehmen, sobald Sie gut sitzen können. In südliche Hitzegefilde würde ich erst frühestens nach vier Monaten fahren, und eine Reise in exotische Länder sollten Sie verschieben, bis das Kind alle Impfungen erhalten kann, also frühestens mit einem Jahr. Fliegen ist besser als endlose Autofahrten. Eine eigene Ferienwohnung ist stressfreier als ein Nobelhotel. Gestillt kann ein Kind überall werden, für Flaschenkinder besser heimische Kost mitnehmen.

336

WANN SCHLÄFT DENN DAS KIND ENDLICH DURCH?

Eine ungestörte Nachtruhe sollten Sie erst ab dem zweiten Lebensjahr erwarten. Krabbelkinder schlafen meistens schon gut durch, aber wenn die Zähnchen wachsen, ist wieder Nachtprogramm angesagt.

337

WIE WAR DAS MIT DEM TYRANNISCHEN KIND?

Lesen Sie Kapitel 29.

338

UND WAS WAR DAS MIT DEN SCHLABBERIGEN JOGGINGHOSEN?

Die meisten Frauen mögen hübsche Kleider, das ist genetisch festgelegt. Babys aber sabbern, spucken, speien und sind nabelabwärts undicht. Was tut die praktisch veranlagte Frau? Sie lässt die hübschen Kleider im Schrank und das Baby auf die schlabberigen Jogginghosen sabbern, spucken und speien. Bei einem zufälligen Blick in den Spiegel allerdings denkt sie: »Wer ist die denn? Muss ich die kennen? Kann ich die leiden?« und beschließt, ab sofort werde ich mich – trotz Baby – jeden Tag mindestens eine Stunde hübsch anziehen und morgen zum besten Friseur der Stadt gehen.

11
DIE ERNÄHRUNG DES BABYS MIT DER BRUST

Ich möchte Ihnen noch einen Abschnitt aus dem »Belehrungs-büchlein für junge Frauen und Mütter« vom Leibarzt Ihrer Majestät vorstellen. Über das Stillen sagt der ehrwürdige Doktor Ammon: »Wenn die Wöchnerin wieder umhergehen und in die gewohnte Lebensweise zurücktreten kann, dann werden Verhaltensmaßregeln notwendig, welche die Ausübung des Stillens mit der Tätigkeit häuslicher Beschäftigung in Einklang bringen müssen. Man hat behauptet, daß die Führung eines Hauswesens sich mit dem Stillen nicht vertrüge. Aber die Pflichten als Mutter und Hausfrau sind unstrittig vereinbar, wenn die Besorgung des Hausstandes der stillenden Mutter zur Gesundheit gereicht und die zur Wartung und Pflege des Säuglings nötige Zeit übrig läßt. Eine stillende Mutter darf bei allem ihrem Tun und Lassen nie ihren Säugling vergessen, sie muß für sein Wohl und Gedeihen kein Opfer scheuen, sie muß ihn mit Liebe stillen. Denn die Liebe, mit der die Mutter diese Pflicht erfüllt, ist ja die psychische Ursache, die innere und freudige Erregung, welche eine Absonderung der Milch in dem Augenblicke hervorruft, wo sie dem Kinde die Brust gibt. Angenehme Erregungen der Mutter sind von reichlicherer Milchsekretion begleitet, deprimierende vermindern sie. Ruhe, Zufriedenheit und Heiterkeit sind Eigenschaften des Gemüts, ohne welche das Wohlbefinden der Stillenden und das Gedeihen des Säuglings nicht bestehen kann.

Eine Säugende muß sich einer zweckmäßigen Lebensordnung unterwerfen. Die Speisen, die sie genießt, müssen nahrhaft, die Getränke erquickend sein. Die Stillende darf nicht ausschließlich Fleisch oder sehr gesalzene Speise essen. Sie muß in einer reinen und gesunden Luft leben. Sie muß sich bewegen und tätig sein, soll aber das Tanzen, Reiten und weite Fußwanderungen vermeiden. Sie muß sich vor Erkältung und Erhitzung in Acht nehmen. Sie muß ihre Brust warm und bedeckt halten. Sie muß die nächtliche Ruhe genießen und nicht die Nacht zum Tage machen. Ihre körperlichen Verrichtungen müssen täglich ordnungsgemäß vonstatten gehen.

Nach Ärger, Schreck und großer Freude darf sie das Kind nicht sofort anlegen. Ihre Leidenschaften soll sie beherrschen und im Genusse ehelicher Zärtlichkeiten genügsam sein. Daß die Stillende entfernt von allen öffentlichen Vergnügungen und Zerstreuungen leben muß, bedarf keiner Erwähnung. Hiermit soll aber keineswegs gesagt sein, daß sie in klösterlicher Zurückgezogenheit ihr Leben hinbringen soll; ein mäßig geselliges Leben wird auf ihre Gesundheit und das Gedeihen des Kindes vorteilhaft einwirken. Tüchtige Frauennaturen bleiben auch als stillende Mütter die Zierde jedes gebildeten Kreises.« Soweit der Leibarzt. Wenden wir uns nun also den praktischen Fragen der Brusternährung zu, damit auch Sie – eine junge Mutter in der heutigen Zeit – eine tüchtige Frauennatur und Zierde jedes gebildeten Kreises sein können.

339

WAS SPRICHT FÜR DAS STILLEN?

Muttermilch ist die beste Ernährung für einen Säugling. Sie ist keimfrei, wohl temperiert, jederzeit verfügbar, gut auf Reisen mitzunehmen und auf die jeweiligen Bedürfnisse Ihres Babys optimal abgestimmt. Trotz attraktiver Verpackung kostet sie nichts, und außerdem macht Stillen sowohl dem Baby als auch der Mutter Spaß.

340

WAS SPRICHT GEGEN DAS STILLEN?

Sie können Ihre Brüste nicht zu Hause lassen und jemand anderen mit der Fütterung beauftragen, wenn Sie ohne Kind ins Kino oder zum Einkaufsbummel wollen. Es besteht eine nicht zu leugnende Abhängigkeit zwischen Mutter und Kind. Später werde ich Ihnen genau schildern, wie Sie auch dieses kleine Problem lösen können.

341

ICH WILL ABER NICHT STILLEN.

Für Sie schreibe ich Kapitel 12. Lassen Sie sich kein schlechtes Gewissen einreden und diskutieren Sie nicht über Ihren Entschluss. Stillen ist wie das Tragen eines Minirocks. Die meisten Frauen mögen es, aber manche mögen es nicht. Punktum.

342

WELCHE MEDIZINISCHEN URSACHEN KÖNNEN EIN STILLHINDERNIS SEIN?

Es gibt nur sehr wenige mütterliche Erkrankungen, die das Stillen generell verbieten, wie offene Tuberkulose zum Beispiel. Bei einer Infektion mit dem HIV-Virus entscheiden Ihre behandelnden Ärzte, ob Sie stillen dürfen. Eine stattgefundene Brustverkleinerungs-Operation kann eventuell Stillprobleme bereiten, wenn sehr viel von dem milchproduzierenden Drüsengewebe entfernt wurde. Höchst selten bringt das Baby bestimmte Stoffwechselerkrankungen mit auf die Welt, für deren Verlauf die Aufnahme von Muttermilch ungünstig wäre. (Nach diesen Erkrankungen wird bei jedem Neugeborenen mit dem so genannten Guthrie-Test geforscht.)

343

ICH BIN GESUND, MEIN BABY IST GESUND UND ICH MÖCHTE WIRKLICH STILLEN. WERDE ICH DAS SCHAFFEN?

Ihr inniger Wunsch zu stillen und die tatkräftige kompetente Hebamme und Ihre Familie werden Ihnen helfen, kleine Anfangsschwierigkeiten zu überwinden.

344

IN UNSERER FAMILIE HAT DAS STILLEN ABER NIE GEKLAPPT.

Mit jedem Neugeborenen beginnt das Leben neu, und wenn Sie meine Tipps befolgen, werden Sie die Erste in Ihrer Ahnenreihe sein, bei der es eben doch klappt.

345

WAHLWEISE: ICH HABE ABER ZU KLEINE/ZU GROSSE BRÜSTE.

Die Größe der Brust hat überhaupt keinen Einfluss auf die Stillfähigkeit. Die Milchmenge hängt nicht von der Körbchengröße ab.

346

ICH WILL STILLEN, HABE ABER WUNDE BRUSTWARZEN, SCHMERZENDE BRÜSTE, ZU VIEL ODER ZU WENIG MILCH UND WAHRLICH KEINEN SPASS DARAN.

Für Ihre Probleme kommt im weiteren Verlauf des Kapitels Hilfe. Ihnen geht es wie sehr vielen anderen Frauen. Trotz guten Willens scheint das Stillen eine schier unlösbare, schmerzhafte und wenig Freude bringende Aufgabe zu sein, die man durchhalten muss, um dem Baby das Beste zu geben. Sehen Sie Ihren momentanen Stillkummer lediglich als Startproblem!

347

WIE KOMMT DIE MILCH EIGENTLICH IN DIE BRUST?

So wie Ihr Körper das Wunder vollbringen kann, Sahnetörtchen in Speckrollen zu verwandeln, schaffen es Ihre Brustdrüsen, Insalata Capricciosa, Lasagne alla Casa oder Tiramisu in Milch umzusetzen. Die Milchdrüsen nehmen das leckere Essen, machen daraus Milch und sammeln diese in den Milchseen der Brust.

348

UND WIE KOMMT DIE MILCH AUS DER BRUST?

Von den Seen wird die Milch über Kanälchen zur Brustwarze geleitet und dann durch haarfeine Düsen dem Baby in den Mund gesprüht. Ihre Brüste geben die Milch nicht nach dem »Prinzip Gießkanne« frei, sondern durch hormonelle Steuerung, dem so genannten Let-Down-Reflex, der leider sehr sensibel ist. Viele anfängliche Stillprobleme sind auf diesen zart besaiteten Reflex zurückzuführen.

349

WARUM SCHWELLEN DIE BRÜSTE ZU BEGINN DER SCHWANGERSCHAFT AN?

Durch die Informationen der Schwangerschaftshormone bringt Ihr Körper mehr Blut als bisher zu den Brustdrüsen, damit diese schon beginnen können, sich auf ihre neue Aufgabe vorzubereiten. Schon ein paar Tage nach der Zeugung, lange vor jedem Schwangerschaftstest, spüren viele Frauen durch die Veränderung an den Brüsten, dass sie ein Kind bekommen werden.

350

AB WANN BILDET SICH MILCH IN DER BRUST?

Alle Frauen produzieren spätestens ab dem vierten Monat Vormilch, die Kolostrum genannt wird. Dieses Kolostrum kann durchsichtig oder auch gelblich-orange aussehen und bei manchen Frauen von alleine beim Duschen aus der Brust laufen.

351

SOLL ICH AN MEINER BRUST HERUMDRÜCKEN, UM NACHZUSCHAUEN, OB KOLOSTRUM DA IST?

Nein, das sollten Sie besser nicht tun. Durch die Reizung der Brust können bei empfindlichen Frauen Wehen ausgelöst werden.

352

BEI MIR IST ABER VON DER VORMILCH NICHTS ZU SEHEN. HEISST DAS, DASS ICH KEINE GUTE MILCHPRODUKTION HABEN WERDE?

Nein, Sie brauchen sich darüber keine Gedanken zu machen. Ihre Brüste wissen genau, wann sie mit der Arbeit loslegen müssen.

353

WAS IST DENN SO BESONDERES AN DER VORMILCH?

Sie ist in ihrer Zusammensetzung eine Art Gesundheitscocktail. Die Vormilch hilft Ihrem Baby bei der Verdauung und bestimmte Inhaltsstoffe wirken wie eine Superimpfung gegen Infektionen und Allergien.

354

WIE LANGE DAUERT ES NACH DER GEBURT, BIS SICH DIE RICHTIGE MUTTERMILCH BILDET?

Etwa am dritten Tag nach der Entbindung bekommen die meisten jungen Mütter ihren Milcheinschuss. Die Brüste werden größer, hart, heiß und prall und zeigen damit, dass sie jetzt anfangen, Milch zu bilden. Beim ersten Kind verläuft der Milcheinschuss meistens explosiver und unangenehmer. Manche Frauen spüren kaum etwas davon, aber alle Frauen haben spätestens nach einer Woche richtige weiße Milch.

355

DIE MENGE AN VORMILCH IST JA NICHT GERADE BEEINDRUCKEND!

Ja, das stimmt, aber der Magen des neugeborenen Kindes ist so klein wie eine Streichholzschachtel und braucht ein paar Tage Übungszeit, bis er größere Mengen verkraften kann. Tröpfchenweise kommen pro Mahlzeit nur etwa zehn Gramm Kolostrum aus der Brust.

356

LEIDET DAS BABY ALSO DIE ERSTEN ZWEI BIS DREI TAGE UNTER HUNGER?

Die Antwort lautet nein und ja gleichzeitig. Die meisten Babys sind mit der Menge an Kolostrum völlig zufrieden und auch noch sehr müde von der Geburt. Sie verdauen die Reste des getrunkenen Fruchtwassers und leiden nicht an Hungergefühlen. Wenn der Magen dann allerdings leer ist, ruft der hungrige Wolf im Bauch, und das Baby wird sich öfter melden. Sie legen das Kind häufiger an, und die reife Milch schießt schneller in die Brust. Sie sehen: Mutter Natur hat das Zusammenspiel von Nachfrage und Angebot wunderbar geregelt.

357

MUSS ICH DEM BABY ALSO DIE ERSTEN TAGE NICHTS ZUSÄTZLICH GEBEN?

Wenn Sie sich von Stillproblemen fern halten wollen, sollten Sie Ihrem Baby keine zusätzliche Nahrung geben. Das Kind wird in den ersten drei Tagen immer angelegt, wenn es weint, sucht und an den Fingerchen schmatzt.

358

UND WIE IST DAS MIT DER GLUKOSELÖSUNG?

Zuckerwasser ist auch eine zusätzliche – den Stoffwechsel des Babys verwirrende – Nahrung. Manchmal müssen Kinder aus medizinischen Gründen Glukoselösung trinken, z.B. bei starker Gelbsucht oder Zuckerkrankheit der Mutter. In diesem Fall sollten Sie auch mit niemandem darüber streiten. Aber bei einem gesunden, ausgetragenen Kind dürfen Sie die Schwestern bitten, nichts zuzufüttern.

359

ABER TEE MUSS DAS KIND DOCH TRINKEN!

Sie können Ihrem Neugeborenen Tee anbieten, aber es muss keinen trinken. Sie wissen schon, dass die meisten Kinder den Tee sowieso wieder ausspucken.

360

WENN MEIN BABY NUR DIE PAAR SCHLÜCKCHEN VORMILCH TRINKT UND KEINEN TEE UND KEINE GLUKOSELÖSUNG, DANN NIMMT ES ABER DOCH AB!

Das stimmt, Ihr Baby wird abnehmen, aber Sie brauchen sich darüber keine Sorgen machen. In Kapitel 17 können Sie alles über die Gewichtsentwicklung eines Kindes lesen.

361

WORAN SEHE ICH DENN NUN, OB MEIN KIND GENUG MUTTERMILCH BEKOMMT, UM WIEDER ZUZUNEHMEN?

Halt, halt! Sie sind mit Ihren Ängsten schon viel zu weit voraus, lassen Sie uns doch am Anfang beginnen. Zu dieser Frage hier nur so viel: Forscher arbeiten momentan an der Erfindung einer durchsichtigen Brust mit aufgedruckten Maßeinheiten, damit die Mütter der Zukunft ablesen können, wie viel Milliliter das Baby getrunken hat. (Das wäre doch mal eine wirklich praktische Idee!) Im Ernst: Viele Frauen hören nach einiger Zeit auf zu stillen, weil sie sich große Sorgen darüber machen, dass die Milchmenge nicht ausreichend ist.

362

DAS BABY IST ALSO GEBOREN UND FÄNGT NACH EINER VERSCHNAUFPAUSE ZUM ERSTEN MAL AN ZU SUCHEN, ZU SCHMATZEN UND ZU SCHREIEN.

Es gibt Kinder, die schon wenige Minuten nach der Geburt Hunger anmelden und Kinder, die erst einige Stunden ausruhen wollen. Der Ratschlag, das neugeborene Baby sofort an die Brust zu nehmen und nuckeln zu lassen – am besten wenn es noch an der Nabelschnur hängt – ist zwar ein gut gemeinter, aber nicht unbedingt richtiger Ratschlag. Die Kinder haben gerade eine sportliche Höchstleistung vollbracht, den Mund und die Nase noch voll mit Fruchtwasser und sollen dann sofort essen. Wenn Sie das Neugeborene vor der Zeit an die Brust zwingen, reagiert es saugunwillig und trinkfaul. Warten Sie, bis Ihr Baby hungrig wird und wirklich an die Brust will, denn erst dann gibt sich das Kind ordentlich Mühe beim Saugen. Babys wissen von alleine und zeigen auch sehr deutlich, wann sie bereit zur ersten Mahlzeit sind.

363

WIE MERKE ICH, DASS MEIN BABY NUN ZU DIESER »PREMIERE« BEREIT IST?

Das Kind macht suchende Bewegungen mit seinem Mündchen, versucht an allem zu saugen und schreit. Wenn Sie mit Ihrem Finger die Wange des Kindes streicheln, dreht es den Kopf in die Richtung der Berührung und will den Finger mit dem Mund schnappen. Wenn Sie das Baby an Ihre Brust legen und mit der Brustwarze locken, wird es den Mund weit aufsperren und versuchen, die Warze zu packen.

364

WAS MUSS ICH DANN MACHEN?

Sie müssen im rechten Moment, wenn das Kind den Mund aufsperrt, nur noch die Brustwarze in den Mund schieben. Achten Sie darauf, dass Ihre Brustwarze über der Zunge des Babys liegt. Alles andere kann das Neugeborene alleine. Seit Monaten hat es in Ihrem Bauch saugen und nuckeln geübt und freut sich, dass es nun endlich zeigen darf, was es schon gelernt hat.

365

SOLL ICH MICH HINSETZEN ODER BESSER LIEGEN?

Am besten nehmen Sie eine Körperlage ein, in der Sie die nächste halbe Stunde bequem verbringen können. Wenn Ihre Dammnaht schon das Sitzen erlaubt, können Sie – mit Kissen im Rücken gestützt – sitzen. Wenn Ihr Kreislauf noch etwas flau ist, legen Sie sich auf die Seite, knüllen ein dickes Kissen als Kopfstütze zusammen und lassen Ihren Busen einfach seitlich auf dem Bett liegen. Mit der Zeit sollten Sie versuchen zu lernen, in jeder Körperlage zu stillen.

366

UND IN WELCHER LAGE SOLL DAS BABY GEHALTEN WERDEN?

Für die gesamte Stillzeit gelten drei wichtige Tipps. Erstens: Stillen Sie immer Bauch an Bauch, ob Sie stehen, liegen oder sitzen! Babys Bauch muss sich an Ihren Bauch schmiegen, denn so kommt die Brustwarze automatisch frontal in den hungrigen Mund und wird vor Zerren und Reißen geschützt. Wenn das Kind zum Saugen den Kopf um 90 Grad verdrehen muss, packt es die Warze in einem falschen Winkel und beißt sie auf. Zweitens: Bringen Sie immer das Baby zur Brust und nicht umgekehrt! Das Kind können Sie so lange in seiner Lage rangieren, bis es die optimale Position hat, Ihre Brüste sind nicht so flexibel. Und drittens: Wenn Ihr Baby einmal aus Versehen von schief nach schräg angesaugt hat und die Brustwarze »Feuer spuckt«, nehmen Sie dem Kind die Warze weg und beginnen Sie von neuem. Nicht die Zähne zusammenbeißen! Die Brustwarzen können durch einen einzigen Saugvorgang aufgerissen und wund werden.

367

WIE KANN DENN SO EIN KLEINES BABYMÜNDCHEN DIE BRUSTWARZE AUFBEISSEN? DAS KIND HAT DOCH NOCH KEINE ZÄHNE!

Beim ersten Anlegen werden Sie sich wundern, mit welcher Kraft und wilder Entschlossenheit Ihre Brustwarze in diesem winzigen Babymund verschwindet. Das Kind hält die Brustwarze zwischen Zunge und

Gaumen und stellt durch das Saugen eine Art Vakuum her. Die Zahnleiste – die Stelle, an der später die Zähne wachsen – und die Lippen begrenzen das Vakuum und wie eine kleine Melkmaschine pumpt das Baby mit der Zunge die Milch aus der Brust. Bei dieser wichtigen »Arbeit« geht das Kind relativ rücksichtslos vor, und es ist ihm egal, ob die Warze dabei richtig sitzt oder nicht. Wenn die Brustwarze schief im Mund liegt, zerrt es mit der Zunge so lange daran, bis das Vakuum hergestellt werden kann. Brustwarzen nehmen dieses Gezerre ziemlich schnell persönlich.

368

WARUM MÖGEN ALLE BABYS AUF DER WELT DAS SAUGEN SO GERNE?

Nicht umsonst nennt man ein Kind bis etwa zum ersten Geburtstag auch einen Säugling. Säuglinge sind Lebewesen, die gerne saugen. Außerdem befindet sich das Kind während des ersten Lebensjahres in der so genannten oralen Phase, das heißt, es versucht, die Welt über den Mund zu begreifen.

369

WIE KANN ICH DEM BABY DIE BRUSTWARZE WIEDER AUS DEM MUND NEHMEN?

Entweder warten Sie, bis das Baby fertiggenuckelt hat und von selbst los lässt oder Sie stecken Ihren kleinen Finger in den Mundwinkel des Kindes und lösen damit das Vakuum, bis die Brustwarze aus dem Mund rutscht. Sie brauchen Ihren Finger dafür nicht zu desinfizieren, einmal mit Spucke befeuchten reicht!

370

DAS BABY HAT NUN ETWA EINE VIERTELSTUNDE FLEISSIG AN EINER BRUST GENUCKELT UND FÄLLT JETZT IN TIEFEN SCHLUMMER. WAS MACHE ICH DANN?

»Pflücken« Sie Ihr Baby sanft von der Brust und versuchen Sie, ihm ein Bäuerchen zu entlocken. Damit es wieder aufwacht und die andere Brust auch noch trinkt, dürfen Sie es so lange wickeln, waschen, baden oder zum Spielen animieren, bis es erneut saugen möchte.

371

SOLL DAS KIND IMMER BEIDE SEITEN TRINKEN?

Nach meiner Erfahrung empfiehlt sich für die gesamte Stillzeit folgendes Ritual: Legen Sie das Baby, wenn es Hunger meldet, immer direkt an einer Seite an. Nehmen Sie die vollere Seite und lassen das Kind eine Viertelstunde kräftig saugen. Die vollere Seite ist meistens die Seite, die Sie beim letzten Stillen als Zweite gegeben hatten. Werfen Sie ruhig einen Blick auf die Uhr. Nach diesen fünfzehn Minuten ist der größte Hunger bereits gestillt und Sie dürfen dem Baby bedenkenlos eine Unterbrechung zumuten. Während dieser Pause wird das Kind ein Bäuerchen machen, oft erledigt es auch sein großes Geschäftchen. Frisch gewickelt, gewaschen oder gebadet geht es dann an die andere Seite. Dort darf es sich etwa eine halbe Stunde in den Schlaf nuckeln.

372

WARUM IST DIESES RITUAL SO EMPFEHLENSWERT?

Erstens trinkt das Kind dabei immer beide Brüste anständig leer. Zweitens haben Sie eine Ordnung, an die Sie sich halten können. Drittens wird so in den Brüsten für die nächste Mahlzeit genügend Milch gebildet. Viertens kann das Baby sein Nuckelbedürfnis ausreichend befriedigen. Fünftens schreit Ihnen das Kind die Bude zusammen, wenn Sie es vor dem Stillen wickeln. Sechstens müssen viele Babys spucken, wenn sie nach dem Stillen gewickelt werden. Siebtens, achtens, neuntens usw.

Es gibt viele Gründe, warum sich diese Vorgehensweise bewährt hat. Ein sehr wichtiger Grund ist noch: In den vorderen Abschnitten der Brust befindet sich dünnere Milch gegen den Durst und in den hinteren eine dickere, sämigere und sattmachende gegen den Hunger. Wenn Sie Ihr Baby etwa alle drei bis vier Stunden in dieser Weise anlegen, trinkt es ausreichend von beiden Milchsorten und sowohl Hunger als auch Durst werden befriedigt.

373

WIE KANN ICH MIR MERKEN, WELCHE BRUST »DRAN« IST?

Die vollere Brust ist Vorspeise und erster Teil der Hauptspeise, und die andere Brust ist zweiter Teil der Hauptspeise und Nachtisch. Die ersten drei Tage – vor dem Milcheinschuss – ist es egal, welche Seite Sie zuerst nehmen. Beide Brüste sollen ausreichend stimuliert werden. Während des Milcheinschusses, der etwa zwei bis drei Tage dauert, ist es auch relativ egal, da sowieso beide Brüste voll und hart sind. Später können Sie sich eine kleine Schleife zur Erinnerung an den BH binden oder einen Klebepunkt aus den Stilleinlagen benutzen. Meistens ist die Brust voller, die beim letzten Stillen als Zweite gegeben wurde. Fast alle Frauen können mit der Hand nachfühlen, welche Brust voller und demnach wieder dran ist.

374

ABER MAN SOLL EIN BABY DOCH NICHT IN BESTIMMTE ESSENSZEITEN ZWINGEN!

Sie sollen Ihr Baby auch nicht in bestimmte Essenszeiten zwingen, und es gibt Situationen, in denen ein häufigeres Anlegen sogar erforderlich ist. Ich erzähle Ihnen gleich mehr davon, aber die Muttermilch wird in drei bis vier Stunden verdaut, der Magen ist gähnend leer und das Baby fordert Nachschub. Ein satt-gestilltes Kind wird sich also immer von alleine nach etwa drei bis vier Stunden wieder zum Essen melden. Wenn Sie es dann in der vorher beschriebenen Weise stillen, zwingen Sie es nicht in einen bestimmten Rhythmus, sondern folgen lediglich dem Rhythmus des kleinen Bäuchleins.

375

MEIN BABY WILL ABER DIE ZWEITE SEITE NICHT MEHR TRINKEN.

In den ersten sechs Lebenswochen dürfen Sie Ihrem Kind ruhigen Gewissens die zweite Brust in den Mund schieben, da die meisten Kinder auch im Halbschlaf noch trinken. Wenn es wirklich nicht mehr will, versuchen Sie, es nochmal zu wecken. Wenn es auch nicht mehr geweckt werden will, versuchen Sie es in einer halben Stunde nochmal.

Ein älteres Kind kann durchaus auch nur mit einer Brust zufrieden sein. Sie geben dann pro Mahlzeit eine Seite, müssen aber genauso zwischendurch eine Pause einlegen, damit auch die »dicke« Milch aus den hinteren Brustabschnitten getrunken wird.

376

MEIN BABY MAG EINE BRUST LIEBER ALS DIE ANDERE.

Das ist ganz normal. Beinahe alle Kinder haben eine Lieblingsbrust, an der sie besser trinken. Sie können das nicht ändern. Lassen Sie dem Baby seine Vorliebe, aber achten Sie darauf, auch die andere Seite leertrinken zu lassen.

377

MEIN BABY VERWEIGERT EINE SEITE GANZ.

Wenn Ihr Kind eine Brust ganz ablehnt, können Sie folgenden Trick probieren: Legen Sie das widerspenstige Baby in seine Schokoladenposition und dann schieben Sie es einfach zur anderen Brust hinüber. Babys Bauch liegt dabei an Ihrer Taille und die Beine klemmen Sie sich wie eine kleine Handtasche unter den Arm. Diese Haltung heißt ulkigerweise auch »Fußballer-Griff«. Die Kinder lassen sich damit überlisten.

378

BEI MIR KLAPPT ABER DAS ERSTE ANLEGEN SCHON GAR NICHT.

Lassen Sie sich beim ersten Mal auf jeden Fall von der Hebamme helfen und nutzen Sie die Unterstützung auf der Wochenstation. Die Fachfrauen von Kreißsaal und Babyzimmer zeigen Ihnen gerne die speziellen Griffe, mit denen sie die Neugeborenen an die Brust bringen.

379

ICH HABE DAS GEFÜHL, ICH STELLE MICH TOTAL UNGESCHICKT AN.

Die wenigsten Frauen nehmen nach der Entbindung das Kind an die Brust und stillen ohne Probleme. Sie sind in guter Gesellschaft und keineswegs eine schlechte Mutter, die noch nicht mal weiß, wie sie ihr

Baby füttern soll. Lassen Sie sich ein paar Tage Zeit zum Lernen und Üben. Auch beim Stillen ist noch kein Meister vom Himmel gefallen.

380

MEINE BRUSTWARZEN SIND SEHR FLACH.

Dieses Schreckgespenst der so genannten Hohl- oder Flachwarzen geistert über die Wochenstationen und beschert vielen jungen Müttern die Bekanntschaft mit den Brusthütchen. Beinahe wie eine neue Mode werden die Hütchen mit der Begründung, dass die Warzen zu »schlecht« seien, verteilt. Gestandene Hebammen und Kinderschwestern lachen über die Gummitüllen, nehmen sich ein wenig Zeit und überzeugen Ihr Baby, die Brust auch »oben ohne« zu nehmen.

381

ABER MANCHE FRAUEN HABEN WIRKLICH FLACHWARZEN.

Ja, aber diese anatomische Besonderheit kommt ausgesprochen selten vor, und in dem Fall sind die Hütchen wirklich zu empfehlen. Kochen Sie die Hütchen vor der Benutzung immer aus!

382

WAS SPRICHT FÜR DIE VERWENDUNG VON HÜTCHEN?

Außer bei echten Flachwarzen sollten Sie diese Stillhilfe nur zur Überbrückung sehr wunder Brustwarzen benutzen oder um ein Kind von der Flasche wieder zur Brust zu gewöhnen. Nehmen Sie ganz weiche, dünne Silikonhütchen. Manche Frauen sagen, dass es ihnen Sicherheit schenkt, die Milch nach dem Stillen in den Hütchen zu sehen und so zu wissen, dass genug Milch vorhanden ist.

383

WIE KANN ICH AUCH WIEDER OHNE HÜTCHEN STILLEN?

Warten Sie, bis Ihr Baby richtig hungrig ist, tupfen Sie etwas geschmolzene Schokolade auf die Brustwarze und lassen Sie den Hut einfach weg. Bitten Sie eine gestandene Hebamme, Ihnen bei der Umgewöhnung zu helfen. Benutzen Sie bei jeder Mahlzeit einen anders geformten Hut (Gummi, Silikon, langer Sauger, kurzer Sauger oder einen Flaschennuckel), bis das Baby von Ihrem Durcheinander genug hat und lieber die Brustwarze pur nimmt.

384

WARUM SOLL MAN DENN SO GEGEN DIE HÜTCHEN SEIN?

Brusthütchen sind wie Zigaretten, einmal damit angefangen und man kommt kaum wieder davon los. Zu Beginn werden sie aus Bequemlichkeit benutzt – es braucht ein bisschen Zeit, um manche Kinder zum Saugen zu überreden – und dann geht es nicht mehr ohne. Das Kind gewöhnt sich an den »Verlängerungsstecker«, und die Mütter sind zu verunsichert, um noch der naturgemäßen Verwendung der Brustwarze zu vertrauen.

385

WAS SPRICHT NOCH GEGEN DIE VERWENDUNG VON HÜTCHEN?

Ihre Brust wurde erfunden, als es noch keine Plastiksauger gab. Folglich gibt es im Zusammenspiel zwischen Neugeborenem und mütterlichem Busen eine perfekt ausbalancierte Wechselwirkung. Ihr Baby schreit und die Milch läuft, ist zum Beispiel eine davon. Das Plastikhütchen stört diese Balance. Der Milchflussreflex, der auch aus der Zeit der Erfindung des Busens stammt, kann über dieses neumodische Plastikding sehr beleidigt sein und in Streik treten. Dann haben Sie ganz schnell einen Milchstau. Reflexe sind eben ziemlich altmodisch und möchten es so wie immer haben.

386

ICH WILL ABER DAS HÜTCHEN BENUTZEN!

Wenn Sie sich – aus welchen Gründen auch immer – an die Benutzung des Brusthütchens gewöhnt haben, bleiben Sie dabei und machen sich keine Gedanken mehr darüber. Es gibt Frauen mit sehr empfindlichen Brustwarzen, denen nur die Idee, ohne Hut zu stillen, Gänsehaut bereitet. Diese Frauen stillen monatelang mit Hut, aber ohne Probleme. Wie bei Zahnbürsten sollten Sie etwa alle acht Wochen neue Brusthütchen verwenden.

387

HILFE – MEINE BRUSTWARZEN »SPUCKEN FEUER«!

Trotz bester Vorbereitung haben etwa die Hälfte aller stillenden Frauen in den ersten vier Wochen Probleme mit wunden, aufgerissenen oder gar blutenden Brustwarzen. Blonde und rothaarige Frauen sind öfter betroffen. Manche Babys sind so unersättlich, dass sie regelrecht kleine Stückchen des Gewebes auf- oder abbeißen. Keine Angst, das führt nicht zu dauerhaften Schäden und heilt bei entsprechender Behandlung sehr schnell wieder ab.

388

WIE MERKE ICH, DASS MEINE BRUSTWARZEN WUND SIND?

Durch ein eindeutiges Schmerzsignal beim Anlegen. Mit den Händen krallen Sie sich in die Sofalehne und mit den Zehen in den Teppich. Das Gesicht sagt: Ich glaube, meine Brustwarzen werden gerade wie Petersilie in der Küche behandelt, und die Idee, dem Kind eine Flasche zu geben, erscheint Ihnen als einziger Ausweg.

389

ICH GLAUBE, ICH WILL DOCH NICHT STILLEN!!!!

Dieser gemeine Schmerz meldet sich nur in den wenigen Sekunden beim Ansaugen und den ersten paar Trinkzügen. Ihre Brustwarzen gewöhnen sich in zwei bis drei Tagen an die neue Beanspruchung, und nach vier Wochen bildet sich eine Art Hornhaut. Natürlich ist diese Hornhaut unsichtbar und nicht so dick wie unter den Füßen! Vertrackt ist lediglich, dass Neugeborene so wenig Verständnis für wunde Warzen haben und trotzdem alle paar Stunden trinken wollen. Die Brustwarzen werden permanent gereizt und können kaum in Ruhe heilen.

390

WELCHER ZAUBERTRICK HILFT ALSO?

Vielleicht hört sich das für Sie jetzt lustig an, aber der beste Zaubertrick ist es, nicht »böse« auf Ihre Brustwarzen zu sein, sondern sie in den Stillpausen mit Liebe, Wärme und Aufmerksamkeit zu verwöhnen. Als letzten Trick dürfen Sie die Hütchen aus dem Hut zaubern. Vorher versuchen Sie Folgendes: Wärme, Kälte, Sonne, Rotlicht, Frischluft, Babyspucke, Muttermilch, einen Föhn, bestimmte Lebensmittel, andere Stilleinlagen, Salbe oder Tinkturen.

391

WIE SOLL ICH DENN DIE BRUSTWARZEN WÄRMEN?

Sie können nach dem Stillen ein angewärmtes Kirschkernkissen oder heiße und feuchte Waschlappen auf die Brustwarzen legen. Die Wärme fördert die Durchblutung, Heilstoffe kommen schneller an die wunden Stellen. Die Brüste müssen während der gesamten Stillzeit immer warm gehalten werden, gehen Sie also nie ohne Unterhemd oder mit offener Jacke in Wind und Wetter.

392

WIE KANN KÄLTE HELFEN?

Packen Sie je einen Eiswürfel aus dem Gefrierfach in eine Butterbrottüte aus Plastik und halten Sie die Tüten wenige Minuten vor dem Stillen direkt auf die wehen Brustwarzen. Durch den Kältereiz wird das Schmerzempfinden herabgesetzt und das Anlegen ist erheblich angenehmer. Das Wundsein mindert dieser kalte Schocker leider nicht.

393

SOLL ICH »OBEN-OHNE« SPAZIEREN GEHEN, DAMIT SONNE AN DIE BRUST KOMMT?

Wenn Sie stolze Besitzerin eines großen Gartens sind, dürfen Sie das. Es reicht aber auch, die Brüste hinter dem Fenster – im Winter bitte Fenster schließen – besonnen zu lassen, denn das Sonnenlicht heilt kleine und große Wunden. Ihre Nachbarn freuen sich auch noch.

394

WIE HILFT DIE ROTLICHTLAMPE?

Die Rotlichtlampe hilft gegen Winterdepression, Hexenschuss, Nacken- und Kopfschmerzen, Grippe, Ohrenentzündung, Bauchweh, Gallenkoliken, rheumatische Beschwerden, Husten, wunde Brustwarzen, schlecht heilende Dammnähte und, und, und ... Gehen Sie am besten heute noch eine kaufen! Immer so viel Abstand halten, dass die Wärme richtig angenehm ist.

395

UND DIE FRISCHLUFTZUFUHR? WIE FUNKTIONIERT DAS?

Wenn Sie die wunden Brustwarzen von der Sonne bestrahlen lassen, haben Sie die Frischluftzufuhr gratis. Zusätzlich können Sie in einen alten BH Löcher schneiden, so dass Sie zwar angezogen, aber Ihre Warzen an der frischen Luft sind. Manche Frauen bauen sich aus einem kleinen Teesieb eine Art Dach und platzieren dieses so in dem Still-BH, dass die Brustwarzen ohne Kompresse frei unter dem Sieb liegen können.

396

WIE KRIEGE ICH DENN BABYSPUCKE AUF DIE WARZEN?

Die Babyspucke klebt nach dem Stillen ohnehin auf Ihren Brustwarzen. Spucke besitzt heilende und entzündungshemmende Wirkstoffe, und Ihr Baby hat genau auf Ihre Warzen abgestimmte Spucke. Wischen Sie also nach dem Stillen Ihre Brüste nicht sauber, sondern lassen die Spucke etwa fünf Minuten an der frischen Luft eintrocknen.

397

MUTTERMILCH SOLL AUCH NOCH DRAUF?

Drücken Sie ein Tröpfchen Milch aus der Brust, verteilen Sie es auf der ganzen Warze und lassen Sie es schön trocknen.

398

UND DANN MIT DEM FÖHN STAUBTROCKEN BLASEN, ODER?

Genau. Mit Liebe, Wärme und besonderer Aufmerksamkeit werden die schmerzenden Brustwarzen geföhnt.

399

UND WELCHE LEBENSMITTEL SOLL ICH ESSEN?

Eine Fingerspitze voll Quark, ein Scheibchen Banane oder Papaya kommt ... natürlich nicht in Ihren Mund, sondern ... Richtig: auf die wehen Brustwarzen.

400

WELCHE STILLEINLAGEN SOLL ICH VERWENDEN?

Manche Brustwarzen reagieren sehr verstimmt auf die Einmaleinlagen. Versuchen Sie es mit Baumwolle, Wolle oder Seide. Altmodische Herrentaschentücher dienen dem gleichen Zweck.

401

WELCHE SALBE HILFT?

In den meisten Kliniken wird eine Salbe mit dem Name »Garmastan« an die Frauen weitergegeben. Wenn diese Salbe Ihnen nicht weiterhilft, dürfen Sie nach Babyspucke, Muttermilch und Föhnbehandlung Ihre Brustwarzen noch mit »Unguentolan« aus der Apotheke verwöhnen. Das hilft immer.

402

WELCHE TINKTUR HILFT?

Tinkturen brauchen eine alkoholische Basis, um haltbar zu bleiben. Aber auch wenn der Alkohol auf den wunden Stellen brennt, kann Salbeitinktur hilfreich sein.

403

WAS IST DENN NUN DAS BESTE?

Probieren Sie jeden Tipp aus, denn jeder Frau hilft etwas anderes. Fragen Sie auch noch andere stillende Mütter oder besuchen Sie eine Stillgruppe.

404

ICH HABE ALLES VERSUCHT UND TROTZDEM WIRD ES NICHT BESSER.

Es könnte eventuell sein, dass Sie einen Soorpilz auf den Brustwarzen zu Besuch haben. Schauen Sie Ihrem Baby mal in den Mund und in die Backentaschen, ob Sie dort kleine weiße Pünktchen entdecken. Wenn ja, hat das Baby Sie mit dem Soor angesteckt. Ihr Kinderarzt gibt Ihnen ein unschädliches Medikament, welches Sie nicht nur in den Kindermund, sondern auch auf Ihre Brustwarzen träufeln müssen.

405

MEINE BRUSTWARZEN SIND NICHT NUR WUND, SONDERN AUFGERISSEN.

Die Behandlung ist die gleiche.

406

MEINE BRUSTWARZEN BLUTEN SOGAR UND DAS KIND TRINKT DAS BLUT MIT.

Die Behandlung ist ebenfalls die gleiche. Babys spucken diese winzigen Tropfen Blut wieder aus. Bewahren Sie die Ruhe und nehmen Sie für einen Tag Stillhütchen.

407

DIESE AUSGEBISSENEN GEWEBESTÜCKE SEHEN SCHRECKLICH AUS!

Ihr Körper heilt auch diese Löcher wieder zu. Benutzen Sie auf jeden Fall »Unguentolan«. Bevor Ihr Baby die ganze Brust aufisst, bieten Sie ihm ein Wurstbrot an.

408

MIR TUN DIE BRUSTWARZEN SO WEH, DASS ICH KEINE LUST ZUM STILLEN MEHR HABE.

Leihen Sie sich in der Apotheke eine elektrische Milchpumpe aus, geben Sie Ihren armen Brustwarzen ein paar Tage frei und überschütten Sie sie in dieser Zeit mit Liebe, Wärme, Aufmerksamkeit und allem, was oben in den Tipps steht.

409

DIESE ELEKTRISCHE PUMPE IST JA EIN SCHÖNES MONSTRUM!

Erst durch die beruhigend brummende Maschine wirkt das moderne Wohnzimmer so richtig gemütlich. Fehlt nur ein bisschen Stroh auf dem Boden, dann ist der Stall komplett. Ich weiß! Manchmal ist die Pumpe aber ein Stillretter, und so sollten Sie dieses Monstrum auch betrachten.

410

WIE FUNKTIONIERT DAS MIT DEM AUSLEIHEN DER ELEKTRISCHEN MILCHPUMPE?

In beinahe allen Apotheken und Sanitätshäusern kann eine Pumpe gegen Pfand ausgeliehen werden. Eventuell fragen Sie Ihren Frauenarzt nach einem Rezept.

411

IN WELCHEN FÄLLEN HILFT DIE PUMPE?

Sie brauchen eine Milchpumpe, wenn das Baby im Krankenhaus liegt und Sie Ihre Milch sammeln wollen. Manchmal kann man die Milchmenge damit steigern, einen Milchstau beheben, und immer kann sie zur Überbrückung von allzu schmerzenden Brustwarzen benutzt werden.

412

REICHT NICHT AUCH EINE HANDBETRIEBENE PUMPE?

Wenn Sie problemlos stillen und nur mal ohne Baby ins Theater wollen, kommen Sie mit der Handpumpe prima aus. Auch für berufstätige Mütter, die Milch auf Vorrat abpumpen müssen, ist sie eine gute Lösung. Abraten möchte ich ganz und gar von der winzigen Pumpe mit dem Gummiballon, die in den Apotheken immer noch angeboten wird. Am besten besorgen Sie sich eine so genannte Kolbenpumpe.

413

WIE LANGE DARF ICH ABGEPUMPTE MILCH AUFHEBEN?

Im Kühlschrank hält sich die Milch 24 Stunden. Sie können Muttermilch auch einfrieren, dürfen Sie aber nur einmal körperwarm erhitzen.

414

SOLL ICH WÄHREND DES MILCHEINSCHUSSES AUCH ABPUMPEN?

Wenn Sie Probleme vermeiden wollen, lassen Sie sich niemals während des Milcheinschusses die Brust abpumpen. Die armen Brüste können nämlich nicht unterscheiden, ob Ihr Baby oder die Pumpe gesaugt hat, registrieren erhöhten Bedarf und bilden noch mehr Milch.

415

WAS IST ÜBERHAUPT DIESER SAGENUMWOBENE MILCHEINSCHUSS?

Am dritten bis vierten Tag nach der Entbindung schwellen die Milchdrüsen an und starten mit der Produktion. Die Brüste werden heiß, hart, reagieren auf Druck schmerzhaft, Knoten können sich bilden, und Sie sehen aus wie Dolly Buster. Dieser Busenzustand hält etwa zwei bis drei Tage an. Manche Frauen haben sogar ein wenig Fieber, und fast alle Frauen haben schlechte Laune.

416

WAS MUSS ICH BEIM MILCHEINSCHUSS MACHEN?

Sie müssen nichts machen außer stillen. Der Milcheinschuss zeigt, dass alles seinen richtigen Verlauf nimmt, Ihre Hormone wunderbar arbeiten und das Stillen von alleine klappen wird. Es wird nicht an der Brust herumgedrückt, gepumpt, gemessen oder gewogen. Wenn die Brüste zu sehr spannen, dürfen Sie sich ein paar kühle Kompressen auflegen. Auch ein gut sitzender BH hilft über diese busenpralle Zeit hinweg. Ein oder zwei Nächte können Sie auch mit dem BH schlafen.

Das Baby wird nach Bedarf an beiden Seiten angelegt. Wundern Sie sich nicht, dass die Brust nach dem Anlegen noch genauso hart und prall ist wie vorher. Das ist normal. In dieser Phase der Drüsenschwellung bekommen Sie die Brust nicht weich und auch nicht leer gestillt. Wichtig ist Ihr Gefühl nach dem Stillen. Es muss so sein, dass Sie denken: Na ja, für zwei bis drei Stunden halte ich es jetzt wieder aus. Denken Sie immer daran, Ihr Kind auf beiden Seiten saugen zu lassen. Ein anständiger Milcheinschuss ist imponierend, geht aber wirklich von selbst wieder weg, so lange jede Manipulation an der Brust unterbleibt.

417

WIE VIELE LITER MILCH BILDEN SICH DENN BEIM MILCHEINSCHUSS?

Dem Neugeborenen reichen in dieser Zeit etwa 30 bis 50 Milliliter Milch pro Mahlzeit. Die meisten Frauen bilden genau diese Menge, obwohl sie das Gefühl haben, es müsste zehnmal so viel sein. Die Anschwellung der Brust wird nicht durch die Milchmenge, sondern durch die Drüsen hervorgerufen.

418

HABEN ALLE FRAUEN SO EINEN IMPOSANTEN MILCHEINSCHUSS?

Nein, der Milcheinschuss kann auch beinahe unmerklich vonstatten gehen. Rechnen Sie beim ersten Kind aber mit einem Aufsehen erregenderen Ereignis!

419

UND IN DIESER ZEIT SOLL ICH WIRKLICH NICHT ABPUMPEN?

Ihre Brust versucht gerade, die Nahrungsbedürfnisse Ihres Babys in der rechten Menge zu befriedigen. Wenn Sie stillen und pumpen, »denkt« Ihre Brust, das Baby hätte mehr Hunger und produziert mehr Milch. Am Ende dieser Unsitte steht viel zu viel Milch, ein Stau oder eine Brustentzündung – und heillose Verwirrung.

420

WIE GEHT ES NACH DEM MILCHEINSCHUSS WEITER?

Durch das regelmäßige Saugen des Babys produziert Ihre Brust regelmäßig dem Appetit des Kindes angepasste Milch. Sie stillen, und alles läuft ohne Probleme.

421

MIR MACHT DAS STILLEN ABER NOCH EINE MENGE PROBLEME!

Eigentlich ist Stillen die einfachste Sache der Welt, und wenn Sie alle Probleme überwunden haben, macht es auch der Mutter und nicht nur dem Baby Spaß. Ich weiß, dass Schwierigkeiten kommen können, und stelle Sie Ihnen der Reihe nach vor.

422

ICH HABE NACH DEM MILCHEINSCHUSS IMMER NOCH VIEL ZU VIEL MILCH!

Trinken Sie zwei Tage lang jeweils zwei Tassen Salbeitee und sonst nur wenig. Bändigen Sie Ihre Milchproduktion mit einem festen BH. Kaufen Sie sich in der Apotheke »Phytolacca«-Kügelchen in der Dosis D6 und nehmen Sie vor jedem Stillen drei davon.

423

WÄHREND ICH STILLE, LÄUFT DIE MILCH AUF DER ANDEREN SEITE.

Drücken Sie Ihre Brustwarze wie einen Klingelknopf fünf Sekunden fest in die Brust und verbieten Sie ihr diese Unartigkeit.

424

WENN ICH OHNE MEIN KIND EINKAUFEN GEHE UND EIN FREMDES BABY SCHREIEN HÖRE, SPRUDELT MEINE MILCH UNKONTROLLIERT HERAUS.

Schicken Sie Ihren Mann einkaufen, legen Sie sich solange aufs Sofa und machen Sie ein Nickerchen. Wenn Sie wieder aufgewacht sind, Methode »Klingelknopf« üben.

425

AUF MEINEN BRUSTWARZEN BILDEN SICH KOMISCHE, WEISS-GRAUE, KLEINE KNUBBELCHEN, DIE WIE WINZIGE WARZEN AUSSEHEN.

Das sind Ihre so genannten Montgomery'schen Drüsen, die nur in der Stillzeit sichtbar sind und danach wieder verschwinden.

426

ICH WÜNSCHTE, MEINE MILCH WÜRDE SPRUDELN. ICH HABE ZU WENIG MILCH!

Als Erstes müssen Sie klären, ob Sie wirklich zu wenig Milch haben oder ob Sie nur meinen, zu wenig Milch zu haben. Bei den meisten Frauen trifft eher das Zweite zu.

427

ICH HABE WIRKLICH ZU WENIG MILCH.

Trinken Sie, bis Sie beim Laufen schwappen. Trinken Sie so genannten Milchbildungstee. Trinken Sie zwei Tassen Brennnesseltee. Essen Sie gehaltvoll und nährstoffreich. Schlafen Sie ausreichend. Sorgen Sie für eine entspannte Atmosphäre zu Hause. Bringen Sie größere Kinder zur Oma. Legen Sie sich zwei Tage mit Ihrem Baby ins Bett und lassen Sie es alle zwei Stunden ordentlich saugen. Geben Sie dem Baby keine zusätzliche Flaschennahrung.

428

ICH HABE MEINEM BABY ABER SCHON DIE FLASCHE DAZUGEGEBEN.

Es gibt nur ein einziges Zaubermittel, das die Milchproduktion steigert. Es heißt: anlegen, anlegen und anlegen. Das Angebot wird von der Nachfrage gesteuert, das heißt, je mehr Ihr Baby an der Brust saugt, desto mehr Milch wird die Brust bilden. Lassen Sie die Zusatznahrung eisern weg, legen Sie sich zwei Tage mit Ihrem Baby ins Bett und lassen Sie es alle zwei Stunden ordentlich saugen. Natürlich wird das Kind empört sein, geben Sie ihm zwischendurch Tee oder jede Stunde die Brust. Nach 48 Stunden ist ausreichend Milch eingeschossen.

429

DA BRAUCHT MAN ABER GUTE NERVEN!

Ja, das stimmt, aber der Versuch lohnt sich. Holen Sie eine elektrische Pumpe und stimulieren Sie damit zusätzlich die Milchproduktion, indem Sie auch noch alle zwei Stunden pumpen. Sie brauchen in dieser Zeit auf jeden Fall einen Helfer, der Ihnen die Alltagsarbeit abnimmt.

430

ICH MEINE NOCH IMMER, DASS ICH ZU WENIG MILCH HABE.

Kontrollieren Sie die Reststoffe in Babys Windel. Wenn Ihr Kind genug groß und klein macht, hat es genug Milch. Wiegen Sie Ihr Baby wöchentlich auf einer guten Kinderwaage. Etwa 100 bis 150 Gramm Gewichtszunahme pro Woche sind vollkommen ausreichend. Machen Sie die so genannte »Wiegeprobe«, indem Sie einen Tag lang das Kind vor und nach dem Essen wiegen, alles aufschreiben und nach 24 Stunden Bilanz ziehen. Ein Baby mit zwei Wochen soll in 24 Stunden etwa 500 bis 600 Milliliter Milch trinken. Ein älteres Baby von etwa acht Wochen braucht ungefähr 800 bis 1000 Milliliter zum Gedeihen.

Diese Wiegeprobe bereitet zwar vielen Müttern den Stress des »Erfolgszwangs«, ist aber eine gute Methode, um herauszufinden, ob das Baby genug Milch bekommt. Geraten Sie nicht in Panik, wenn ein paar Milliliter fehlen. Legen Sie sich einen Tag mit Ihrem Kind ins Bett und lassen Sie es zweistündlich saugen. Machen Sie frühestens nach einer Woche wieder eine Wiegeprobe. Sie können den »Wie-viel-Milch-habe-ich«-Test auch mit der Brustpumpe machen: Eine Mahlzeit abpumpen statt stillen, und die Milchmenge begutachten. Ab der zweiten Lebenswoche braucht ein Neugeborenes ungefähr 100 Milliliter pro Mahlzeit. Das Einfachste ist es aber, sich keine Gedanken über die Milchmenge zu machen und darauf zu vertrauen, dass es schon reicht.

431

ICH MEINE ABER IMMER NOCH, DASS ICH ZU WENIG MILCH HABE, DENN MEIN BABY WILL ANDAUERND AN DIE BRUST.

Beinahe alle kleinen Babys wollen andauernd an die Brust, denn für sie ist es der schönste Platz der Welt. Entweder gönnen Sie Ihrem Kind das Vergnügen oder Sie müssen es anderweitig beschäftigen. Manchmal überbrückt auch ein Schnuller die Sehnsucht. Nach etwa acht Wochen lässt dieses starke Saugbedürfnis nach.

432

JEMAND HAT MIR GESAGT, MEIN KIND IST SCHON ZU SEHR VERWÖHNT!

Schließen Sie aus, dass Ihr Baby von dem häufigen Stillen keine Bauchkrämpfe bekommt, und dann lassen Sie es nuckeln, bis es genug hat. Ein Neugeborenes kann man nicht zu sehr verwöhnen.

433

JEMAND ANDERER HAT GESAGT, MEINE MILCH WÄRE ZU DÜNN.

In unseren Breitengraden gibt es keine Mutter mit »zu dünner« Milch. Ihre Milch ist genau auf die Wachstumsbedürfnisse Ihres Kindes abgestimmt und qualitativ das Hochwertigste, was Sie dem Baby geben können.

434

BEIM ABPUMPEN KOMMT BEI MIR KEINE MILCH AUS DER BRUST.

Das geht sehr vielen Frauen so und hat mit dem Milchspendereflex zu tun. Sie haben über den »Let-Down-Reflex« schon gehört und wissen, dass er hochsensibel und störanfällig ist. Er mag keine Hütchen, er mag keine Pumpe, er mag keine Anspannung und er verabscheut Eile und Stress. Er kann wirklich ziemlich zickig sein. Sein Chef ist das Hormon Oxytocin. Dieses Hormon wird auch Liebeshormon genannt und genau das ist es, was der Reflex braucht. Er schätzt es, wenn Sie ihn liebevoll ansprechen und bitten, die Milch freizugeben. Er mag Wärme und

Gemütlichkeit. Sie können ihm mit einem heiß-feuchten Brustumschlag auf die Sprünge helfen. Wenn er anfängt zu arbeiten, prickelt und kribbelt es in der Brust.

435

AUF DER WOCHENSTATION GAB ES DA EIN NASENSPRAY ...?

Benutzen Sie das Oxytocin-Nasenspray nur als Nothelfer bei einem Milchstau, denn Oxytocin reduziert Ihre Milchmenge!

436

WAS IST EIN MILCHSTAU UND WIE BEMERKE ICH IHN?

Ein Milchstau ist mit einem Stau auf der Autobahn zu vergleichen. Ein Auto hat eine Panne, und dahinter geht nichts mehr. Alle Fahrer sind gereizt, werden immer ungeduldiger, Hitzköpfe drängeln und hupen, es geht weder vor noch zurück, und die Blechschlange wird immer länger.

In der Brust hat ein Milchkanälchen eine Panne, und die nachrückende Milch staut sich auf. Die betroffene Stelle wird rot und schmerzhaft. Sie fühlen sich gereizt und krank, bekommen plötzlich Schüttelfrost, Gliederschmerzen und hohes Fieber. Nichts geht mehr. Die Symptome eines Milchstaus können sich schon innerhalb von einer Stunde so dramatisch zeigen.

437

WIE KOMMT ES ZU DER »PANNE« IM MILCHKANÄLCHEN?

In den meisten Fällen ist Kälte oder Zugluft die Übeltäterin. Das Kanälchen krampft sich zusammen und lässt keine Milch mehr durch. Hetze und Stress beim Stillen bewirken dasselbe. Es kann auch zu einem Stau kommen, wenn Ihr Baby plötzlich durchschläft oder sich einen anderen Essrhythmus zulegt. Sehr oft ist allerdings der Milchstau ein diskreter Hinweis an die Mutter: Mach mal ein bisschen langsamer und ruhe dich mehr aus!

438

WIE BEHANDELT MAN EINEN MILCHSTAU?

Zuerst müssen Sie über die Ursache nachdenken und sie abstellen. Also: Nie ohne Unterhemd oder Jacke nach draußen gehen! Die Brust immer warm halten! Nie in Hetze und Eile stillen! Sich immer Zeit dafür nehmen! Das Telefon klingeln lassen! Den Haushalt liegen lassen oder eine Hilfe bestellen! Uneingeladene Gäste vor der Tür stehen lassen! Die Diplomarbeit erst im nächsten Semester schreiben! Ärger aussprechen! Wenn Babys veränderte Essenszeiten die Ursache sind, zwischendurch die Milch ausstreichen oder das Kind wecken!

Dann erst behandeln Sie die Symptome: Alles stehen und liegen lassen und mindestens für 24 Stunden ins Bett. Je nach Körperbedürfnis können Sie Wärme oder Kälte auf der betroffenen Brust anwenden. Das Baby immer zuerst an der gestauten Brust anlegen. Wenn der Stau in der Nähe der Achselhöhle sitzt, das Kind im »Fußballer-Griff« anlegen. Die Brust mit Oleum Lactagogum (Apotheke) einreiben. Ebenfalls aus der Apotheke »Arnika-Kügelchen D6« kaufen und vor jedem Stillen fünf Stück nehmen. Schlafen, lesen, ruhen und anlegen. Hohes Fieber dürfen Sie mit Paracetamol bekämpfen. Nach spätestens zwei Tagen sollte der Milchstau vorüber sein, wenn nicht, müssen Sie Ihren Arzt konsultieren. Ein Milchstau ist kein Grund zum Abstillen!!!!!!!!

439

IN WELCHER FORM SOLL ICH WÄRME ANWENDEN?

Neben der guten, alten Rotlichtlampe können Sie Umschläge mit Pellkartoffeln machen. Drei Kartöffelchen mit Schale weich kochen, in einem sauberen Küchenhandtuch zermatschen und diesen Kartoffelbrei-Umschlag so heiß wie möglich auf die Brust halten. Für jeden neuen Umschlag frische Kartoffeln nehmen. Danach die Brüste mit – möglichst schafwollenen – Wickeln einpacken und mehrere Lagen T-Shirts oder Pullover darüber.

440

MIR WÄRE ABER ETWAS KÜHLES LIEBER!

Dann machen Sie sich einen Quarkbrei-Umschlag. Billigen Quark ins saubere Küchenhandtuch, einmal zermatschen und so kühl wie möglich auf die Brust halten. Nach der Kühlbehandlung sollten Sie aber Ihre Brüste trotzdem warm einpacken!

441

KANN MAN MEHRMALS EINEN MILCHSTAU BEKOMMEN?

Wenn das der Fall ist, müssen Sie nochmals Ursachenforschung betreiben.

442

UND WIE KOMMT ES ZU EINER BRUSTENTZÜNDUNG?

Eine Brustentzündung kann sich aus zwei Gründen bilden. Der erste und häufigste Grund ist ein unbehandelter oder falsch behandelter Stau. Der zweite Grund ist eine Infektion mit Keimen, die entweder aus Ihrem Körper oder direkt durch wunde Brustwarzen in das Gewebe wandern. Mit einer Brustentzündung müssen Sie immer zum Arzt gehen, eventuell auch Antibiotika nehmen und für eine Weile die Milch abpumpen und wegwerfen. Abstillen brauchen Sie auch bei einer Entzündung nicht.

443

WIE IST DAS BEI ANDEREN KRANKHEITEN DER MUTTER, GRIPPE ZUM BEISPIEL?

Die meisten Krankheiten haben eine gewisse Inkubationszeit, das heißt, die Keime kreisen einige Tage im Körper, bevor Symptome erscheinen. In dieser Zeit konfrontiert eine stillende Mutter das Baby sowieso schon mit den Keimen. Abstillen bei Ausbruch der Krankheit würde das Kind dann ungeschützt lassen, denn die Muttermilch bildet sofort besondere Abwehrstoffe und Antikörper. Sie dürfen bedenkenlos weiterstillen. Husten oder Niesen Sie Ihr Baby nicht an und halten Sie sich mit Küssen zurück.

444

WARUM IST MEIN KIND AM ABEND SO UNRUHIG?

Nachts und tagsüber klappt das Stillen bei Ihnen jetzt gut, aber abends meldet sich das Baby jede Stunde, und Sie wissen nicht warum. Zum einen entsteht in den meisten Familien abends etwas mehr Unruhe. Essen muss vorbereitet werden, der Partner kommt von der Arbeit, größere Kinder werden zu Bett gebracht. Ihr Baby spürt diese Unruhe und will auch am Familienleben teilnehmen. Zum anderen ist gegen Abend Ihre Brust – nach einem anstrengenden Tag – auch müde und produziert tatsächlich weniger Milch. Mein Tipp: Um 17 Uhr für eine Viertelstunde aufs Sofa legen, bewusst eine Pause einschalten und eine Tasse heißen Kakao mit Schlagsahne genießen.

445

MEIN BABY HAT EWIG DEN SCHLUCKAUF.

Der Schluckauf, den auch die Ungeborenen schon haben, stört nur die Eltern, nicht das Kind. Geben Sie einen Schluck zu trinken, dann geht er weg.

446

WAS IST EIN WACHSTUMSSCHUB?

Etwa alle 14 Tage wächst Ihr Kind in einem Schub entweder in die Länge oder Breite. Dafür braucht der Organismus des Kindes mehr Milch. Das Baby saugt zwei Tage lang sehr oft und stimuliert damit die Milchproduktion. Stören Sie diesen »Regelkreis« nicht und lassen Sie das Kind häufiger trinken.

447

HILFE, MEIN BABY WIRD VIEL ZU DICK!

so lange Sie voll stillen, darf Ihr Baby so rund wie eine Kugel werden und dicke Speckfalten am Nacken, den Handgelenken, den Füßen und am Bauch haben. Freuen Sie sich über Ihr »Wonneklößchen« und Ihre Stillkünste. Sobald das Baby anfängt zu krabbeln, verwandelt sich der Speck in knackiges Muskelgewebe.

448

HILFE, ICH WERDE VIEL ZU DICK!

Leider verwandelt sich Ihr Speck nach dem Abstillen nicht in knackiges Muskelgewebe. Ein Kind voll zu stillen verbraucht etwa 2000 Kalorien am Tag. Nehmen Sie lieber Obst und Gemüse statt Sahnetorten, um diese Kalorien aufzufüllen. Viele Frauen haben aber in der Stillzeit Lust auf Süßes und nahrhafte Speisen. Gönnen Sie sich den Genuss und setzen Sie sich nicht unter Diätstress.

449

BEI MIR SIND SCHON ALLE KNOCHEN ZU SEHEN!

Die meisten Frauen nehmen beim Stillen eher etwas zu, aber Sie reagieren auf diese körperliche Beanspruchung mit Gewichtsverlust. so lange Sie sich wohl und fit fühlen, ist das in Ordnung. Wenn aber das Stillen zu anstrengend für Sie wird, müssen Sie auch an sich denken und das Kind langsam entwöhnen.

450

WIE KLAPPT DAS STILLEN NACH EINEM KAISERSCHNITT?

Genauso wie nach einer normalen Entbindung. Sie brauchen nur die ersten zwei Tage etwas mehr Unterstützung, weil Sie sich noch nicht so gut bewegen können.

451

ICH BIN IMMER NOCH RAUCHERIN.

Das Kind ist das Nikotin sowieso aus der Schwangerschaft gewöhnt, und auch als Raucherin dürfen Sie stillen. Den mahnenden Zeigefinger heben Sie selbst und rauchen nur nach dem Stillen und nicht in Gegenwart des Babys.

452

KANN ICH WÄHREND DES STILLENS SCHWANGER WERDEN?

Ja, obwohl Sie monatelang keine Menstruation bekommen, können Sie schon Eisprünge haben und schwanger werden.

453

ICH KANN MIR NICHT VORSTELLEN, VOR ANDEREN LEUTEN ZU STILLEN.

Obwohl uns an jedem Kiosk nackte Brüste begegnen, ist die Vorstellung, in der Öffentlichkeit zu stillen, vielen Frauen sehr unangenehm. Sie brauchen das auch nicht zu tun, es gibt überall ein stilles Plätzchen, wohin Sie sich zurückziehen können.

454

ICH WILL BALD WIEDER ARBEITEN. LOHNT SICH DAS STILLEN TROTZDEM?

Es lohnt sich jede Woche, die Sie stillen. Wenn Sie arbeiten, können Sie Ihre Milch abpumpen. Bestehen Sie auf den gesetzlich verankerten Stillpausen.

455

WIE STILLE ICH EIN GRÖSSERES BABY MIT ZÄHNEN UND WIE STILLE ICH AB?

Lesen Sie Kapitel 22.

456

IST MUTTERMILCH WIRKLICH AUCH EINE MEDIZIN?

Eigentlich ist Muttermilch zum Essen gedacht, aber sie enthält entzündungshemmende Wirkstoffe. Sie heilt wunde Brustwarzen, Schnupfen, Augenentzündung, raue Haut und wunde Kinderpopos.

457

WAS DARF ICH WÄHREND DER STILLZEIT ESSEN?

Sie können alles essen, worauf Sie Appetit haben und was Sie vertragen. Wenn Ihr Baby Blähungen hat, lesen Sie Kapitel 16. Auch ein Gläschen Wein oder Bier ist nicht verboten (siehe Seite 21).

458

UND WAS BLEIBT NUN VON DEN RATSCHLÄGEN DES HERRN LEIBARZTES?

Nach Lektüre dieses Kapitels wissen Sie, dass die über hundert Jahre alten Ratschläge gar nicht so falsch sind. Bis auf den Rat, in ehelichen Genüssen zurückhaltend zu sein, sind die Tipps goldrichtig und Sie hoffentlich eine »Zierde jedes gebildeten Kreises« geworden. Dass heutzutage jede Frau eine »tüchtige Natur« ist, brauchen wir uns aber über das Stillen nicht zu beweisen und werden deshalb im nächsten Kapitel dem Baby einfach eine Flasche geben.

12
DIE ERNÄHRUNG
MIT DER FLASCHE

Manche Frauen treffen diese Entscheidung schon in der Schwangerschaft. Andere erst nach der Geburt, wieder andere in den ersten Lebenstagen des Kindes und manche nach einigen Wochen. Sie werden Ihrem Baby das Fläschchen geben, das haben sie entschieden! Das ist einfach, bequem und praktisch, und Ihre Brüste gehören auch (wieder) Ihnen. Frohgemut gehen Sie in den Supermarkt, um Babynahrung zu kaufen. Das kann doch nicht so kompliziert sein, denken Sie beim Anblick von drei Regalen verschiedener Milchsorten, Folgemilchsorten, Saugern, Schraubverschlüssen, speziellem Wasser, Aufwärmgeräten, Warmhaltemaschinen, Flaschenbürsten und Desinfektionsapparaten nebst Gebrauchsanweisungen. Die Verkäuferin ist auch überfragt. Ihre Entscheidung gerät ins Wanken. Vielleicht sollten Sie doch stillen? Zwei Brüste sind jedenfalls überschaubarer als drei Regale.

Sie gehen erstmal einen süßen, kleinen Strampelanzug kaufen und nähern sich dann nochmal mit Entschlossenheit – das Kind braucht ja etwas zu essen – der Babynahrungsabteilung. Bei näherer Betrachtung stellen Sie fest: Es gibt mehrere Firmen, die im Prinzip das Gleiche anbieten. Hypoantigen, hypoallergen, teiladaptiert, volladaptiert, Folgemilch 1 und 2, Pre-Nahrung, H.A.-Nahrung, alle Geschmacksrichtungen Gläschen, Brei, Kekse und Müsli. Frühgeborenennahrung fällt schon mal flach, weil Sie kein Frühgeborenes haben. Gläschen, Brei oder Kekse braucht Ihr Baby im Moment auch noch nicht. Müsli mag keiner in der Familie. Bleibt nur die Milch.

Sie entscheiden sich für eine bestimmte Firma, weil neulich im Fernsehen so ein netter, älterer Herr sich als Chef dieser Firma zu erkennen gab und versicherte, dass seine Babymilch nur von glücklichen, freilaufenden Kühen stammt, die von gesunden Sennerburschen mit roten Bäckchen auf sonnigen Alpenwiesen gemolken werden. Sie könnten sich ebenso gut auch für eine andere Firma entscheiden. Folgemilch 1 und 2 können Sie auch beiseite lassen, weil – wie der Name schon sagt – diese Milch erst auf die andere folgen soll. So schwierig ist es doch gar nicht, und wenn Sie jetzt noch wüssten, was teil- und volladaptiert, hypoantigen und -allergen ist oder Pre- und H.A.-Nahrung, könnten Sie schon zu dem Regal mit den Saugern gehen.

Doch da naht endlich professionelle Hilfe. Eine Mutter mit Kinderwagen. Das Baby sieht satt und zufrieden aus. Offenbar erhält es die richtige Nahrung. Sie sprechen die Mutter an und nach einer halben Stunde haben Sie eine neue Freundin, einen vollen Einkaufswagen mit den notwendigen Utensilien und den absoluten Überblick über die drei Regale.

459

KANN ICH DIE TELEFONNUMMER DIESER NETTEN, ERFAHRENEN MUTTER HABEN?

Nein, das möchte die Dame nicht, und außerdem isst das Baby jetzt schon alles bei Tisch mit.

460

WAS IST DENN NUN WAS IN DIESEM BABY-MILCH-DSCHUNGEL?

Beginnen wir mit dem Begriff »adaptiert«. Adaptiert bedeutet angeglichen, und angeglichen ist diese Milch natürlich der Muttermilch. Die volladaptierte Nahrung ist mehr angeglichen als die teiladaptierte, und demnach für das Neugeborene verträglicher. Diese Nahrung wird vor der Folgemilch gegeben und heißt deshalb auch Pre-Nahrung. Pre-Milch ist also immer die erste Tüte, nach der Sie greifen müssen. Wenn Ihre Familie allergiegefährdet ist, sollten Sie H.A.-Nahrung nehmen, die es auch in Pre-Form gibt. H.A. ist lediglich die Abkürzung für hypoallergen oder hypoantigen, was im Prinzip das Gleiche ist.

461

WIE LANGE KANN ICH MEINEM BABY DIE PRE-MILCH GEBEN?

So lange das Kind davon satt wird. Diese Milch ist relativ dünn, schmeckt und riecht – unter uns gesagt – nach »Käsefüßen«, und die meisten Kinder möchten spätestens nach vier Lebenswochen etwas anderes essen.

462

UND FÜR WIE LANGE GIBT ES DIE H.A.-NAHRUNG?

Mittlerweile gibt es sogar Breie auf hypoallergener Basis zu kaufen, das heißt, Sie können Ihr Baby beinahe ein Jahr lang mit der allergieabwehrenden Nahrung füttern.

463

WAS SOLL ICH MEINEM BABY ALSO NUN ZU TRINKEN GEBEN?

Wenn Ihr Kind allergiegefährdet ist, bleiben Sie mindestens ein halbes Jahr bei der H.A.-Nahrung, die es in allen Folgemilchstufen gibt und die von mehreren Firmen angeboten wird. Wenn Ihr Kind nicht allergiegefährdet ist, starten Sie mit irgendeiner Pre-Nahrung und steigen dann auf die entsprechende Folgemilch um. Nehmen Sie sich Zeit und studieren Sie einmal im Supermarkt alle Baby-Milch-Verpackungen.

464

SOLL ICH BEI DEM PRODUKT BLEIBEN, DAS MEIN KIND AUF DER WOCHENSTATION BEKOMMEN HAT?

Ja, das empfiehlt sich schon.

465

ICH WOLLTE ABER LIEBER EINE ANDERE MILCH GEBEN.

Im Großen und Ganzen haben alle Milchsorten die gleichen Inhaltsstoffe und die gleiche Zusammensetzung. Babymilch ist nun mal Babymilch. Sie sollten trotzdem dem Bäuchlein Ihres Babys nicht zumuten, jeden Tag eine andere Milch zu verdauen. Wenn Sie wechseln möch-

ten, machen Sie es schrittweise. Jeden Tag ein Fläschchen von der neu-
en Sorte, so dass Sie etwa eine Woche zur Umstellung benötigen.

466

GEHE ICH BEI DER UMSTELLUNG AUF FOLGEMILCH GENAUSO VOR?

Ja, machen Sie es ebenso.

467

GIBT ES BABYS, DENEN DIE FLASCHENMILCH NICHT SCHMECKT?

Für unsere Geschmacksnerven ist Babymilch zwar nicht der Gipfel der
kulinarischen Genüsse, aber die meisten Kinder schmatzen ihre Flasche begeistert weg. Wenn Ihrem Baby die eine Sorte Milch nicht
schmeckt, wechseln Sie innerhalb einer Woche – Fläschchen für
Fläschchen – das Produkt.

468

ICH STILLE NOCH UND FÜTTERE NUR FLÄSCHCHEN BEI.

Versuchen Sie Ihre Muttermilchmenge zu steigern und voll zu stillen.
Zur Beifütterung würde ich Ihnen Pre-Nahrung in H.A.-Form empfehlen.

469

ICH WILL GANZ ABSTILLEN UND NUR NOCH FLÄSCHCHEN FÜTTERN.

Nehmen Sie die gleiche Milch wie beim Zufüttern und gehen Sie langsam vor. Es ist nicht nötig, von einem Tag auf den anderen abzustillen.
Lassen Sie sich mindestens zwei Wochen Zeit.

470

ICH GEBE MEINEM KIND VON ANFANG AN FLÄSCHCHEN.

Informieren Sie schon die Hebamme im Kreißsaal von Ihrem Entschluss. Der hormonelle Impuls nach der Geburt, der Ihre Brüste zum
Milcheinschuss anregt, muss durch die Einnahme von bestimmten Medikamenten verhindert werden. Die ersten zehn Tage nach der Entbin-

dung bekommen Sie Abstilltabletten, und Ihre Brüste werden täglich untersucht.

471

ICH HABE GESTILLT UND WILL NUN AUFHÖREN. MUSS ICH AUCH NOCH ABSTILLTABLETTEN NEHMEN?

Nein, das brauchen Sie nicht, wenn Sie das Stillen innerhalb von zwei Wochen langsam auslaufen lassen. Ihre Brüste produzieren immer weniger Milch, wenn Sie weniger anlegen. Die Milchreste in den Brüsten werden von Ihrem Körper resorbiert. Wenn Sie allerdings voll stillen und sofort aufhören wollen, sollten Sie eine Hebamme oder Ihren Frauenarzt nach den Brüsten schauen lassen. Eventuell müssen Sie in diesem Fall noch die verschreibungspflichtigen Abstilltabletten nehmen.

472

MUSS MAN AUF DIE WOCHENSTATION BABYMILCH MITBRINGEN?

Zur Ernährung des Neugeborenen müssen Sie nichts in Ihren Klinikkoffer packen. Im Krankenhaus stehen für die Babys Einmal-Fläschchen zur Verfügung, die es leider für den Privatgebrauch nicht zu kaufen gibt.

473

WAS MUSS FÜR DAS FLASCHENKIND VORHER ANGESCHAFFT WERDEN?

Sie müssen vorab Milchpulver, Fläschchen, Sauger, ein Aufwärmgerät, eine Thermoskanne, diverse Flaschenbürsten, einen Desinfektionsapparat und einen Aufbewahrungsplatz für all das organisieren.

474

SOLL ICH GLEICH EINEN VORRAT AN MILCHPULVER BESORGEN?

Nein, am besten warten Sie damit, bis Sie mit dem Kind aus der Klinik kommen und wissen, welche Sorte Sie benutzen werden.

475

WELCHE FLASCHEN UND WIE VIELE MUSS ICH BESORGEN?

Kaufen Sie sechs große Flaschen für die Milch und zwei kleine für Tee. Ob Sie Plastik oder Glas nehmen, bleibt Ihrem persönlichen Geschmack überlassen. Glasflaschen zerbrechen allerdings beim Runterfallen! Ob die Flasche schlank oder breit ist, mit bunten Bildchen bedruckt oder schlicht, bleibt ebenfalls Ihrem Geschmack überlassen.

476

UND WELCHE SAUGER MUSS ICH KAUFEN?

Bei jeder Flasche, die Sie kaufen, sind Sauger, Schraubverschluss und Deckel dabei. Die Größe des Löchleins im Sauger bestimmt, ob sie Tee-, Milch- oder Breisauger heißen. Ob die Sauger aus Gummi oder Silikon sind, ist wiederum Geschmackssache, aber benutzen Sie immer kieferformende Modelle. Die Sauger sind im Dreierpack auch separat erhältlich und müssen alle acht Wochen ausgewechselt werden. Wenn Ihr Baby nach dem Essen viel spuckt oder heftige Blähungen entwickelt, benutzen Sie auch für das Milchfläschchen Teesauger.

477

MUSS MAN EINEN FLASCHENWÄRMER HABEN?

Die Anschaffung dieses praktischen Utensils ist auf jeden Fall zu empfehlen.

478

WIE WARM MUSS DAS FLÄSCHCHEN BEIM FÜTTERN SEIN?

Die Trinktemperatur sollte bei etwa 37° C liegen. Sie können die Flasche an Ihre Wange halten oder einen Spritzer Milch aufs innere Handgelenk sprühen, um die Temperatur zu testen. Einmal selbst am Fläschchen trinken, um die Temperatur zu kosten, dürfen Sie erst, wenn Ihr Baby älter als drei Monate ist.

479

KANN ICH DIE MILCH AUCH IN DER MIKROWELLE ERWÄRMEN?

Es gibt sehr viele Eltern, die das machen. Nach der Mikrowelle müssen Sie die Flasche vor dem Füttern sehr gut aufschütteln.

480

WOFÜR BRAUCHE ICH EINE THERMOSKANNE?

Wenn Sie morgens eine größere Menge Wasser abkochen und in dieser Extra-Thermoskanne aufbewahren, haben Sie den ganzen Tag richtig temperiertes Wasser für das Milchpulver.

481

UND DIE FLASCHENBÜRSTE?

Die Fläschchen müssen nach Benutzung heiß ausgespült und mit der Flaschenbürste in jeder Ritze geschrubbt werden. Die Sauger werden einmal in der Woche mit Salz eingerieben und mit einem speziellen Saugerbürstchen bearbeitet.

482

IST DIESE GANZE SAUBERKEIT DENN WIRKLICH NOTWENDIG?

Ja, denn eine Magen-Darm-Infektion ist für ein winziges Baby eine sehr gefährliche Angelegenheit. Die ersten drei bis vier Lebensmonate müssen Sie pingelig genau alle Hygienevorschriften beachten.

483

WOZU AUCH NOCH DEN DESINFEKTIONSAPPARAT?

Diese Maschine ist unter dem Namen »Vaporisator« im Handel erhältlich und für ein Flaschenkind eine lohnende Anschaffung. Mit heißem Dampf werden auf Knopfdruck alle Fläschchen, Sauger, Nuckel und sonstigen Gerätschaften sterilisiert.

484

WO SOLL ICH DIE GANZEN SACHEN AUFBEWAHREN?

Die sterilisierten Flaschen können in dem Vaporisator bis zur Wieder-
benutzung aufbewahrt werden. Am besten schaffen Sie in der Küche
ein kleines Extraplätzchen für Babys Esswarenabteilung und decken alles mit einem sauberen Küchenhandtuch ab.

485

KANN MAN DIE FLASCHEN NICHT AUCH IN EINEM TOPF AUSKOCHEN?

Hygienisch gesehen gibt es dagegen keine Bedenken. Ich persönlich
würde lieber den Vaporisator anstellen und solange ein Nickerchen
machen.

486

DARF ICH LEITUNGSWASSER BENUTZEN?

Wenn Sie Ihr Trinkwasser mit einem Krug auf dem Kopf aus dem
nächsten Brunnen zu holen pflegen, sollten Sie eventuell über die Benutzung von speziellem Babywasser nachdenken. Ordentlich abge-
kocht ist unser Leitungswasser völlig ausreichend zur Zubereitung von
Babyfläschchen.

487

WIE WIRD DENN NUN SO EINE FLASCHE GEMACHT?

Abgekochtes und auf etwa 50° C wieder abgekühltes Wasser in der er-
forderlichen Menge in die Flasche geben, die erforderliche Menge Pulver dazu, Deckel drauf und richtig durchschütteln, dann den Rest Wasser auffüllen, und fertig ist die Mahlzeit.

488

WARUM MUSS DAS WASSER WIEDER ABGEKÜHLT SEIN?

In heißem Wasser zerfallen die wertvolle Inhaltsstoffe und das Milchpulver verklumpt zu einem pampigen Brei. Sie brauchen kein Thermometer, schätzen Sie einfach nach Gefühl.

489

MUSS MAN SICH GENAU AN DIE ERFORDERLICHEN MENGEN HALTEN?

Ja, das muss man. Sie dürfen die Fläschchen weder strecken noch verdicken. Wenn Ihr Baby nicht satt wird, darf es mehr trinken oder auf eine Folgemilch umgestellt werden.

490

MEIN BABY HAT DAUERND HUNGER UND IST VIEL ZU DICK.

Mit der volladaptierten Nahrung kann ein Baby nicht überfüttert und zu dick werden. Allerdings sind Kinder – wie Erwachsene – entweder gute oder schlechte Futterverwerter. Babys dürfen und sollen ein paar Speckringe am Handgelenk, an den Beinchen und am Bauch haben.

491

WIE OFT BEKOMMT MEIN BABY DAS FLÄSCHCHEN?

Flaschenkinder halten sich – im Gegensatz zu Brustkindern – meistens brav an einen Vierstunden-Rhythmus und trinken in 24 Stunden etwa fünf bis sechs Mahlzeiten.

492

KANN ICH ZWISCHENDURCH AUCH FENCHELTEE FÜTTERN?

Natürlich darf Ihr Baby immer Fencheltee trinken, wenn es mag.

493

MEIN KIND MAG KEINEN FENCHELTEE, HAT ABER STARKE BLÄHUNGEN.

Sie können den Tee unterschmuggeln, indem Sie das Milchpulver statt mit Wasser mit Fencheltee aufrühren.

494

DARF ICH DIE ANTI-BLÄH-TROPFEN IN DIE FLASCHE GEBEN?

Das dürfen Sie schon, aber möchten Sie, dass Ihr ganzes Essen nach Medizin schmeckt?

495

MEIN BABY TUT SICH SEHR SCHWER MIT SEINEM GESCHÄFTCHEN.

Flaschenkinder haben einen festeren Stuhlgang als Stillkinder. Wenn es mal gar nicht rutscht, dürfen Sie Ihrem Baby Milchzucker geben.

496

AB WANN KANN DAS KIND DIE FLASCHE ALLEINE HALTEN?

Nehmen Sie Ihr Baby zum Füttern immer auf den Schoß, bis es mindestens ein Jahr alt ist. Das Kind kann sich verschlucken und ersticken, bevor Sie vom Telefon oder der Tür zurück sind. Achten Sie darauf, dass das Saugerlöchlein immer zum Gaumen des Kindes hinzeigt.

497

KANN ICH DIE MILCHNAHRUNG AUCH SELBST KOCHEN?

Wenn Sie gerne in der Küche stehen und hochkomplizierte Eiweißstoffe mit speziellen Fetten, Kohlenhydraten, Vitaminen, Mineralstoffen und Spurenelementen unter sterilen Bedingungen in der richtigen Dosis vermengen wollen, können Sie das selbstverständlich tun. Unsere Großmütter mussten aus Haferschleim auch selbst Fläschchen kochen, aber sie mussten auch die Windeln mit Kernseife auf dem Kohleofen waschen. Die heutige Babynahrung ist qualitativ so hochwertig, dass Sie ohne Bedenken Ihr Kind damit großziehen können.

498

MEIN KIND HAT ABER EINE KUHMILCHALLERGIE.

Fragen Sie Ihren Vermieter, ob Sie im Vorgarten zwei Milchziegen halten dürfen. Wenn er das nicht erlaubt, können Sie fertige Babynahrung auf Ziegenmilchbasis (»Bambinchen«) im Ökoladen kaufen und damit Ihr Kind füttern. »Bambinchen« hilft auch gegen durch Kuhmilch ausgelöstes Bauchgrimmen. Behalten Sie Ihre gesunde Skepsis gegen genmanipulierte Sojaprodukte!

499

WANN MUSS ICH MIT GLÄSCHEN ANFANGEN?

Im Gegensatz zu einem Brustkind, das ein halbes Jahr ausschließlich von Muttermilch ernährt werden kann, braucht das Flaschenkind nach spätestens acht Lebenswochen neben der Milch zusätzliche Ernährung. Lesen Sie in Kapitel 22 weiter.

13
DIE KÖRPERPFLEGE DES BABYS

▪ ▪

Ich mag Babys und bin deshalb Hebamme und Kinderkranken-schwester. So einfach wurde man das vor beinahe 25 Jahren nicht. Strenge Lehrschwestern befragten mich zuallererst nach meiner sozialen Motivation, dann untersagten sie mir alle Kontakte zu männlichen Wesen und ich musste unter den gestrengen Augen der Schulschwestern in der Schwesternschule wohnen. Dort steckten sie mich in ein Tauchbad aus Desinfektionsmittel, begutachteten meine Fingernägel, schnitten mir die Haare, setzten mir ein Häubchen auf, verpassten mir einen sterilen Kittel und Mundschutz und ermahnten mich zu einem sittlich-hygienischen Lebenswandel. Erst dann durfte ich in die geheimnisvolle Welt der Babys vordringen.

Unter den Fittichen einer gleichfalls strengen Stationsschwester stand ich morgens um 6 Uhr endlich im Babyzimmer und wurde in die Geheimnisse der Säuglingspflege eingeführt. Und das ging so: Drei aus Leibeskräften brüllende Säuglinge lagen in metallenen Gitterbettchen unter dicken Federkissen. Hochrot, schwitzend, hungrig und völlig verpullert. Erst wurde der Wickeltisch desinfiziert, dann die Badewanne und schließlich meine Hände. Unsanft landete das erste Baby unter der Wärmelampe, bekam die Kleider vom Leib gerupft und ein Thermometer in den Allerwertesten. Ab auf die Waage und dann in die Metallwanne, die mit fünf Zentimetern Wasser und 20 Zentimetern Schaum gefüllt war. Beim Schrubben und Haarewaschen schrie das Baby vor Entsetzen. Einmal auf den Bauch drehen, Rücken waschen und das Gesicht des Kindes ordentlich in den Schaum getunkt. Raus aus der Wanne und abgerubbelt mit trocken-steifen Handtüchern aus der Krankenhauswäscherei. Jetzt jede Körperöffnung anständig mit Wattestäbchen auspuhlen, alle Speckfalten mit der Wurzelbürste bearbeiten, die Augen mit sterilem Wasser auswischen, den Nabel mit Alkohol überschütten, die Popel aus der Nase bohren, ein Kilo Creme auf dem ganzen Kind verteilen, die Haare zu einer Elvis-Tolle kämmen und wieder anziehen.

Diese ganze Prozedur dauerte etwa acht Minuten. Ich war sprachlos, musste aber trotzdem das Bettchen des Kindes abziehen, die Matratze desinfizieren und mit ebenfalls trocken-steifer, grün-weiß gestreifter Wäsche neu bestücken. Währenddessen hatte die strenge Stationsschwester schon das nächste Baby in der Mangel. Nach einer knappen halben Stunde lagen die drei immer noch aus Leibeskräften brüllenden Säuglinge akkurat mit dem Kopf in Richtung Fenster in ihren frisch bezogenen Laken. Kein Küsschen aufs Schnütchen, aber das Federkissen – mit der Wasserwaage abgemessen, gerade gezogen, im rechten Winkel angeordnet, glatt geklopft, ohne Falte und nach Desinfektionsmittel duftend – wieder auf dem Kind. Ich hätte am liebsten zusammen mit den Babys lauthals geweint.

So ging das. Säuglingspflege bestand aus Ordnung, Sauberkeit, Lieblosigkeit, Schnelligkeit, Sterilität, glatt gezogenen Laken, viel Schaum, Creme und Puder. Zuwendung zu den Kindern kam selten vor und wurde auch in der Schule nicht gelehrt. Babys wurden nicht als fühlende Wesen wahrgenommen, sondern als Objekte, die in regelmäßigen Abständen gereinigt, gewartet, gefüttert und gepflegt werden mussten. Ich habe die Ausbildungen mit zusammengebissenen Zähnen überstanden, trotz des Verbotes der Lehrschwestern Kontakt zu einem männlichen Wesen aufgenommen, selbst zwei Kinder bekommen und mich für eine freundlichere Art der Babypflege entschieden. Heutzutage geht es an den Schwestern- und Hebammenschulen nicht mehr so ruppig zu, und wohnen muss man auch nicht mehr dort.

500

WOHER KAM DIESE LIEBLOSE HALTUNG?

Der Nachhall der preußischen Zeit verbot liebevolle Zuwendung zu Kindern. Babys sollten nicht verwöhnt, sondern von Geburt an mit Zucht und Ordnung, Disziplin und Strenge zu Gehorsam und Sauberkeit erzogen werden. Hinzu kam, dass man dachte, die ersten drei Lebensmonate spürt und fühlt ein Kind sowieso nichts; man nannte diese Zeit das dumme Vierteljahr. Ärzte behaupteten allen Ernstes, man könne ein Kind in diesem Alter ohne Betäubung operieren, da es sowieso nichts merke. Schreckliche Zeiten für Neugeborene!

Heute weiß man, dass schon Ungeborene Stimmungen der Umgebung aufnehmen und sofort nach der Geburt prägende Erfahrungen machen. Das dumme Vierteljahr gibt es nicht. Ihr Baby spürt, ob Sie liebevoll, behutsam und zärtlich mit ihm umgehen, tastet wie mit einem Radarsensor die Atmosphäre ab und merkt, wenn Sie gereizt, gehetzt oder nervös sind. Nehmen Sie sich also alle Zeit der Welt, um Ihr Kind zu pflegen, zu baden, zu waschen, zu hätscheln, zu küssen und einzucremen. Heutzutage darf die Säuglingspflege mit Genuss und Spaß und – nur noch ein bisschen – Sauberkeit und Ordnung und glatt gezogenen Laken verbunden sein.

501

WARUM MÜSSEN DIE LAKEN GLATT GEZOGEN SEIN?

Das Kind sucht sich seine Schlafposition noch nicht selbst, sondern muss so liegen bleiben, wie Sie es hinlegen. Nach vier Stunden Schlaf auf einem verknäulten Laken bekommt jedes Baby schmerzhafte Druckstellen.

502

UND WAS IST MIT DER ORDNUNG?

Babys ist es piepegal, ob Ihre Wohnung aufgeräumt, die Bügelwäsche gemacht oder der Teppich gesaugt ist. Babys brauchen aber eine gewisse Ordnung in ihrem Tagesablauf und regelmäßig zu essen.

503

WIE VIEL SAUBERKEIT MUSS DENN SEIN?

Einmal am Tag will das Baby gewaschen und sechs- bis achtmal frisch gewindelt sein. Ab und zu mal kämmen, die Nägel schneiden, die Nase, die Augen und die Ohren ausputzen reicht schon an Körperhygiene. Zwei Vollbäder in der Woche und täglich frische Kleidung sind genug. Zu Hause bitte kein Desinfektionsmittel, keinen Mundschutz und keine sterilen Kittel verwenden.

504

GEHEN WIR NUN INS BAD. WANN DARF MEIN BABY ZUM ERSTEN MAL BADEN?

Baden Sie Ihr Baby, wenn der Nabel abgefallen und gut verheilt ist. Vielleicht kann Ihre Wochenbett-Hebamme Ihnen dabei noch zur Seite stehen.

505

BRAUCHT MAN UNBEDINGT EINE SPEZIELLE BABYBADEWANNE?

Sie können Ihr Kind die ersten Lebenswochen in einem sauberen Waschbecken baden oder in einer großen Plastikschüssel, die Sie später für Wäsche benutzen.

506

WANN DARF DAS KIND IN DIE GROSSE FAMILIENBADEWANNE?

Ein winziges Neugeborenes fühlt sich in der großen Wanne sehr verloren. Warten Sie mit dem Familienbadetag acht Wochen.

507

ES GIBT SO BABY-BADE-EIMER. SIND DIE ZU EMPFEHLEN?

Der Badeeimer ist keine lebensnotwendige Anschaffung, aber wenn Sie einen haben, setzen Sie Ihr Baby ruhig hinein. Viele Kinder – auch Neugeborene schon! – stoßen sich gerne mit den Füßen am Boden des Eimers ab und springen halb heraus. Halten Sie Ihr Baby deshalb gut fest und stellen Sie den Eimer in Ihre große Badewanne.

508

WIE VIEL GRAD SOLL DAS BADEWASSER HABEN?

Die Temperatur des Badewassers soll ziemlich exakt bei 37° C liegen. Benutzen Sie in den ersten Wochen zur Sicherheit ein Thermometer.

509

BRAUCHT DAS BABY BADESCHAUM IN DER WANNE?

Wenn Ihr Baby in der Badewanne nur schreit, kann es daran liegen, dass es in einem zwar hübschen und gut duftenden, aber ausgekühlten Schaumberg statt in warmem Wasser sitzt. Nein, das Baby braucht keinen Badeschaum in der Wanne.

510

WAS SOLL MAN DANN ALS BADEZUSATZ VERWENDEN?

Sie können spezielle Baby-Badezusätze auf Öl- oder Kleiebasis kaufen oder ein luxuriöses »Kleopatra«-Bad selbst herstellen. Geben Sie in das Badewasser einen Spritzer Öl und einen Schuss Schlagsahne. Sie können Rosen-, Mandel- oder sonstiges Öl benutzen. Für hautempfindliche Kinder nehmen Sie kaltgepresstes Olivenöl.

511

WIE LANGE DARF DAS KIND IN DIE BADEWANNE?

Nach etwa zehn Minuten beginnt das Wasser abzukühlen und das Baby zu verschrumpeln. Machen Sie das nach Gefühl und Wellenschlag.

512

WIE OFT DARF DAS KIND IN DIE BADEWANNE?

Damit die Haut nicht zu sehr beansprucht wird, sollten Sie nur zweimal in der Woche Badefest feiern. Blähkinder kann man auch mal öfter in die Wanne stecken, wenn es gegen die Koliken hilft.

513

WANN DARF ICH MEIN BABY MIT UNTER DIE DUSCHE NEHMEN?

Ich würde damit mindestens neun Monate warten. Ein kleineres Kind erschrickt sich zu Tode vor dem prasselnden Wasserstrahl und geht die nächsten drei Jahre nicht mehr unter die Dusche. Kinder können da sehr eigensinnig sein.

514

IST ES SCHLIMM, WENN DAS KIND EIN BISSCHEN WASSER INS GESICHT BEKOMMT?

Nein, Sie brauchen nicht allzu ängstlich mit dem Wasser umgehen. Das Kind spürt Ihre Unsicherheit und sperrt sich gegen das Baden. Ein paar absichtliche oder unabsichtliche Tröpfchen Wasser im Gesicht finden Babys lustig.

515

IST ES LEBENSGEFÄHRLICH FÜR DAS BABY, WENN ES MIR IN DER WANNE WIRKLICH EINMAL VOM ARM RUTSCHT UND GANZ UNTER WASSER TAUCHT?

Es gibt Schwimmkurse, in denen kleine Babys schwimmen und tauchen lernen, denn Neugeborene haben einen angeborenen Reflex, der sie befähigt, unter Wasser die Luft anzuhalten. Wenn Ihnen das Baby wirklich einmal in die Wanne flutscht, fischen Sie es einfach schnell wieder heraus. Wichtig ist, dass Sie nicht in Panik geraten, das Baby abrupt aus der Wanne reißen und es damit erschrecken. Lachen Sie mit Ihrem Kind und tun Sie so, als ob dieser unfreiwillige Tauchgang ein tolles, neues Spiel gewesen wäre.

516

SOLL DAS BABY MORGENS ODER ABENDS GEBADET WERDEN?

Sie können Ihr Kind baden, wann es in Ihren Tagesablauf passt. Ein abendliches Bad macht Babys allerdings schön müde.

517

MEIN KIND SCHREIT BEIM BADEN GANZ FÜRCHTERLICH.

Überprüfen Sie noch einmal genau die Wassertemperatur und die Sache mit dem Schaumberg. Das Baby soll niemals mit ganz leerem oder vollem Magen gebadet werden. Vielleicht klappt es mit dem Papa besser? Wirklich wasserscheue Kinder gibt es nur sehr selten. Vielleicht hat sich Ihr Baby im Wasser mal erschrocken? Zwingen Sie das Kind nicht in die Wanne, wenn es sich dagegen sperrt und hysterisch schreit. Gewöhnen Sie Ihr Baby ganz langsam und behutsam an die Badewanne. Notfalls wird es eben ein paar Wochen von Kopf bis Fuß gewaschen.

518

WIE GEHT DENN SO EINE GANZKÖRPERWASCHUNG?

Legen Sie sich eine kleine Schüssel mit gut warmem Wasser, einen sauberen Waschlappen und ein Gästehandtuch am Wickeltisch zurecht. Wenn Sie möchten, können Sie das Wasser auch kleopatramäßig aufpeppen, klares Wasser tut es aber ebenso. Entkleiden Sie das Baby erst nur am Oberkörper, waschen Sie Gesicht, Kopf, Ärmchen, Brust und Rücken, trocknen Sie alles wieder ab und ziehen Sie ein sauberes Hemdchen und Jäckchen an. Dann dieselbe Behandlung taillenabwärts. Das Kind ist wunderbar sauber und erfrischt.

519

UND WAS IST EINE KATZENWÄSCHE?

Bei der Katzenwäsche werden nur Gesicht, Hände und Popo gereinigt. Auch wenn Sie noch so sehr im Stress sind, diesen minimalen Luxus sollten Sie Ihrem Kind jeden Tag gönnen. Vor allem die Windelregion muss mindestens einmal am Tag mit Wasser abgewaschen werden, da Stuhl – und vor allem Urinreste die empfindliche Haut schnell angreifen.

520

BRAUCHT EIN BABY HAARSHAMPOO?

Nein, ein Baby braucht kein Haarshampoo! Die fusselig-weichen Neugeborenenhaare duften von alleine nach Milch und Honig.

521

WELCHE PFLEGEMITTEL SOLLEN NACH DEM WASCHEN ODER BADEN AUF DEM KIND VERTEILT WERDEN?

Eine Tatsache ist: Zu viele Pflegemittel auf dem Kind behindern die Hautatmung und können eine allergische Neurodermitis hervorrufen. Andere Tatsache ist: Gar keine Pflegemittel auf dem Kind können ebenfalls Wundsein, Pickel und Entzündungen hervorrufen. Gehen Sie den goldenen Mittelweg. Machen Sie einen Rundgang in Ihrem Badezimmer, besichtigen Ihre Tübchen, Töpfchen, Döschen und Fläschchen an Pflegemitteln und entscheiden dann, was Sie für das Beste für Ihr Baby halten. Manche kaufen im Bioladen, andere im Supermarkt. Ich würde für mein Baby die Pflegeserie von Weleda kaufen, die es mittlerweile sowohl im Bioladen als auch im Supermarkt gibt. Völlig ausreichend sind ein Fläschchen Kinderöl, eine Dose Popocreme, eine Tube Gesichtscreme und für Sommerkinder ein wenig Sonnenschutz.

522

WIE BENUTZE ICH NUN DIE VON MIR AUSGEWÄHLTEN PFLEGEMITTEL?

Einmal am Tag – am besten nach dem Waschen oder Baden – wärmen Sie einen Klecks Kinderöl in Ihren Händen an und reiben das Baby von Kopf bis Fuß damit ein. Vergessen Sie nicht die Achselhöhlen, Halsfalten und Speckrillen. Auch hinter den Ohren kann ein Baby wund werden!

523

IST DIE VERWENDUNG VON PUDER ZU EMPFEHLEN?

Puder hat zwei Nachteile. Erstens: Es staubt beim Auftragen und winzige Partikelchen können eingeatmet werden. Zweitens: Pipi und Puder verklumpen sich in der Windel zu Scheuerpulver.

524

WIE WIRD DER WINDELBEREICH GEPFLEGT?

Nach dem Waschen einen Tupfen Öl auf dem Popo verteilt und der scharfe Urin perlt regelrecht an der Haut ab. Popocreme können Sie täglich benutzen oder nur, wenn das Baby wund wird.

525

WIE SOLL ICH DEN POPO SAUBER MACHEN?

Wenn das Gröbste mit weichem Toilettenpapier oder Kosmetiktüchern entsorgt ist, kann der gute, alte Waschlappen mit Wasser bestens für blitzblanke, blütenfrische Sauberkeit sorgen. Öl- oder lotiongetränkte Spezialtücher sind eine wunderbare Erfindung für unterwegs.

526

BRAUCHT EIN SOHN-POPO EINE ANDERE BEHANDLUNG ALS EIN TOCHTER-POPO?

Einem Buben müssen Sie beim Saubermachen das Hodensäckchen hochheben und vorsichtig alle faltigen Winkel ausputzen. Ein Mädchen wird immer von vorne nach hinten, Richtung After, sauber gemacht. Stuhlreste zwischen den Schamlippen dürfen Sie vorsichtig mit einem weichen Tüchlein entfernen.

527

BRAUCHT DAS BABY JEDEN TAG GESICHTSCREME?

Nur wenn es sehr kalt oder windig draußen ist, würde ich das Gesicht mit der speziellen Creme schützen.

528

MUSS EIN BABY JEDEN TAG GEKÄMMT WERDEN?

Das moderne Baby-Frisier-Set enthält einen kleinen Kamm und eine weiche Bürste. Den Kamm legen Sie beiseite zur Beseitigung des Milchschorfs, die Bürste darf jeden Tag in Aktion treten. Babys lieben sanftes Haarebürsten, sie können vom Haarebürsten gut aufstoßen, ihre Kopfhaut wird massiert und frühzeitiger Haarausfall mit Glatzenbildung wird – ein bisschen – verhindert.

529

VERLIEREN DENN ALLE BABYS IHRE HAARE?

Nicht alle, aber viele.

530

WELCHE HAARFARBE WIRD MEIN BABY BEKOMMEN?

Die Farbe der Augenbrauen gibt Aufschluss über die spätere Haarfarbe.

531

WIE WERDEN DIE OHREN SAUBER GEMACHT?

Auf jeden Fall nicht mit Ohrenstäbchen! Höchstens mit dem Finger in der Ohrmuschel oder einem weichen Tüchlein Richtung Gehörgang. Hinter den Ohren müssen Sie jeden Tag putzen.

532

WIE WERDEN DIE AUGEN SAUBER GEMACHT?

Sandmännchen-Krümel dürfen Sie mit einem weichen Tüchlein – immer in Richtung Nase – entfernen.

533

WIE WIRD DIE NASE SAUBER GEMACHT?

Die Nase wird überhaupt nicht sauber gemacht, außer bei einem Schnupfen. Dicke Staub-Popel können Sie mit einem gedrehten weichen Tüchlein vorsichtig herauspicken.

534

BEKOMMEN SIE PROZENTE VON EINER FIRMA FÜR WEICHE TÜCHLEIN?

Nein, aber ich hoffe, dass ich viele Prozente für meinen vergnüglichen Baby-Ratgeber bekomme!

535

WIE UND WANN WERDEN DIE FINGERNÄGEL GESCHNITTEN?

Babys haben bei der Geburt schon ziemlich lange Nägel, mit denen sie sich selbst gerne das Gesicht zerkratzen. In den ersten sechs Wochen können Sie mit einer feinen Sandblattfeile die scharfen Kanten der Nägel entfernen, danach dürfen Sie mit der abgerundeten Babyschere die Nägel schneiden. Ein Tipp: Den Nagelschneidekampf gewinnen Sie nur, wenn das Baby schläft.

536

UND DIE FUSSNÄGEL?

Bei allen Neugeborenen sehen die Fußnägel wie eingewachsen aus. Stören Sie sich nicht daran und gucken Sie am ersten Geburtstag mal nach, ob die Fußnägel schon zu schneiden sind.

537

MUSS DAS KIND WIRKLICH SECHS- BIS ACHTMAL AM TAG GEWINDELT WERDEN?

Ja. Wenn die Windel nicht ganz dicht gehalten hat, muss auch die Kleidung gewechselt werden.

538

NOCH EINE WARNUNG ZUM SCHLUSS!

Lassen Sie Ihr Baby niemals – *niemals!* – alleine auf dem Wickeltisch liegen! Wenn Sie dringend vom Wickeltisch weg müssen, legen Sie das Baby notfalls nackt auf den Fußboden. Auch heutzutage sterben noch Kinder an Schädelbrüchen, weil Eltern die Gefahr eines Sturzes nicht ernst genug nahmen. Diese Eltern werden ihres Lebens nie mehr froh.

14

DIE HAUT DES BABYS

■ ■ ■ ■ ■ ■ ■ ■ ■ ■ ■ ■ ■ ■ ■ ■ ■ ■ ■ ■

Ich möchte in einem eigenen, kleinen Kapitel über die Haut des Babys sprechen. Immer mehr Kinder leiden unter Hautproblemen, und sie sind immer jünger. Schon Babys haben Ausschläge, Ekzeme, Pickel und allergische Reaktionen. In der embryonalen Phase entwickelt sich die Haut zusammen mit dem Gehirn. Kaum ein Organ des Körpers ist so dicht mit Nerven bestückt wie die Haut. Sie ist sozusagen der Außenposten unseres Gehirns. Die Haut des ungeborenen Babys – liebkost von warmem Wasser und weichen Schleimhäuten – fühlt sich wohl und geborgen.

Aber sofort nach der Geburt wird sie mit unbekannten Reizen regelrecht bombardiert. Kälte, Hitze, Kleider, Pflegemittel, Bakterien, fremde Hände – all das wirkt auf das Kind ein. Die Haut reagiert auf diese neuen und ungewohnten Reize oft irritiert, denn Babys haben noch kein »dickes Fell«. Aber nicht jeder Pickel ist eine allergische Reaktion und nicht jeder Ausschlag der Vorbote einer Neurodermitis. Meistens handelt es sich nur um vorübergehende Anpassungsschwierigkeiten. Das Baby antwortet mit seiner Haut auf die Welt.

539

MEIN KIND IST ABER HAUTALLERGIKER UND HAT EINE NEURODERMITIS.

Die Neurodermitis hat in den letzten 20 Jahren sehr stark zugenommen, und es ist schwierig, sie zu behandeln oder zu heilen. Lesen Sie in Kapitel 23 über Allergien das wenige, was ich Ihnen dazu raten kann.

540

ICH KANN DIE HAUT MEINES BABYS DOCH NICHT VOR
KÄLTE, HITZE, KLEIDERN, PFLEGEMITTELN, BAKTERIEN
UND FREMDEN HÄNDEN BEWAHREN.

Nein, das können Sie nicht und das brauchen Sie auch nicht. Bei der
Geburt ist der Organismus Ihres Kindes so weit ausgereift, dass er mit
diesen neuen und fremden Einflüssen leben kann, ohne krank zu werden. Die Irritationen auf der Haut sind lediglich Übergangserschei-
nungen, und so mancher Pickel wird auch nur hormonell hervorgerufen.

541

WELCHE PICKEL SIND HORMONELL BEDINGT?

Die weißen Pickel auf Nase, Stirn und Wangen, die auch Milien genannt werden, sowie die Neugeborenen-Akne und ein großflächiges
Exanthem, das keinen bestimmten Namen hat.

542

WOHER KOMMEN DIESE MILIEN?

Die Talgdrüsen unter der Haut im Gesicht sind noch verstopft und bilden kleine, derbe, weiße Knötchen. Sie verschwinden von ganz alleine
in den ersten vier Lebenswochen. An den Milien dürfen Sie nicht he-
rumdrücken.

543

UND WAS IST DIE NEUGEBORENEN-AKNE?

Mehr als die Hälfte aller frisch geborenen Kinder sehen nach drei Tagen wie pubertierende Teenager aus. Im Gesicht, auf der Brust, am Rücken, an den Beinen und sehr oft auf dem Bauch sitzen dicke, fette Pickel mit gelben Eiterpusteln, die zu allem Überfluss auch noch hin und
her wandern. Beim einen Wickeln finden sie sich hier und beim nächsten Wickeln dort. Baby schauen ja noch nicht in den Spiegel und stören
sich demnach auch nicht daran.

544

WAS KANN ICH GEGEN DIE NEUGEBORENEN-AKNE UNTERNEHMEN?

Bleiben Sie mit Ihrem Baby zu Hause, zeigen es niemand und warten einfach ab. Spätestens nach acht Wochen hat sich der Hormonhaushalt reguliert und die Pickel sind verschwunden. Wenn es Ihnen nach zwei Wochen zu Hause langweilig wird, können Sie neugierigen und besorgten Fragen wie: »Ist Ihr Baby krank, weil es so komischen Ausschlag hat?« begegnen, indem Sie stolz antworten: »Mein Baby hat Akne vulgaris neonatorum, und das kriegen Sie auch gleich, wenn Sie mich weiter nerven!« Manchen Kindern hilft ein Hauch »Wecesin-Nabelpuder« gegen die Pickel.

545

WIE SIEHT EIN EXANTHEM AUS?

Dieser Ausschlag sieht weniger wie Akne, sondern mehr wie Röteln aus und tritt beinahe nur in der ersten Lebenswoche auf. Lauter kleine rote Pünktchen – »Frieseln« sagen wir dazu – sitzen apart verteilt auf dem ganzen Baby.

546

WAS TUE ICH GEGEN DIESES GROSSFLÄCHIGE EXANTHEM?

Sie wissen schon, dass Sie nichts dagegen tun können, außer abwarten, bis es von alleine wieder verschwindet.

547

UND WOHER KOMMT ES?

Vermutlich sind diese Frieseln nur zum Teil hormonell bedingt und zum anderen Teil eine Reaktion auf Kleidung, Waschpulver und Pflegemittel.

548

WELCHE HAUTERSCHEINUNGEN KÖNNEN KLEINE BABYS NOCH HABEN?

Unter der Käseschmiere des Neugeborenen können zum Vorschein kommen: Storchenbisse, Leberflecke, Feuermale, Blutschwämmchen,

Waschfrauenhände und -füße, Saugschwielen und ein Mongolenfleck. Entwickeln kann sich noch: Milchschorf, aufgerissene Haut, harmlose Hautabschilferungen, eine Nagelbettentzündung und ein wunder Popo. Sommersprossen bringt kein Kind mit auf die Welt. Diese niedlichen Pünktchen entstehen erst später.

549

SIND ALLE KINDER BEI DER GEBURT VOLL KÄSESCHMIERE?

Nein, bei vielen Kindern ist diese dicke Schutzcreme schon vor der Geburt vom Körper resorbiert worden. Babys können und dürfen, aber müssen keine Käseschmiere mehr haben, wenn sie auf die Welt kommen.

550

UND WAS IST MIT DEM STORCHENBISS?

Lesen Sie Frage Nummer 120.

551

HABEN BABYS AUCH SCHON LEBERFLECKE?

Wenn ein Baby Leberflecke hat, müssen die immer von einem Hautarzt begutachtet werden.

552

UND WAS IST EIN FEUERMAL?

Feuermale und ebenso Blutschwämmchen sind Veränderungen der Hautblutgefäße, die auch der hautärztlichen Kontrolle bedürfen.

553

UND WAS SIND WASCHFRAUENHÄNDE ODER -FÜSSE?

Die verschrumpelten Händchen und Füßchen sind Ihnen schon in Frage 123 begegnet.

554

ABER WAS SAUGSCHWIELEN SIND, WEISS ICH NOCH NICHT!

Das stimmt, aber anhand des Namens können Sie sich vielleicht denken, was Saugschwielen sind. Im Mutterleib saugen manche Kinder so stark an den Fingern, dass sich dort Schwielen bilden. Es gibt sogar Babys, die ihren Daumen vor der Geburt so lange benuckeln, bis Blasen und offene Wunden entstehen.

555

MONGOLENFLECK HÖRT SICH JA SEHR GEHEIMNISVOLL AN!

Einen Mongolenflecken bekommen nur Kinder, deren Eltern aus südlichen Ländern stammen oder die einen sehr dunklen Teint haben. Dieser etwa handtellergroße Fleck sitzt genau über der Poporitze und ist eine Pigmentveränderung, die das ganze Leben kaum verblasst. Kinder mit einem Mongolenfleck haben meistens sehr viele schwarze Haare auf dem Kopf.

556

WAS IST DENN MILCHSCHORF?

Milchschorf hört sich ziemlich unappetitlich an und ist es leider auch. Bei etwa einem Drittel aller Babys ab der vierten Lebenswoche bildet sich auf dem Kopf eine quarkähnliche Schuppenschicht, die nicht abzuwaschen ist. Mit der Zeit fangen diese krümelig-weiß-gelben Schuppen an zu riechen, und zwar wie alter Käse. Ob das Kind Haare auf dem Kopf hat oder nicht, beeinflusst den Milchschorf kaum. Viel Milchschorf ist aber kein Hinweis auf eine allergische Disposition, denn Kinder mit einem »Käsekopf« gab es schon immer. Milchschorf ist ebenfalls kein Zeichen dafür, dass Sie Ihr Baby nicht richtig pflegen oder waschen! Sie brauchen sich nicht für den Milchschorf zu schämen.

557

WAS KANN MAN DENN GEGEN MILCHSCHORF UNTERNEHMEN?

Schmieren Sie drei Tage hintereinander dreimal am Tag den Kopf Ihres Babys so richtig klebrig mit kaltgepresstem Olivenöl ein, bis es aussieht, als hätte es in einem Butterfass gelegen. Dann suchen Sie das kleine Kämmchen aus dem Baby-Frisier-Set und kämmen behutsam die durch das Öl abgelösten Schuppen weg. Eventuell mehrmals wiederholen und danach einmal mit Shampoo die Haare waschen.

558

WO UND WIE KANN DAS BABY AUFGERISSENE HAUT BEKOMMEN?

Kinder, die ziemlich lange nach dem Entbindungstermin geboren werden, also ohne Käseschmiere noch eine Weile im Fruchtwasser geplantscht haben, können vor allem an den Füßen, den Händen und dem Bauch aufgerissene Hautstellen bekommen. Diese Risse sehen so aus, als ob sie dem Kind wehtäten, und deshalb würde ich empfehlen, sie auch zu behandeln. Holen Sie in der Apotheke »Linola-Fettsalbe« oder Melkfett und reiben Sie diese wunden Stellen mehrmals am Tag damit ein.

559

HABEN NUR ÜBERTRAGENE BABYS DIESE HARMLOSE HAUTABSCHILFERUNG?

Die meisten Kinder pellen sich nach der Geburt einmal. Bei übertragenen Babys ist dieser Schälprozess etwas deutlicher sichtbar. Reiben Sie Ihr Kind einmal am Tag mit Linola-Fettsalbe oder Melkfett ein.

560

WARUM KÖNNEN BABYS EINE NAGELBETTENTZÜNDUNG HABEN?

Mit dem Greifreflex versucht das Neugeborene, sich an allem festzuhalten, und dabei sammelt sich Schmutz an den Nägeln. Babys kriegen dadurch manchmal kleine, eitrige Pöckchen an der Nagelhaut. Sie können die Finger in einem Eierbecher mit warmem Kamillentee baden, dürfen aber nicht an diesen Pöckchen herumpuhlen.

561

WARUM BEKOMMEN BABYS EINEN WUNDEN PO?

Lesen Sie in Kapitel 19 alles über Windel- und Popo-Angelegenheiten.

562

WAS KANN ICH FÜR BABYS GESUNDE HAUT TUN?

Benutzen Sie zu Hause kein Desinfektionsmittel. Auch Ihre Hände brauchen Sie nicht zu sterilisieren. Die Haut des Kindes soll mit so wenig chemischen Stoffen wie möglich in Berührung kommen. Gehen Sie sparsam mit Waschpulver und vor allem Weichspülmitteln um. Ebenso sparsam sollten Sie Pflegemittel – auch die besten und teuersten aus dem Bioladen – verwenden. Ziehen Sie dem Baby keine Kleidung aus Synthetik an, besser Seide, Wolle oder Baumwolle kaufen.

Und für das innere Wohlbefinden der Haut: Befriedigen Sie die Kuschelbedürfnisse des Babys ohne Angst, es zu verwöhnen. Tragen Sie Ihr Baby viel an Ihrem Körper herum, streicheln und massieren Sie es. Nicht umsonst heißt Zärtlichkeit auch Hautkontakt. Das Baby fühlt sich verloren ohne Hautkontakt und es antwortet mit seiner Haut auf die Welt.

563

ZULETZT NOCH EIN HAUT-TIPP VON EINER ERFAHRENEN MUTTER:

Lassen Sie Ihr Kind sich auch mal richtig dreckig machen! Wenn Sie vor und hinter jeder Lebensäußerung des Kindes mit Meister Proper wischen, bekommt nicht nur die Haut schlechte Laune. Dreck reinigt den Magen, hat man früher gesagt, und in diesem Spruch steckt auch viel Wahrheit. Das Geheimnis ist es, guten von schlechtem Dreck zu unterscheiden. Kinder müssen nicht unter einer sterilen Glasglocke großgezogen und wie exotische Blümchen von jeder Bakterie hysterisch fern gehalten werden.

Eine neue Theorie zu allergischen Erkrankungen sagt: Das Immunsystem des Menschen muss etwas zu tun haben. Im Zeitalter der dreihundert verschiedenen Sorten Putzmittel und des Hygienefimmels ist das Immunsystem arbeitslos. Was tut es? Es langweilt sich, und damit es überhaupt irgendetwas zu tun hat, produziert es Allergien – wie ein Kind, das aus Langeweile seine Spielsachen kaputtmacht. Natürlich gilt diese Theorie nicht für Kinder aus Tschernobyl oder Seveso. Deren Hauterkrankungen haben nur damit zu tun, dass viele Erwachsene leider immer noch nicht den Unterschied zwischen gutem und schlechtem Dreck gelernt haben.

15
DAS BÄUCHLEIN DES NEUGEBORENEN

▪ ▪ ▪ ▪ ▪ ▪ ▪ ▪ ▪ ▪ ▪ ▪ ▪ ▪ ▪ ▪ ▪ ▪

Zur Einstimmung in dieses Kapitel möchte ich Sie – Mutter und Vater – einmal zu einer kurzen Phantasiereise in die Welt eines kleinen Babys einladen. Stellen Sie sich vor: Sie sind gerade in diesem Moment geboren worden. Ihr Körper ist winzig-klein, Ihr Kopf ist im Verhältnis dazu groß und sehr, sehr schwer hochzuheben. Ihre Augen können außer Hell-Dunkel-Kontrasten und sich langsam bewegenden Schatten noch nichts Vernünftiges wahrnehmen. Sie können nicht sprechen. Sie können sich nicht verständlich machen. Hören können Sie sehr gut, aber das Gehörte ist völlig unverständlich für Sie. Sie können sich nicht eigenständig von einem Ort zum anderen begeben. Sie können sich noch nicht mal drehen, nur liegen bleiben, wie man Sie hingelegt hat. Ihre Arme und Beine zappeln in unkoordinierten Bewegungen. Tag oder Nacht – das hat keinerlei Bedeutung für Sie. Sie wissen nicht, wie spät es ist, welches Datum wir haben oder welches Jahrtausend. Es interessiert Sie auch gar nicht. Sie sind glücklich, wenn Sie es warm und weich haben, und entspannen sich in der Nähe des einzig vertrauten Geräusches, einem erwachsenen Herzschlag mit etwa 80 Schlägen pro Minute.

Dann werden Sie von riesigen Händen hochgehoben. Ihr Kopf wackelt bedenklich und schmerzt auch noch ein bisschen von der Knochenwand, die Sie gerade bezwungen haben. Die riesigen Hände legen Sie unter ein warmes Licht, drehen Sie hin und her, heben Sie hoch und legen Sie wieder hin, etwas Kratziges kommt um Ihre Haut (Sie wissen natürlich nicht, dass Sie angezogen werden) und die Hände bringen Sie wieder zu dem warmen und weichen Berg mit dem vertrauten Herzschlag zurück. Endlich Ruhe. Ausruhen. Atmen üben. Vielleicht ist das Geboren-worden-Sein doch ganz gut.

Da fällt plötzlich ein wilder Wolf über Sie her. Aus Ihrer Mitte, aus Ihrem Bauch schreit er und reißt an Ihren Eingeweiden. Es ist der Hunger. Sie wissen das nicht. Sie hatten noch nie Hunger. Wie durch ein Wunder wurde Ihr kleiner Körper von alleine ernährt und Sie brauchten nichts dafür zu tun. Jetzt ist aber alles anders. Jetzt müssen Sie diesem wilden Wolf gehorchen. Sie schreien. Sie können nicht zum Kühlschrank gehen oder den Pizza-Service bestellen. Sie schreien. Sie saugen an Ihren Händen, schmatzen und suchen. Ihr Bauch ist das Zentrum der Welt. Sie treten mit Ihren Füßen und schreien immer lauter. Kann Ihnen denn niemand helfen? Können Sie sich der Welt nicht verständlich machen? Der Hunger wird immer größer, will jetzt sofort und auf der Stelle befriedigt werden. Es scheint, als ob Ihr gerade begonnenes Leben in Gefahr wäre.

»Hilfe, ich verhungere, gebt mir doch etwas zu essen. Der wilde Wolf in meinem Bauch duldet keinen Aufschub. Keine Minute länger. Da, direkt vor meinem Mund ist etwas, das gut riecht. Ich schnappe danach, sauge und warme Milch läuft meine Kehle hinunter. Gerettet. Da ist ja auch wieder der gute Herzschlag von dem warmen und weichen Berg. Ich sauge, und sauge. Mein Bauch ist zufrieden, das Tier ist still und ich kann beruhigt und entspannt in den längst fälligen Schlaf fallen.«

564

EMPFINDEN BABYS HUNGER DENN WIRKLICH SO DRAMATISCH?

Ich denke ja. Die ersten sechs bis acht Lebenswochen wird das Kind von seinem Bäuchlein regiert. Der Bauch ist das Zentrum der Wahrnehmung. Das Gesetz des Lebens sagt dem Neugeborenen: »Wenn du Hunger hast, dann schrei so laut du kannst. Wenn keiner kommt, schrei noch lauter. Irgendwann wird dich schon einer hören und dir etwas zu Essen geben.« Ein kleines Baby kann noch nicht auf eine Mahlzeit warten oder bestimmte Essenszeiten einhalten.

565

BEDEUTET DENN JEDES SCHREIEN HUNGER?

In der Regel gilt: Ein sattes Baby schreit nicht. Leider machen Babys von allen Regeln Ausnahmen. Manchmal haben sie Blähungen oder noch ein Bäuerchen quer sitzen. Manchmal sind sie müde und können nicht einschlafen. Manchmal sind sie überreizt und manchmal ist ihnen einfach langweilig.

566

WIE KANN ICH UNTERSCHEIDEN, OB DAS KIND AUS HUNGER ODER AUS ANDEREN GRÜNDEN SCHREIT?

Wenn das Kind Hunger hat, schreit es durchdringend, rudert mit Armen und Beinen, bekommt einen hochroten Kopf, wirft sich nach hinten, krümmt sich nach vorne und nuckelt und saugt und lutscht an allem, was am Mund vorbeikommt. Bei jedem anderem Unwohlsein macht es genau dasselbe. Es ist einfach Übungssache, den Unterschied festzustellen. Nach etwa acht Wochen Training werden Sie eine Trefferquote von 50 Prozent erzielen. Ein auf Babyschreien geschultes Ohr wie meines trifft etwa 80 Prozent. Kleine Babys können leider nicht sagen, was ihnen fehlt, und wir Großen bleiben leider auf Mutmaßungen angewiesen. Gehen Sie bei Geschrei immer erst einmal von Hunger aus. In den meisten Fällen liegen Sie richtig, vor allem, wenn die letzte Mahlzeit etwa drei bis vier Stunden zurücklag. In diesem Rhythmus haben Babys auf jeden Fall Hunger. Der Magen ist noch sehr klein, die Milch wird schnell verdaut und der wilde Wolf im Bauch fordert Nachschub.

567

MEIN BABY IST SATT, SCHREIT ABER IMMER NOCH WIE AM SPIESS.

Die meisten Babys sind in den ersten zwölf Lebenswochen ziemlich anstrengend und kosten ihre Eltern so manche durchwachte Nacht. Nicht das Wickeln, Baden oder Ausfahren verursachen die schwarzen Augenringe, sondern das nervenaufreibende Geschrei. Babys können sehr ausdauernd, durchdringend und laut schreien. Hoffen Sie auf verständnisvolle Wohnungsnachbarn und lesen Sie das Kapitel 16 über Blähungen.

568

WARUM IST FÜR EIN BABY DER BAUCH DAS ZENTRUM DER WAHRNEHMUNG?

Wenn das Kind auf die Welt gekommen ist, hat es vorerst nur eine Aufgabe: wachsen und Gewicht zulegen. Damit es diese Aufgabe erfüllen kann, muss es essen, verdauen, schlafen und wieder essen, verdauen, schlafen und immer so weiter, bis es etwa zwölf Wochen alt ist. Erst dann – und frühestens dann – beginnt das Baby sich der Welt zu öffnen. Natürlich sind Neugeborene nicht nur kleine »Fressmaschinen«, sie nehmen auch schon viel wahr, reagieren auf Ansprache, Töne, Lichter und beginnen zu lächeln. Im Mittelpunkt der Erlebniswelt des Babys steht aber der Bauch und dessen Bedürfnisse. Wenn das Bäuchlein zufrieden ist, ist auch das Baby zufrieden – meistens jedenfalls.

569

WARUM MACHT DER BAUCH DEM KIND DENN SO VIELE PROBLEME?

Während der Schwangerschaft wird das Ungeborene durch die Nabelschnur ernährt. Diese Nabelschnurernährung funktioniert wie eine intravenöse Infusion, denn alle Nähr- und Aufbaustoffe kommen direkt in den Blutkreislauf des Babys. Der Verdauungstrakt ist zwar schon perfekt ausgebildet, wird aber noch nicht benutzt. Nach der Geburt wird die Nabelschnurinfusion gekappt, und das Kind muss lernen, mit seinem nagelneuen Verdauungssystem zurechtzukommen. Die meisten Babys brauchen etwa drei Monate, um diese Angelegenheit in den Griff zu kriegen.

570

WANN HAT DAS KIND ZUM ERSTEN MAL STUHLGANG?

Das Mekonium oder Kindspech, wie der erste Stuhlgang genannt wird, ist schwarz wie Pech, klebrig und nahezu geruchlos. Manche Kinder machen direkt nach der Geburt ihr erstes Häufchen, andere lassen sich ein bis zwei Tage dafür Zeit. Für das Baby ist es eine sehr schwere Arbeit, diesen klebrigen Stuhlgang, der aus Resten von getrunkenem Fruchtwasser besteht, loszuwerden.

571

WIE LANGE SCHEIDET DAS BABY DENN MEKONIUM AUS?

In den ersten zwei bis vier Lebenstagen macht das Baby etwa fünf ordentliche Windeln voll Mekonium.

572

WIE IST DIESES MEKONIUM BLOSS WEGZUPUTZEN?

Dem Kindspech ist weder mit feuchten Reinigungstüchern noch mit Öl beizukommen. Es klebt – wie der Name schon sagt – wie Pech am Popo des Kindes, und Wischen mit irgendwelchen Tüchern verschlimmert die Lage nur noch. Erfahrene Säuglingsschwestern schnappen das Baby und halten den kindspechverklebten Popo unter fließend warmes Wasser. Ein Waschlappen und eine Schüssel warmes Wasser helfen ebenso gut.

573

WAS KOMMT NACH DEM MEKONIUM?

Für ein bis zwei Tage scheidet das Kind den so genannten Übergangsstuhl aus. Durch die Milch, die das Baby jetzt schon trinkt, verändert sich die Farbe und Beschaffenheit des Häufchens. Der Stuhlgang wird heller und lockerer.

574

UND WIE HAT NUN DAS ULTIMATIVE BABY-GESCHÄFTCHEN AUSZUSEHEN?

Der Stuhlgang des voll gestillten Kindes ist goldgelb, hat weiße Flöckchen drin, die wie zerdrückte Banane aussehen und kommt mit hohem Druck und lauten Geräuschen in die Windel. Oft landen die Portionen auch daneben. Muttermilch-Stuhl ist ziemlich dünnflüssig und kann das Baby von Kopf bis Fuß verzieren. Diese Dünnflüssigkeit ist kein Anzeichen für Durchfall oder eine Magen-Darm-Infektion.

575

WIE OFT DARF DAS BABY IN DIE WINDEL MACHEN?

Stillkinder arbeiten nach dem Motto: Wenn oben was rein kommt, muss hinten was raus, das heißt, Ihr Baby darf unbedenklich sechs bis acht Mal pro Tag die Hose voll machen.

576

MEIN BABY HAT ABER NUR ALLE PAAR TAGE STUHLGANG. IST DAS SCHON VERSTOPFUNG?

Nein. so lange Ihr Baby fröhlich ist und nicht von Blähungen geplagt wird, darf es auch nur alle paar Tage Häufchen machen. Kinder sind unterschiedlich in ihrer Futterverwertung, und so lange Sie voll stillen, müssen Sie sich im Grunde über den Stuhlgang des Kindes keine Gedanken machen. Sie putzen einfach weg, was kommt.

577

DAS HÄUFCHEN MEINES BABYS IST ABER GRÜN STATT GOLDGELB.

Das kann zwei Ursachen haben. Entweder hat Ihr Kind noch nicht genug Muttermilch zu trinken oder Sie haben zu viel Salat und Grünzeug gegessen.

578

HAT DIE ERNÄHRUNG DER MUTTER EINEN EINFLUSS AUF DIE MILCH?

Ich verweise auf das Kapitel 11 über die Brusternährung und erzähle Ihnen hier nur so viel: Das Häufchen des Babys verändert sich je nachdem, was und wie viel Sie gegessen haben. Fünf Bananen oder drei Tafeln Schokolade machen das Kind verstopft, und frisch gepresster Apfelsaft hat die gegenteilige Wirkung. Probieren Sie mal rote Beete aus!

579

**HIER WIRD IMMER NUR ÜBER DAS STILLKIND GEREDET!
MEIN BABY TRINKT FLASCHENMILCH. WIE HAT DENN DA
DER STUHLGANG AUSZUSEHEN?**

Der Verdauung des Flaschenkindes muss größere Beachtung geschenkt werden als der des Stillkindes. Ihr Kind sollte mindestens alle zwei Tage ein Häufchen in der Hose haben, das von breiiger Beschaffenheit und gelb-hellbräunlicher Farbe sein soll. Dünnflüssig-spritzender oder grüner Stuhl ist als Durchfall anzusehen und muss dem Kinderarzt gezeigt werden. Flaschenkinder können übrigens genauso laut pupsen wie Stillkinder.

580

WARUM MÜSSEN ALLE BABYS SO VIEL PUPSEN?

Ehrlich gesagt: Ich habe keine Ahnung. Jedenfalls können Babypupse so laut sein, dass die Wände wackeln. Der sich gerade einarbeitende Verdauungstrakt produziert wohl heftige Darmwinde, die den Kindern als wohl bekannte Blähungen große Schmerzen bereiten können. Auch hastiges, gieriges Trinken und schlechtes Aufstoßen nach der Mahlzeit führen zu diesen Knalleffekten in der Hose. Da Babys nichts von guten Manieren wissen, zeigen Sie ihre Pupskünste, ohne eine Miene zu verziehen an jedem Ort und zu jeder Zeit. Aroma haben die Baby-Kracher meistens noch nicht.

581

UND WARUM MÜSSEN ALLE BABYS SO VIEL RÜLPSEN?

Bei kleinen Kindern nennt man dieses unappetitliche Geräusch ja verniedlichend Bäuerchen, obwohl manche eher Großgrundbesitzer heißen müssten. Die Freude der Eltern, Großeltern und sonstigen Verwandten ist jedenfalls immer groß, wenn das süße Baby ein dickes Bäuerchen von sich gegeben hat. Eigentlich rülpst das Kind, um damit zu zeigen, dass es ordentlich satt geworden ist. Versuchen Sie immer, Ihrem Kind ein Bäuerchen zu entlocken, denn die Luft, die oben rauskommt, muss das Baby nicht durch den Bauch schleusen.

582

GIBT ES DENN AUCH »RÜLPS-TRICKS«?

Ja, gibt es. Außer dem üblich bekannten Auf-den-Rücken-Klopfen, hilft es wunderbar, dem Baby die Haare zu bürsten. Direkt unter der Fontanelle – der weichen Stelle auf dem Kopf – sitzt ein Punkt, der feinste Bäuerchen hervorruft, wenn er mit der Haarbürste sanft massiert wird. Ich nenne den Punkt das Rülpszentrum. Manchmal hilft es auch, dem Baby behutsam den linken Arm hochzuheben, weil dadurch der Magen ein wenig in die Länge gezogen wird. Behutsamkeit ist aber die Devise! Manchmal hilft ein Schluck Tee und manchmal nur Geduld.

583

MEIN BABY BRINGT IMMER EIN WENIG MILCH ZURÜCK, WENN ES BÄUERCHEN MACHT.

Wenn Ihr Baby beim Rülpsen ein bisschen Milch ausspuckt, zeigt es damit, dass es gut und viel getrunken hat. Babys trinken oft mehr als in ihren Magen hineinpasst und laufen dann einfach über.

584

MANCHMAL KOMMT BEI MEINEM BABY AUCH MILCH AUS DER NASE GELAUFEN. IST DAS GEFÄHRLICH ODER IST IRGENDETWAS NICHT IN ORDNUNG?

Kleine Babys haben eine offene Verbindung zwischen Nase und Mund, damit sie gleichzeitig saugen und atmen können. Bei uns Erwachsenen ist diese Stelle im Nasen-Rachen-Raum durch einen kleinen Deckel verschlossen. Wenn Ihrem Baby also beim Spucken Milch aus der Nase läuft, ist das ganz normal und nicht Besorgnis erregend.

585

WO IST DENN DIE GRENZE ZWISCHEN SPUCKEN UND ERBRECHEN?

Manche Kinder spucken nach jedem Essen, manche spucken selten und andere nie. Der alte Hebammenspruch »Speikinder sind Gedeihkinder« misst dieser Spuckerei nicht viel Bedeutung bei. Wenn Ihr Baby fröhlich ist und gut zunimmt, dann darf es speien so viel es Lust hast. Vielleicht trinkt es immer sehr hastig oder mehr als es aufnehmen kann. Wenn Ihr Baby allerdings plötzlich nach jedem Essen in hohem Bogen die gesamte Mahlzeit zurückbringt, schlapp und kränklich wirkt oder gar abnimmt, müssen Sie den Kinderarzt zu Rate ziehen.

586

WORAN MERKE ICH EIGENTLICH GRUNDSÄTZLICH, OB DAS KIND KRANK IST?

Ein krankes Baby ist ein stilles, in sich gekehrtes, schlappes und müdes Baby, das keinen Appetit hat und sich nicht mehr für die Umwelt interessiert. An einem kleinen Kind sollten Sie niemals mit Hausmittelchen »herumdoktern«, sondern besser gleich zum Kinderarzt gehen. Appetitlosigkeit, Fieber, Husten, Desinteresse am Alltag und große Müdigkeit sind immer Alarmzeichen. Scheuen Sie sich nicht, am Wochenende auch in einer Kinderklinik vorstellig zu werden.

587

MUSS MEIN BABY DENN EINEN SO KUGELRUNDEN BUDDHA-BAUCH HABEN?

Ja, das muss ein Baby haben. Das Bäuchlein ist wesentlich größer und ausladender als die Brustpartie und kugelrund wie ein Ball.

588

UND WIE – UM HIMMELSWILLEN – KRIEGE ICH DIE FLECKEN VOM MUTTERMILCH-STUHLGANG WIEDER AUS DER WÄSCHE?

Der beste Trick ist: Die Wäsche, wenn sie frisch beschmutzt ist, erst zwei Stunden in kaltem Wasser einweichen und dann ab damit in die Waschmaschine.

16

DAS LEIDIGE THEMA: BLÄHUNGEN

■ ■ ■ ■ ■ ■ ■ ■ ■ ■ ■ ■ ■ ■ ■ ■ ■ ■

Es ist 20 Uhr. Vor zwei Stunden haben Sie es gerade erst geschafft, sich zu duschen und den Morgenmantel gegen vernünftige Kleidung zu tauschen. Ihr Mann kommt um kurz nach sechs von der Arbeit, und wie sieht das denn aus, wenn Sie immer noch im Hemd herumlaufen. Den ganzen lieben langen Tag haben Sie Ihr Baby hingelegt und hochgenommen und hingelegt und hochgenommen und hingelegt – und beinahe hätten Sie es aus dem Fenster geworfen. Das Kind hat Blähungen. Jetzt schläft es endlich.

Gott sei Dank haben Sie keinen Haustyrannen geheiratet, der jeden Abend ein Fünf-Sterne-Menü erwartet. Einkaufen waren Sie nämlich nicht. Wie denn auch mit dem schreienden Kind? Wenn Sie recht überlegen, waren Sie eigentlich mindestens schon sechs Wochen nicht mehr draußen, oder doch? Vorgestern waren Sie spazieren und alle Nachbarn haben sich über den Kinderwagen gebeugt und Ihnen zu dem niedlichen, braven, süßen Baby gratuliert. Wenn die wüssten, die Nachbarn! Vierundzwanzig Stunden am Tag hält dieses niedliche, brave und süße Baby Sie auf Trab. Vielleicht sollten Sie das Kind einem der Nachbarn schenken und in die Südsee abhauen? Aber wenn es schläft, ist es wirklich niedlich und süß und brav. So wie jetzt gerade.

Es ist 20.30 Uhr. Sie sind müde zum Umfallen. Ihr Mann sucht in der Küche nach irgendetwas Essbarem. Schlafen, nur schlafen, einmal wieder eine Nacht durchschlafen, das ist momentan Ihr einziger Wunsch. Das Baby ist still. Ihre Augen fallen zu. Kein Baby, keine Blähung, himmlische Ruhe! Dankbar gleiten Sie in Morpheus Arme. Rabähh, Rabähh ... Sie sind wieder hellwach. Es ist 21 Uhr, Zeit zum Stillen. Um kurz vor Mitternacht wecken Sie Ihren Mann, der auf dem Sofa eingeschlafen ist, und drücken ihm das schreiende Kind in den Arm. »Ich kann nicht mehr, es schreit und schreit. Es hat wieder Koliken, du musst es jetzt rumtragen. Ich kann nicht mehr.« Zwei Stunden später. Ihr Mann kann auch nicht mehr, außerdem muss er morgen früh wieder zur Arbeit. Er legt sich ins Gästezimmer zum Schlafen.

Wieder wird das Kind gestillt. Ruhe. Sie nicken ein mit dem Baby neben sich im Bett. Zwei Flaschen Fencheltee später. Das Baby schreit und schreit. Sie wandern im Wohnzimmer herum. Auf dem Teppichboden sind schon ausgetretene Fußpfade zu sehen. Das Nachtprogramm im Fernsehen zeigt nur Sexfilme. (Hoffentlich nehmen die Darstellerinnen alle die Pille und werden niemals schwanger!) Sie hassen Ihren Mann im Gästezimmer. Wo sind bloß die rosa Blähungstropfen? Kann man dem Baby nicht einfach die siebenfache Dosis davon geben, damit diese Blähungen endlich aufhören? Vielleicht hat das Kind auch gar keine Blähungen? Vielleicht ist es krank? Bestimmt ist es krank, so wie es sich krümmt und schreit und einen hochroten Kopf hat. Gleich morgen früh werden Sie zum Kinderarzt gehen. Vielleicht kann er Ihnen auch noch bessere Tropfen gegen Blähungen geben.

Wieder Ruhe. Sie liegen mit dem Kind auf Ihrem Bauch im Bett. Niemals wollten Sie das Kind mit in Ihr Bett nehmen. Alles haben Sie sich anders vorgestellt. Aber morgens um 3 Uhr hat man keine Prinzipien mehr. Da will man nur noch schlafen. Das Baby will nicht schlafen. Mit großen Augen schaut es Sie an. Offenbar hat es sich endlich ausgepupst. Gegen 4 Uhr fallen dem süßen Mäuschen in Ihrem Arm endlich die Augen zu.

Zwei Stunden später geht der Wecker Ihres Mannes im Gästezimmer. Mit schwarzen Ringen unter den Augen steht er neben Ihrem Bett und fragt, warum der Fernseher noch läuft, warum kein Kaffee mehr da ist und warum Sie nie mehr mit ihm zum Frühstücken aufstehen. »Das Baby hat wieder die ganze Nacht Blähungen gehabt und geschrien«, antworten Sie aus dem Tiefschlaf und drehen sich auf die andere Seite.

589

WAS SIND BABYBLÄHUNGEN ÜBERHAUPT?

Blähungen sind quer sitzende Pupse. In den Darmwindungen des Babys befindet sich Luft, die nicht abgelassen werden kann. In kolikartigen Wellen und Krämpfen wird das kleine Bäuchlein von diesen Luftblasen gequält, und kaum etwas kann dem Kind Erleichterung verschaffen.

590

WARUM SCHREIEN BABYS BEI BLÄHUNGEN SO?

Weil ihnen diese Luft im Bauch wehtut. Wir Erwachsenen legen uns bei Schmerzen mit einer Wärmflasche still und ruhig ins Bett und hoffen, dass die Bauchwehattacke bald vorüber ist. Das kleine Baby, das überhaupt nicht begreift, was in ihm vorgeht, wehrt sich und schreit gegen die Schmerzen an.

591

DURCH DIE SCHREIEREI WERDEN DIE SCHMERZEN ABER NOCH SCHLIMMER, ODER?

Machen Sie das mal Ihrem Baby klar. Babys sind für wissenschaftliche Vorträge leider noch so unempfänglich.

592

UND WARUM HABEN BABYS ÜBERHAUPT SO VIEL LUFT IM BAUCH?

Ein frisch geborenes Kind kann leider nicht mit einem fabrikneuen Auto verglichen werden, bei dem alle Technik reibungslos funktioniert. Fast alle Babys haben die ersten Lebenswochen Startprobleme mit ihrem funkelnagelneuen Verdauungstrakt. Die Darmschlingen müssen sich an ihren richtigen Platz legen, die Darmzotten müssen lernen, die Nährstoffe ordnungsgemäß aufzunehmen, bestimmte Darmbakterien müssen die Schleimhäute besiedeln und der ganze Nahrungstrakt muss sich erst an seine Arbeit gewöhnen. Die Luft im Bauch entsteht einfach durch die Inbetriebnahme des Verdauungssystems.

593

HABEN DENN ALLE BABYS DIESE KOLIKEN?

Beinahe alle, einige mehr, andere weniger. Genauso wie bei Erwachsenen ist aber auch das Schmerzempfinden bei Babys je nach Temperament und Charakter unterschiedlich. Ein ungestümes, wildes und lautes Kind schreit sicher seine Bauchschmerzen heftiger heraus und ist anstrengender als ein stilles und mehr introvertiertes Baby. Kleine Buben haben erfahrungsgemäß mehr Koliken als kleine Mädchen, was nun aber nicht zu dem Rückschluss führen soll, dass Buben ungestüm, laut und wild sind und Mädchen immer still, brav und introvertiert. Ganz unabhängig vom Geschlecht bringt jedes Kind sein eigenes Temperament und seinen eigenen Charakter mit auf die Welt.

594

HAT DAS TRINKVERHALTEN EINEN EINFLUSS AUF DIE BLÄHUNGEN?

Leider ja. Ich sage leider, weil Sie das Trinkverhalten Ihres Kindes kaum verändern können. Es gibt Kinder, die von Anfang an ruhig, geruhsam und friedlich ihre Mahlzeiten genießen, zum Nachtisch ein dickes Bäuerchen spendieren und selten von Blähungen geplagt werden. Freuen Sie sich über diesen stillen Gourmet. (Es gibt wirklich solche Kinder!) Die meisten Babys allerdings stürzen sich auf ihre Mahlzeiten so hastig, gierig und zappelig, als wären sie am Verhungern. Vor lauter Hektik schlucken diese kleinen wilden Piranhas auch die Luft mit hinunter und sind kaum zu einem ordentlichen Rülpser zu bewegen. Empörtes Geschrei ist die einzige Reaktion, wenn sie zum Aufstoßen von der Brust genommen werden oder die Flasche aus dem Mund gezogen wird.

595

WAS SOLL ICH DENN MIT SO EINEM »WILDEN NUCKLER« TUN?

Unerbittliche Rülpspausen machen! Lassen Sie das Kind ein paar Minuten trinken und dann aufstoßen, wieder trinken und aufstoßen und wieder trinken. Auch wenn diese Art der Mahlzeit etwas ungemütlich wirkt, dem Baby erspart es viele Bauchschmerzen. Wenn das Bäuchlein etwa halb voll ist, wird jedes Kind ruhiger beim Essen und dann darf es sich friedlich sattnuckeln. Fühlen Sie sich nicht wie eine schlechte Mutter, die mitten in der Mahlzeit dem Kind den Teller wegnimmt und es zum Aufstoßen zwingt. Fühlen Sie sich wie eine gute Mutter, die weiß, dass die beste erste Hilfe gegen Blähungen ein ordentliches Bäuerchen während und nach der Mahlzeit ist.

596

MEIN BABY HAT ABER TROTZ BÄUERCHEN SCHLIMME BLÄHUNGEN.

Natürlich ist ein guter Rülpser keine grundsätzliche Abhilfe gegen Blähungen. Es ist nur eine erste Hilfe. Sie machen nichts verkehrt mit Ihrem Kind, wenn es trotz Bäuerchen Bauchschmerzen hat. Sie können Ihrem Baby die Bauchschmerzen nicht ersparen, Sie können nur noch schlimmeres Bauchweh verhüten.

597

MEIN BABY HAT AUSGERECHNET IMMER ABENDS UND NACHTS BLÄHUNGEN UND NICHT NUR MEIN NERVENKOSTÜM, SONDERN AUCH UNSERE EHE IST SCHON HALB ZERRÜTTET.

Ihr Baby unterscheidet nicht zwischen Tag und Nacht. Es tut nur das, was alle Babys auf der Welt machen, wenn sie Bauchschmerzen haben. Es schreit. Und weil die Nacht besonders still ist, kommt Ihnen dieses Geschrei besonders laut vor. Die meisten Babys haben eher abends und nachts ihre Blähattacken, und letztlich weiß niemand, warum das so ist, ich auch nicht. Wahrscheinlich hat es mit der inneren Uhr der Verdauungsorgane zu tun. Wahrscheinlich spürt das Baby Ihre Müdigkeit und Anspannung. Wahrscheinlich hat die Muttermilch am Abend eine andere chemische Zusammensetzung. Aber warum schreien dann auch Flaschenkinder in der Nacht? Auf jeden Fall raubt Ihr Baby Ihnen nicht vorsätzlich die Nachtruhe und in zwölf Wochen wird sich auch Ihre Ehe wieder stabilisieren. Nehmen Sie die Abende und Nächte mit einem schreienden Blähkind wie ein Naturereignis, versuchen Sie am Tage Schlaf nachzuholen und betrachten Sie jede einigermaßen akzeptable Nacht als Fortschritt.

598

IST EIN BLÄHKIND DASSELBE WIE EIN »KOLIKKIND«?

Ja, ein Kolikkind ist ein Baby, das ununterbrochen an Blähungen leidet. Mit einem richtigen Kolikkind haben Sie nicht nur abends und nachts fröhliche Blähstunden, sondern rund um die Uhr das Vergnügen. Man munkelt, dass Eltern selbiger Kinder öfter als andere eine Freigabe zur Adoption erwägen. Im Ernst: Wenn Sie ein solches Kolikbaby haben, gestehen Sie sich Ihre Überforderung, Wut, Mutlosigkeit und völlige Übermüdung ein, aber lassen Sie diese Gefühle niemals an Ihrem Baby aus. Geben Sie Ihr Kind am Nachmittag zur Oma und schlafen Sie. Wechseln Sie sich mit Ihrem Partner im Nachtdienst ab. Gehen Sie tagsüber viel an die frische Luft. Finden Sie Freundinnen, die auch so ein Schreikind haben. Vielleicht erwägen Sie einen Besuch bei einem Homöopathen. Die homöopathischen Kügelchen bieten bei Kolikkindern große Hilfe.

Und vor allem: Lassen Sie sich nicht von Selbstzweifeln zerfressen, dass Sie eine schlechte Mutter sind und alles falsch machen, dass Sie das Verkehrte gegessen haben, dass das Baby Ihre Anspannung merkt und deshalb schreit und dass anderer Leute Babys alle ganz brav und friedlich und fröhlich sind. Sie wissen nicht, wie viel Babygeschrei bei anderen Leuten in der Nacht herrscht. Junge Mütter haben oft die absurdesten Ideen darüber, warum sie an den Koliken der Kinder Schuld tragen. Sie machen nichts verkehrt! Sie haben einfach ein Kolikkind und müssen zwölf Wochen Geduld aufbringen, bis sich das Verdauungssystem Ihres Babys auf die neue Aufgabe eingestellt hat. Sie haben einfach Pech, dass gerade Ihr Baby einen sehr empfindlichen Magen-Darm-Trakt hat. Weiter nichts.

599

NENNT MAN DIESE DAUERBLÄHUNG DANN DREI-MONATS-KOLIK?

Ja, das sind die berühmt-berüchtigten Drei-Monats-Koliken. Mein Rat: Erwägen Sie wirklich einen Besuch bei einem homöopathisch geschulten Kinderarzt, denn die Homöopathie kann für die Kolikkinder eine große Hilfe sein.

600

HÖREN DIE BLÄHUNGEN WIRKLICH NACH DREI MONATEN AUF?

Wenn Sie – übermüdet, erschöpft und fix und fertig – mitten in der Nacht mit Ihrem kleinen Schreihals durch die Wohnung wandern, können Sie sich sicher nicht vorstellen, dass es ein »Leben danach« geben kann. Ihre Tage und Nächte sind ein einziger Kreislauf aus Schreien, Fencheltee, Frische-Windel-Machen und Endlich-Ruhe-haben-Wollen. Diese zwölf Wochen erscheinen Ihnen wie zwölf Jahre, und das Leben draußen hat keine Bedeutung mehr für Sie. Es gibt nur noch das brüllende, krampfende, sich windende und unglückliche Baby und Sie, die Sie versuchen, dieses Wesen irgendwie zur Ruhe zu bringen.

Kolikkinder sind wirklich sehr anstrengend und erschweren den Start in eine gelungene Mutter-Kind-Beziehung erheblich. Doch plötzlich – in einem kurzen pupsfreien Moment – lächelt Sie Ihr Baby an. Eine Woche später gluckst es und kichert, wenn Sie es hochnehmen. Wieder ein paar Tage später hat das Baby in der Nacht drei Stunden am Stück geschlafen und überhaupt keine Kolik gehabt. Zwei Wochen danach bemerken Sie an einem Abend, dass Sie heute den ganzen Tag die Anti-Bläh-Tropfen nicht brauchten, in Ruhe zum Duschen kamen und sogar mit der Freundin einen Plausch am Telefon hatten. Ab dann geht es aufwärts.

Die meisten Babys sind zu diesem Zeitpunkt etwa zehn bis zwölf Wochen alt. Die Kinder verlagern ihre Aufmerksamkeit von den Geschehnissen in ihrer Bauch-Innenwelt auf die Außenwelt. Sie fangen an zu spielen, können auch schon mal einen Moment warten und sich ablenken lassen und die Pups-Problematik tritt in den Hintergrund. Ganz selten gibt es Kinder, die sich über diese Zeit hinaus mit Blähungen plagen. Ein Tipp: Schreiben Sie sich in einem stillen Moment einen Zwölf-Wochen-Planer, kreuzen Sie jeden überstandenen Tag an und markieren Sie die blähungsfreien Stunden in Ihrer Lieblingsfarbe. Im Laufe der Wochen werden Sie sehen, dass diese Farbe immer häufiger erscheint. Spätestens mit vier Monaten ist jedes Baby ein Wonnebaby, und die Kolikattacken gehören der Vergangenheit an.

601

WAS EMPFINDET EIGENTLICH MEIN KIND BEI DIESEN KOLIKEN?

Ich weiß, dass Sie als Mutter sich für das Wohlbefinden Ihres Babys verantwortlich fühlen. Natürlich fühlen sich die Väter ebenso verantwortlich, aber im praktischen Alltag sorgt doch meist die Mutter für das Neugeborene. Dieses Verantwortungsgefühl ist auch gut und wichtig, denn es sichert dem Baby das Überleben. Aber: Die Bauchschmerzen Ihres Babys können Sie höchstens lindern und nicht wegzaubern. Diese Tatsache müssen Sie als Mutter akzeptieren. Ich weiß, dass es sehr schwer ist, dieses winzigkleine Menschlein sich durch seine Bauchschmerzen quälen zu sehen und so gar nicht helfen zu können.

Das Baby nimmt Ihnen aber das Bauchweh nicht übel oder denkt, dass Sie eine schlechte Mama sind, weil Sie nichts dagegen tun können. Ein Kind in diesem Alter kann nicht zwischen sich selbst und Ihnen unterscheiden. Das Baby hat einfach Bauchweh und schreit dieses heraus. Wenn das Bauchweh weg ist, ist es wieder fröhlich. Das Baby bekommt noch keinen seelischen Knacks, bloß weil es am Lebensanfang ein paar quer sitzende Pupse hatte. Ich habe während der Jahre meiner Hebammenarbeit viele junge Mütter gesehen, die mit ihrem schreienden Baby zusammen geweint haben und sich unendlich schuldig fühlten, weil sie nichts gegen die Kolikattacken tun konnten. Diese Aufregung, Anspannung und Nervosität ist die schlechteste Medizin für alle Beteiligten.

602

ABER WAS IST DENN NUN EINE GUTE MEDIZIN GEGEN BLÄHUNGEN?

Die wichtigste erste Hilfe kennen Sie schon: immer dafür sorgen, dass Ihr Baby ordentliche Bäuerchen macht. Die nächste – wichtige – Hilfe gegen Blähungen ist: Ruhe bewahren und nicht nervös werden. Weiterhin hilft: der Schnuller, Wärme, Tee geben, das Baby herumtragen, eine Bauchmassage, rhythmisches Popoklopfen, Gymnastik für das Baby, Windsalbe, im Kinderwagen hin und her fahren, Zäpfchen gegen Blähungen, Tropfen gegen Blähungen, die Badewanne, nochmal an die Brust legen und Mamas Bett. Manchmal hilft das eine und

manchmal das andere, manchmal hilft eine Kombination und manchmal hilft auch nichts davon.

603

DIESES LAUTE UND LANGE GESCHREI MACHT MICH ABER NERVÖS!

Ja, das ist auch normal. Dauerbeschallung mit diesen schrillen Dezibel-
tönen würde einen Bären aus seiner Winterschlafhöhle locken. Mutter
Natur hat den Babys aber dieses laute, schrille und durchdringende
Stimmchen mitgegeben, damit sie nicht überhört werden und dadurch
ihr kleines Leben in Gefahr geraten könnte. Wenn sich das Geschrei
nicht abstellen lässt und Sie kurz vor einem Nervenzusammenbruch
stehen, geben Sie das Kind Ihrem Partner. Machen Sie zehn Minuten
einen zügigen Spaziergang, gehen Sie eine Tasse heiße Schokolade
(mit Schlagsahne!) trinken, machen Sie im Hobbykeller zwanzig Lie-
gestütze oder auf dem Balkon eine Yoga-Atemübung.

Schreien Sie nicht Ihren Partner an! Schreien Sie nie das Baby an!
Das Kind hat auf jeden Fall den längeren Atem, und Ihre Nervosität
bringt es durcheinander. Es spürt Ihre blank liegenden Nerven und reagiert mit noch hysterischerem Gebrüll. Schütteln Sie niemals Ihr Baby,
damit es endlich still ist! (Dabei können schreckliche Verletzungen an
der Wirbelsäule entstehen!) Entfernen Sie sich einfach für eine Weile
von dem schreienden Kind. Notfalls benutzen Sie Ohrstöpsel. Zehn Minuten Klaviermusik von Chopin über den Walkman leisten auch gute
Dienste. Wenn Sie alleine sind, legen Sie das Baby in sein Bett, schließen
die Tür und gehen dann zur Atemübung auf den Balkon.

Was ich sagen will, ist: Sie können das Kind nicht zum Stillsein
zwingen. Sie können aber für einen Moment Abstand von dem Geschrei nehmen, um dann – wieder etwas beruhigt und gestärkt – zu-
rückzukommen. Eine wunderbare Hilfe ist es, sich schnellstmöglich einen zuverlässigen Babysitter zu suchen, der jeden Tag zwei Stunden
mit dem Kind spazieren geht. Ihre Ohren und Nerven können sich entspannen, und der Babysitter freut sich über das kleine Taschengeld.
Holen Sie sich Hilfe, denn Sie bekommen keinen Orden, wenn Sie drei
Monate alleine mit einem schreienden Blähkind verbracht haben. Sie
haben höchstens zehn Kilogramm abgenommen und schwarze Ränder
unter den Augen.

604
WARUM HILFT DER SCHNULLER?

Babys begreifen nicht, warum sie Schmerzen im Bauch haben und regen sich sehr darüber auf. Der Schnuller beruhigt und tröstet diese Aufregung. Manche Kinder kauen während der Schmerzattacken regelrecht auf dem Schnuller herum. Außerdem lässt sich der geduldige Gummifreund im Gegensatz zu Mamas Brustwarzen gerne (mit den noch nicht vorhandenen Zähnen) beißen. Ein paar Anti-Bläh-Tropfen auf den Nuckel gesprüht und ab damit in den schreienden Mund!

605
WIE SOLL ICH WÄRME ALS HILFE ANBIETEN?

Als wahre Wunderwaffe leistet die gute, alte Wärmflasche immer noch die besten Dienste. Niemals kochendes Wasser einfüllen und immer die überflüssige Luft herausdrücken! Sie können die Wärmflasche auch an Ihren Körper legen und das Baby so in den Armen halten, dass sein Bäuchlein auf der Wärmflasche ruht. Rundherum eine kuschelige Decke und Sie haben es beide gemütlich!

Ein Kirschkernsäckchen, das übrigens auch in der Mikrowelle erwärmt werden kann, erfüllt den gleichen Zweck. Auch ein Unterhöschen aus Schafwolle, das dem Neugeborenen vom Knie bis zum Kinn reichen darf, hilft wunderbar gegen Blähungen. Weil Babys kleines Kullerbäuchlein immer bloß und blank und somit kalt über die Wegwerfwindel hängt, empfehle ich: Ziehen Sie die Ökohose einfach zusätzlich darüber. Und denken Sie daran, dass kalte Füße auch einem Baby schlechte Laune bereiten!

606
WIE HEISST DENN DER ZAUBERTEE GEGEN BLÄHUNGEN?

Ein Vorrat an Fencheltee in schlichten Beuteln gehört in jeden Haushalt. Als Hilfe gegen Blähungen reicht Fenchel den meisten Kindern zur Genüge. Der Tee darf zimmerwarm angeboten werden, und Sie sollten ein Fläschchen für den Tag und eines für die Nacht frisch zubereiten. Eine Mischung aus Fenchel, Kümmel, Anis und einem Hauch

Zitronengras kann man selbst herstellen oder als fertiges Angebot kaufen. Instanttee würde ich meinem Kind nicht geben, da mir fragwürdig bliebe, wie das Pulver in die schöne, bunte Dose kommt.

607

MEIN BABY SPUCKT DEN TEE ABER IMMER AUS.

Sie haben ein kluges Baby mit guten Geschmacksnerven, denn süße Milch schmeckt nun mal besser als bitterer Tee. Mit angewiderten Grimassen und einem vorwurfsvollen Gesichtsausdruck lässt das Baby den Tee einfach aus dem Mund laufen. Manche Kinder verfeinern ihre Technik, indem sie so tun als ob sie erbrechen müssten, wenn nur der Geruch von Tee in ihre Nähe kommt. Lassen Sie sich nicht davon beeindrucken, süßen Sie den Tee mit einer Prise Milch- oder Traubenzucker und füttern den Tee portionsweise mit einem Plastiklöffel. Selbst das winzigste Neugeborene wird mit Begeisterung den weichen Löffel abschmatzen.

608

WIE VIEL TEE DARF DAS KIND TRINKEN?

So viel wie es möchte. An sehr heißen Tagen müssen Sie Ihrem Baby sogar Tee geben, denn Babys schwitzen genauso wie wir und werden sehr unleidlich, wenn sie Durst haben.

609

WARUM HILFT DAS UMHERTRAGEN?

Sie erinnern sich bestimmt noch an den Trampelprotest Ihres ungeborenen Kindes, wenn Sie sich abends endlich zum Ausruhen auf das Sofa gelegt haben. Babys mögen einfach gewiegt, bewegt und getragen werden, das gibt ihnen Geborgenheit und lässt sie die schlimmen Blähungen vergessen. Manchmal reicht es eben einfach nicht, auf dem Arm zu sein, ein Wärmfläschchen auf dem Bauch zu haben und den beruhigenden Herzschlag zu hören. Bewegung muss sein. »Sollen die Großen doch hin und her gehen, bis die Füße Blasen bilden, mich ein wenig wiegen und schaukeln – bitte alle paar Minuten in einer anderen Position – und etwas dafür tun, dass mir der Bauch nicht so wehtut. Am liebsten mag ich den Fliegergriff. Da liege ich auf Papas großer Hand und betrachte mir das Muster auf dem Teppichboden und habe gar keine Blähung. So einfach ist das. Wie, es ist drei Uhr nachts? Das interessiert mich doch nicht. Ich kann die Uhr noch nicht lesen.«

610

WIE MACHT MAN EINE BAUCHMASSAGE BEIM BABY?

Während der Koliken spannt sich der Bauch eine Handbreit rund um den Nabel herum an. Das Bäuchlein wirkt wie eine aufgeblähte Trommel, und wenn Sie mit dem Finger hineinpieken, merken Sie, dass der ganze Bereich hart und druckempfindlich ist. Versuchen Sie vorsichtig und immer im Uhrzeigersinn um den Nabel herum zu massieren. Wenn Ihr Baby dabei noch mehr schreit und Abwehrbewegungen zeigt, mag es in diesem Moment keine Berührungen am Bauch.

611

WARUM HILFT STETIGES POPOKLOPFEN?

Legen Sie sich das Kind über die Schulter und klopfen Sie rhythmisch und nicht allzu sanft den bewindelten kleinen Po, bis Ihre Hand einschläft. Die meisten Babys liegen während der Schwangerschaft kopfüber und werden über viele Wochen von dem großen Herz der Mutter auf den Po geklopft. Das Kind erinnert sich daran und beruhigt sich. Außerdem löst dies die Luftblasen im Darm.

612

WAS IST DENN MIT GYMNASTIK GEGEN BLÄHUNGEN?

Auch wenn das Bäuchlein wie eine Trommel aufgeblasen ist, nehmen Sie die Beine des Babys und fahren vorsichtig damit Rad. Drücken Sie die Beinchen gegen den verspannten Bauch. Legen Sie das Kind in Froschhaltung auf den Bauch, so, dass der Popo nach oben ragt und die Beine angezogen unter dem Bauch verschwinden. Legen Sie das Baby über Ihr Knie (nein, nicht zum Verhauen!) und drücken Sie das ganze Körperchen behutsam in eine runde, zusammengekrümmte Haltung mit angezogenen Beinen wie ein Embryo. Das Kind zieht bei Blähungen schon von alleine die Beine an den Bauch; fördern und unterstützen Sie die Haltung durch ein paar Turnübungen. Diese Gymnastik dürfen Sie, im Gegensatz zur Bauchmassage, auch fortführen, wenn das Baby schreit.

613

WAS IST WINDSALBE?

Mit der Windsalbe, die Kräuterextrakte gegen Blähungen enthält, wird der Bauch des Kindes im Uhrzeigersinn eingerieben. Sie bekommen die Salbe in der Apotheke. Auf das Kümmelöl, das Sie in gleicher Weise verwenden können, reagieren manche Babys mit Pickeln und Hautrötung.

614

UND WARUM HILFT IM KINDERWAGEN HIN UND HER FAHREN?

Das Geschaukel im Kinderwagen verschafft Ihrem Baby die geliebte und gewünschte Bewegung, und Ihre Füße werden geschont. Damit Sie nun nicht bei Nacht und Nebel draußen herumfahren müssen, gebe ich Ihnen den Tipp: Nehmen Sie den Kinderwagen in die Wohnung, legen Sie sich ins Bett und lassen Sie Ihren Mann eine elektrische Kinderwagen-Hin-und-Herschiebe-Maschine bauen. Wenn das mit dem Heimwerkern nicht so gut klappt, können Sie den Kinderwagen immer noch mit dem großen Zeh vom Bett aus hin und her schieben.

615

WELCHE ZÄPFCHEN GEGEN BLÄHUNGEN GIBT ES?

Da ich eine Baby- und keine Medikamentenratgeberin bin, an dieser Stelle nur so viel: Fragen Sie in der Apotheke nach homöopathischen Zäpfchen gegen Blähungen für kleine Kinder. Fragen Sie ruhig in zwei oder drei Apotheken.

616

WELCHE MEDIKAMENTE GEGEN BLÄHUNGEN GIBT ES?

Da die Anti-Bläh-Tropfen sowieso jeder Mutter bekannt sind, mache ich bei dieser Frage eine Ausnahme von meiner Scheu, Ihnen zu bestimmten Medikamenten zu raten. Es gibt Sab-Simplex, Lefax oder Espumisan; alle drei sind geeignet und werden gerne von den Babys genommen. Halten Sie sich immer an die empfohlene Dosis und geben Sie die Tropfen auch nur als Medizin, also nicht immer und automatisch zu jeder Mahlzeit. Der Organismus des Kindes gewöhnt sich an die Pups-Hilfe, und wenn das Baby dann wirklich eine Kolik hat, helfen sie nicht mehr. Geben Sie die Tropfen auf einem Plastiklöffel vor der Mahlzeit, damit sich die Darmwände damit auskleiden können, bevor die Milch kommt.

Tun Sie Ihrem Flaschenkind den Gefallen und geben Sie die Tropfen nicht in die Flasche. Wer möchte schon gerne einen Viertel Liter Milch trinken, der nach Medizin schmeckt? Verzweifeln Sie nicht, wenn die Tröpfchen scheinbar nicht helfen. Diese Medizin ist kein Zaubertrank, der jede Blähung bekämpft, sondern nur der Versuch, die überflüssigen Darmgase zu binden.

Bei stärkeren Koliken können Sie in der Apotheke Carminativum-Hetterich-Tropfen besorgen, die zwar ekelhaft schmecken, aber sehr gut helfen. Diese Tropfen müssen Sie auf dem Löffel mit Tee verdünnen, dem empörten Kind in den Mund schieben und gleich die Milch hinterhergeben, sonst sind Sie als Eltern durchgefallen. Ein letzter Versuch kann es sein, Woodward's Gripe Water in der Apotheke zu bestellen. Damit werden die Blähungen kleiner englischer Babys bekämpft.

617

UND DIE BADEWANNE SOLL AUCH HELFEN?

Manchen Kindern wärmt das Badewasser so schön das Bäuchlein, dass sie danach gar nicht mehr pupsen müssen. Wenn Ihr Baby dazugehört, fetten Sie es am besten mit einem Kilo Vaseline ein und ziehen Sie es in der Badewanne groß. Nein, natürlich nicht, aber: Tun Sie Ihrem Baby den Gefallen und baden Sie es ruhig jeden Tag. Nehmen Sie nur klares Wasser.

618

MEIN KIND IST NUR STILL, WENN ES AN DER BRUST LIEGT.

Die Sache mit dem Dauernuckeln an Mamas Busen ist ein zweischneidiges Schwert. Einerseits ist das Baby still, wenn es an der Brust liegt und das ist ein erwünschter Effekt. Andererseits kann dabei ein heilloses Durcheinander im Kindergedärm entstehen. Wenn Sie Ihr Baby jede Stunde an die Brust nehmen, weil es gar so jämmerlich schreit, vermischt sich die frisch getrunkene Milch mit der halb- oder ganzverdauten, der Darm ist in Dauerstress, und das Ergebnis sind noch schlimmere Blähungen.

Es spricht nichts dagegen, Babys häufig am Busen nuckeln zu lassen (es macht den Kindern doch so viel Spaß!), aber wenn Sie beobachten, dass Ihr Kind auf häufiges Stillen mehr Blähungen bekommt, könnte das auf diesen »Milch-ist-durcheinander-im-Bauch«-Effekt zurückzuführen sein. So schwer es Ihnen dann auch fällt, müssen Sie dem Kind eine Nahrungspause von mindestens drei Stunden verordnen. So lange braucht Muttermilch etwa, bis sie verarbeitet in der Windel landet. Zwischendurch dürfen Sie Ihrem Baby Tee, so viel es mag, anbieten und hoffen, dass die Ursache der Blähungen damit beseitigt ist. Bei Flaschenkindern tritt dieses Phänomen selten auf, da Sie ja kaum jede Stunde eine neue Flasche geben, weil Sie denken, dass das Kind vor Hunger schreit. Bei Stillkindern ist es leider ein häufiger Grund für Blähungen, der aber schnell und leicht behoben werden kann.

619

MEIN BABY DENKT SICH SCHEINBAR: »IN MAMAS BETT HABE ICH ABER EIGENTLICH NIE BLÄHUNGEN« UND SCHREIT SO LANGE, BIS ES DORT ANGEKOMMEN IST.

Klingt wie eine vernünftige Idee vom Baby und ist es auch. Im Bett gibt es Wärme, Geborgenheit, Geschaukeltwerden und Nähe zu den Eltern. Machen Sie sich keine pädagogischen Vorwürfe darüber, dass Sie inkonsequent sind, weil Sie eigentlich dachten, dass ein Baby im Elternbett nichts zu suchen hat. Genießen Sie die Ruhe und den relativ ungestörten Schlaf. Lesen Sie auch das Kapitel 20 über den Schlaf.

620

WAS KANN ICH DENN NOCH TUN, UM DEM KIND ZU HELFEN?

Bei heftigen Kolikanfällen hilft es manchmal, dem Baby einen warmen Bauchwickel zu machen. Kochen Sie einen starken Absud aus Fenchel, Kümmel und Anis und befeuchten Sie ein Gästehandtuch mit dem heißen Gebräu. Dann wird das ausgewrungene Tuch so warm wie möglich auf das nackte Bäuchlein gelegt, mit einem trockenen, vorgewärmten Handtuch bedeckt und das ganze Baby in ein weiteres, warmes Tuch gehüllt. Nach fünfzehn Minuten können Sie die Prozedur wiederholen. Es ist sehr wichtig, das Kind nach dem Bauchwickel warm anzukleiden.

621

DARF DAS KIND WÄHREND DER BLÄHATTACKE AUCH INS TRAGETUCH?

Aber selbstverständlich. Alles, was dem Baby hilft, es ablenkt, wärmt und beruhigt, ist erlaubt.

622

HABEN STILL- ODER FLASCHENKINDER MEHR BLÄHUNGEN?

Nach meiner Erfahrung hält sich das in etwa die Waage. Mit der Brust haben Sie allerdings den Vorteil, dass das Kind immer zu beruhigen ist.

623

WARUM HABEN KLEINE BUBEN MEHR BLÄHUNGEN ALS KLEINE MÄDCHEN?

Angeblich soll der etwas unreifere Verdauungstrakt der männlichen Neugeborenen dafür verantwortlich sein. Vielleicht ist es aber auch nur »der Mann im Kinde«, der auch schon in so jungem Alter etwas schmerzempfindlicher und zart besaiteter ist. (Das Wort »wehleidig« habe ich nicht benutzt!)

624

WARUM HAT MEIN ZWEITES KIND VIEL WENIGER BLÄHUNGEN ALS DAS ERSTGEBORENE?

Durch Ihre Erfahrung strahlen Sie mehr Ruhe und Gelassenheit aus und verhindern dadurch die Nervositätsblähungen. Ihre Prinzipien über die »richtige« Erziehung eines Babys hat Ihr erstes Kind sowieso schon unterwandert, Sie reagieren weniger pädagogisch-sinnvoll und damit wesentlich entspannter.

625

ICH HABE WIRKLICH JEDES MITTEL AUSPROBIERT, ABER NICHTS HILFT GEGEN DIE BLÄHUNGEN.

Die Vitamintablette, die Sie Ihrem Baby jeden Tag geben sollen, enthält Fluor. Es gibt Kinder, die mit heftigen Bauchkrämpfen darauf reagieren. Wenn alle Hilfe gegen Blähungen versagt, machen Sie einen Test und geben Ihrem Baby zwei Wochen lang Vitamin-D-Tabletten ohne Fluor, die in der Apotheke unter dem Namen Vigantoletten zu kaufen sind.

626

ABER DIE ERNÄHRUNG DER STILLENDEN MUTTER ALS WICHTIGSTE URSACHE FÜR KOLIKEN HABEN SIE NOCH GAR NICHT ERWÄHNT!

Der Grund dafür ist, dass ich die Ernährung der stillenden Mutter als Ursache von Blähungen beim Kind für relativ unwichtig halte. Ich weiß, ich stelle alle modernen Thesen auf den Kopf, aber meine Erfahrung gibt mir immer wieder Recht. Essen Sie, worauf Sie Appetit haben und vermeiden Sie, wovon Sie selbst Blähungen bekommen. Essen Sie gesunde, nahrhafte und vollwertige Lebensmittel und freuen Sie sich darüber, dass wir in einem Teil der Welt leben, in dem all diese Nahrung reichlich zur Verfügung steht.

Das, was Sie speisen, wird in Ihrem Darm in kleinste Atome zerlegt, mit Ihrem Blut durch den Kreislauf geschleust und ernährt erst mal Sie. Die Brustdrüsen nehmen dann die Nährstoffe aus Ihrem Blut und verwandeln sie in Milch für das Baby. Bei dieser langen Reise verschwindet jede kleine Knoblauchzehe und übrig bleibt höchstens ein leichter Schwefelgeruch in der Windel. Eine satte, bauch-zufriedene und sonst auch glückliche Mutter gibt immer gute und nahrhafte Milch, die dem Baby nicht schadet. Lediglich Mineralwasser mit viel Kohlensäure kann im Darm des Babys wirklich Luftblasen bilden, die schlecht abgelassen werden können.

627

WENN MEIN BABY VIEL PUPST, HAT ES DANN AUCH VIEL BAUCHWEH?

Bauchkrämpfe bekommt das Kind nur von Pupsen, die im Darm quer stehen. Wenn Ihr Baby also fröhlich lächelnd in die Hose knallt, hat es zwar Blähungen, aber keine Koliken und Schmerzen. Dagegen müssen Sie auch keine Medizin geben.

628

SOLL ICH DENN DAS KIND IMMER HOCHNEHMEN, WENN ICH GLAUBE, DASS ES BAUCHKRÄMPFE HAT? WIRD ES DAMIT NICHT TOTAL VERWÖHNT?

Wenn Sie Schmerzen haben und jemanden, von dem Sie annehmen, dass er Sie lieb hat, zu Hilfe rufen, und derjenige kommt nicht, wie geht es Ihnen dann? Tun Sie das diesem kleinen Menschlein nicht an! Nur Sie als Erwachsener können Ihrem Baby Liebe und Geborgenheit geben und das Gefühl, dass die Welt trotz Bauchweh ein guter Ort ist.

17

DIE GEWICHTS-KONTROLLE DES BABYS

▪ ▪ ▪ ▪ ▪ ▪ ▪ ▪ ▪ ▪ ▪ ▪ ▪ ▪ ▪ ▪ ▪ ▪ ▪

Ein Kind ist gerade geboren worden. Was ist es denn? Ist es gesund? Was wiegt es denn? Freude breitet sich aus, als die Waage verkündet, dass es über sieben Pfund mit auf die Welt gebracht hat. Das Kreuz in der Wertetabelle im Babypass sitzt am richtigen Platz.

Szenenwechsel auf die Wochenstation. Weinend liegt eine junge Mutter auf ihrem Bett. Das Baby, erzählt sie unter Schluchzen ihrer bestürzten Zimmernachbarin, das Baby hat zu viel abgenommen. Ich soll jetzt die Flasche geben. Und die Kinderschwester hat gesagt, dass das Kind verhungert, wenn ich keine zusätzliche Flasche gebe. Nach der Wertetabelle darf das Baby nicht so viel abnehmen und muss nun zweimal am Tag zur Kontrolle auf die Waage.

Neuer Szenenwechsel zum Kinderarzt, zwei Wochen später. Es ist jetzt alles in Ordnung, das Kreuz in der Wertetabelle im Babypass sitzt wieder an der richtigen Stelle. Freude breitet sich aus, als die Waage verkündet, dass das Kind sein Geburtsgewicht schon überschritten hat.

Szenenwechsel, sechs Wochen später. Das Kind schreit viel und will oft an die Brust. Die Mutter hat sich für zu Hause eine Waage besorgt. Vor und nach jedem Anlegen kommt das Baby auf das wackelige Ding. Das Gewicht des Babys liegt bestimmt an der unteren Normgrenze der Tabelle! Tränen und Stress. Manchmal wiegt es nach dem Stillen weniger als vorher. Das kann doch wohl nicht wahr sein. Die Waage ist sicher kaputt. Eine neue Waage kommt ins Haus, eine mit digitaler Gewichtsanzeige. Langsam nimmt das Kind zu.

Vier Wochen später. Freude breitet sich aus, als bei der Vorsorgeuntersuchung das Kreuz in der Wertetabelle im Babypass im mittleren Normbereich sitzt. Die Waage kommt in die Apotheke zurück.

Letzter Szenenwechsel, drei Monate später. Die Mutter kitzelt das Kind an den speckigen Beinchen, küsst es auf den kullerrunden Bauch und sieht, dass ihr Baby genau das richtige Gewicht hat. Beinahe fünf Monate haben Tabellen und die Waage – ein lebloses Stück Metall – Angst und Unsicherheit verbreitet. Vielen jungen Müttern geht es so wie geschildert, die Freude am Kind ist überschattet von der Gewichtskontrolle und den Normwerten, in die manche Kinder sich nicht pressen lassen. Die Waage fungiert wie ein strenger Richter, der gute Mütter lobt und schlechten Müttern bescheinigt, dass ihr Baby beim Wiegetest durchgefallen ist.

Aber jedes Kind bringt seine Individualität mit auf die Welt, auch seine körperliche Individualität und seine eigene Art der Wachstumssprünge. Sicherlich muss ein Baby zunehmen und gedeihen, und Wachstumsstörungen müssen beobachtet und ausgeschlossen werden. Das Kommando darf aber nicht eine Waage übernehmen! Babys müssen nicht immerzu wie ein Hefekloß im Warmen aufgehen, Babys haben ihre eigenen Entwicklungssprünge. Vertrauen Sie Ihrem Kind und vertrauen Sie darauf, dass Ihr Kind von alleine wachsen, blühen und gedeihen will. Die Waage soll lediglich ab und an bestätigen, dass Ihr Vertrauen richtig ist.

629

VERTRAUEN IST GUT, ABER KONTROLLE IST (VIELLEICHT) BESSER. SOLL ICH EINE WAAGE FÜR ZU HAUSE BESORGEN?

Für ein gesundes, reifes und ausgetragenes Neugeborenes brauchen Sie zu Hause keine Waage, denn das Kind wird in kurzen Abständen bei den Vorsorgeuntersuchungen gewogen. Wenn Sie ein Frühgeborenes oder sehr zartes Kind bekommen haben, können Sie für etwa acht Wochen eine Waage in der Apotheke leihen und das Baby einmal in der Woche drauflegen. Zur Wiegeprobe bei Stillkindern reicht es aus, die Waage nur für zwei Tage zu leihen. Erst ohne und dann mit Kind auf dem Arm, zeigt auch eine Erwachsenen-Digitalwaage das Gewicht des Babys ziemlich genau an.

630

WELCHE BEDEUTUNG HAT DAS GEBURTSGEWICHT?

Kleine und zierliche Eltern bekommen meistens ein kleines und zierliches Baby, große Eltern meistens ein großes Baby. Die vererbte Körperstatur zeigt sich oft schon an Gewicht und Länge eines Neugeborenen. Oft, aber nicht immer. Eine endgültige Aussage können Sie erst nach zwanzig Jahren treffen, wenn das Menschenkind ausgewachsen ist. Ein kompakter Zweimetermann kann Vater eines winzigen Babys sein, das erst in der Pubertät in die Länge schießen wird. Kleine, zarte Frauen kriegen ohne Probleme dicke Zehnpfünder, die mit vier Jahren spindeldünn sein können. Große Füße und Hände beim Neugeborenen sind das einzige sichere Zeichen dafür, dass dieses Kind einmal ziemlich groß werden wird.

631

WIE VIEL WIEGT DENN EIN NEUGEBORENES KIND?

Ein ausgetragenes Neugeborenes wiegt zwischen 3000 und 4000 Gramm und ist etwa 48 bis 54 cm lang. Abweichungen nach oben und unten sind durchaus erlaubt. Die so genannte Akzeleration – eine Beschleunigung des Wachstums – bewirkt, dass Neugeborene heutzutage schwerer und größer sind als vor dreißig Jahren.

632

WARUM NIMMT BEINAHE JEDES BABY NACH DER GEBURT AB?

Diesen Gewichtsverlust nennt man einen physiologischen, das heißt dem normalen Ablauf entsprechenden Gewichtsverlust. Das Neugeborene trinkt noch sehr wenig, die Ausscheidung kommt in Gang, eingelagertes Gewebewasser wird resorbiert und die Haut verdunstet durch den Kontakt mit der Luft Flüssigkeit. Das Kind nimmt zwar messbar an Gewicht ab, verliert aber auf keinen Fall sein aufgebautes Muskel- oder Fettgewebe.

633

WIE LANGE DAUERT DIESER GEWICHTSVERLUST?

Bei den meisten Kindern ist etwa am vierten bis fünften Tag nach der Geburt die höchste Gewichtsabnahme zu verzeichnen. Nach längstens acht Tagen geht es wieder bergauf, und spätestens Ende der zweiten Lebenswoche sollte das Baby sein Geburtsgewicht zurückerobert haben. Viele Kinder beginnen schon in der ersten Lebenswoche kräftig zuzunehmen.

634

WIE VIEL DARF DAS BABY NACH DER GEBURT ABNEHMEN?

Der Gewichtsverlust soll proportional zum Geburtsgewicht nicht mehr als 10 Prozent betragen, das heißt, ein dickes Baby von 4500 Gramm darf etwa 450 Gramm abnehmen und ein zartes Neugeborenes von 2500 Gramm höchstens 250 Gramm.

635

MICH MACHT DIESER GEWICHTSVERLUST WIRKLICH NERVÖS!

Denken Sie daran, dass dieses Abnehmen nach der Geburt ganz normal ist und Ihr Baby dadurch nicht in Gefahr gerät.

636

MEIN BABY HAT EINE NEUGEBORENEN-GELBSUCHT UND TRINKT GANZ SCHLECHT.

Sehr zarte Kinder oder Kinder mit einer starken Neugeborenen-Gelbsucht sind oft die ersten paar Tage nach der Geburt ein wenig trinkfaul und nehmen dadurch etwas mehr ab. Die Säuglingsschwester auf der Wochenstation oder die Hebamme bei Ihnen zu Hause wird das Gewicht und das Trinkverhalten Ihres Babys genau beobachten und notfalls mit fachfraulichen Tricks das Kind zum Trinken bewegen. Spätestens nach der ersten Lebenswoche haben aber alle Neugeborenen den Spaß am Essen entdeckt.

637

AUF DER WOCHENSTATION WIRD DAS KIND ANDAUERND GEWOGEN.

Sie müssen bedenken, dass ein Krankenhaus eine Institution ist, die dokumentieren muss, wie es den Patienten geht. So wie Ihr Blutdruck täglich gemessen und auf der Krankenkurve eingetragen wird, trägt man auch das Gewicht Ihres Babys ein. Nehmen Sie es mit Gelassenheit!

638

JETZT SOLL ICH MEIN BABY VOR UND NACH DEM STILLEN WIEGEN UND MEINE »MILCHLEISTUNG« IN EINEM SPEZIELLEN BUCH EINTRAGEN.

Jahrelange Erfahrung zeigt, dass diese Vorgehensweise psychologisch sehr ungeschickt ist. Der Erfolgsdruck, unter dem die jungen Mütter stehen, beeinträchtigt den Milchfreigabereflex, und oft zeigt die Waage vor dem Stillen mehr Gewicht an als danach. Tränen, Verstörung und das unabänderliche Zusatzfläschchen sind die Folge. Die paar Gramm, die ein Neugeborenes in den ersten Tagen zu sich nimmt, zeigt auch die genaueste Waage kaum an. Machen Sie Rooming-in und sagen Sie den Schwestern, dass Sie auf dieses dauernde Wiegen verzichten. Obwohl ich selbst Kinderschwester bin, die auch auf der Wochenstation gearbeitet hat, verrate ich Ihnen hier noch einen Trick: Um Auseinandersetzungen zu vermeiden, tragen Sie in dieses »Milchleistungsbuch« einfach die geforderte Milchmenge ein, ohne Ihr Kind gewogen zu haben. Alle sind zufrieden und Sie können in Ruhe stillen!

639

WIE VIEL GRAMM MILCH MUSS EIN NEUGEBORENES DENN TRINKEN?

Über den Daumen gepeilt, gibt es folgendes Schema: Pro Mahlzeit trinkt das Neugeborene am ersten Tag 10 Gramm, am zweiten Tag 20 Gramm, am dritten 30 Gramm usw., bis es am zehnten Tag etwa bei 100 Gramm Milch pro Mahlzeit angekommen ist. In den nächsten vier Lebenswochen steigert es sich auf 150 bis 180 Gramm oder Milliliter pro Mahlzeit. Ein sechs Wochen altes Baby trinkt also in 24 Stunden bei sechs bis sieben Mahlzeiten etwa einen guten Liter Milch. Diese Menge braucht es zum Gedeihen.

640

MEIN BABY NIMMT NACH DEM PHYSIOLOGISCHEN GEWICHTSVERLUST KAUM ZU.

Wenn Ihr Baby über die zweite Lebenswoche hinaus sein anfängliches Geburtsgewicht noch nicht erreicht hat, sollten Sie mit Ihrer Nachsorgehebamme in Ruhe eine Wiegeprobe machen, indem Sie das Kind einmal vor und nach dem Stillen auf die Waage legen oder einmal die Milch abpumpen, um zu sehen, ob pro Mahlzeit etwa 100 bis 120 Gramm getrunken werden. Es gibt einfach Kinder, die sehr langsam zunehmen, obwohl sie genug trinken. Zum Ende der dritten Lebenswoche muss das neugeborene Kind sein Geburtsgewicht aber unbedingt aufgeholt haben. Nutzen Sie alle Tipps zur Steigerung der Milchmenge, geben Sie notfalls ein paar Fläschchen und lassen Sie den Kinderarzt auf das Kind schauen, wenn es nach drei Wochen noch nicht zugenommen hat.

641

WIE VIEL MUSS EIN BABY WEITERHIN PRO WOCHE ZUNEHMEN?

Im Durchschnitt legt ein Baby in den ersten Lebensmonaten pro Woche ungefähr 100 bis 200 Gramm an Gewicht zu. Mit fünf Monaten soll sich das Geburtsgewicht in etwa verdoppelt haben. Zum ersten Geburtstag wiegt das Kind ungefähr dreimal so viel wie bei der Entbindung.

642

NIMMT EIN KIND IMMER KONTINUIERLICH ZU?

Nein, Kinder haben bis nach der Pubertät so genannte Wachstumsschübe. Diese Schübe verlaufen nicht nur im Säuglingsalter sehr ruckartig und eindrucksvoll. Innerhalb von wenigen Tagen (bei älteren Kindern Wochen) macht das Kind in Gewicht und Länge einen Sprung, der meistens mit einem geistigen Entwicklungsschub einhergeht.

643

WANN HABEN BABYS EINEN WACHSTUMSSCHUB?

Obwohl jedes Kind seine eigene Entwicklungszeit hat, können Sie bei einem Baby ungefähr in folgendem Rhythmus mit einem Schub rechnen: In der zweiten, vierten, sechsten, achten und zwölften Lebenswoche, dann mit etwa sechs, acht und zehn Monaten. Mit dem ersten Lebensjahr kommt das Kind in eine etwas stabilere Lebensphase.

644

WIE MERKE ICH EINEN WACHSTUMSSCHUB?

Ein Baby bis zu einem halben Jahr ist während eines Wachstumsschubs unruhig, quengelig, will dauernd an die Brust, schläft schlecht und verbreitet nur schlechte Laune. Nach zwei bis drei Tagen ist dieser Spuk vorüber. Der ältere Säugling hat ähnliche »Symptome« und macht zudem den Eindruck, dass er sich selbst nicht leiden mag und nichts mehr mit sich anfangen kann. Er wirft Spielzeug durch die Gegend, alles findet er langweilig und er ist einfach nur motzig. Nach einer Woche ist das Kind wie ausgewechselt. Vielleicht hat es einen Zahn bekommen, krabbeln gelernt oder kann ein Wort sprechen.

645

WAS MUSS MAN BEI EINEM WACHSTUMSSCHUB MACHEN?

Ein Stillkind muss für zwei bis drei Tage alle zwei Stunden an die Brust, um die Milchmenge zu steigern. Ein Flaschenkind braucht jetzt mehr Nahrung oder eine Umstellung auf Folgemilch. Die schlechte Laune und Unzufriedenheit der Babys muss man mit viel Liebe, Nachsicht und Geduld ertragen.

646

KANN DAS GEWICHT DES KINDES AUCH EINE WEILE STILLSTEHEN?

In den ersten vier Lebensmonaten nehmen die Babys meistens brav ihre 100 bis 200 Gramm pro Woche zu. Wenn sie dann aber beginnen, sich aktiv zu bewegen, sich zu drehen, zu robben, zu krabbeln oder zu laufen, dann kann es durchaus zu Gewichtsstillständen kommen. Die Energie der Nahrung nutzt das Kind nicht mehr zum Zunehmen, sondern für die neu gelernte Bewegung. so lange der Stillstand nicht über zwei Wochen andauert, ist das kein Grund zur Besorgnis.

647

HAT JEDES KIND SEINEN INDIVIDUELLEN BEWEGUNGSDRANG?

Ja, diese individuellen Bedürfnisse bringt das Kind mit auf die Welt. Es gibt sportliche Babys, die schon mit drei Monaten zu krabbeln versuchen und faule, die sich am liebsten acht Monate lang nur herumtragen lassen. Ein bewegungsfreudiges, athletisches Kind nimmt meistens langsamer zu als ein phlegmatisches.

648

ICH HABE SO EIN ZIERLICHES, ABER SPORTLICHES BABY.

Diese Kinder bestehen oft nur aus kompakter Muskelmasse ohne ein Gramm Fett zu viel. Wenn Ihr Baby gut isst, alle Entwicklungsschritte zur rechten Zeit vollzieht, nie krank ist und immer fröhliche Laune hat, brauchen Sie sich keine Sorgen zu machen.

649

MEIN BABY PASST NUR NOCH MIT MÜH UND NOT IN DEN AUTOSITZ.

Auch Sie brauchen sich keine Sorgen zu machen, wenn Ihr Baby immer fröhlich ist, nie krank und alle Entwicklungsschritte zur rechten Zeit vollzieht. Stillkinder haben oft die Statur eines Buddhas, dessen Bauchspeck in seliger Erleuchtung auf den Oberschenkeln ruht. Wenn Ihr Flaschenkind allzu rund wird, bieten Sie ihm mehr Obst und Gemüse an und gehen Sie zum Babyschwimmen und Turnen.

650

GIBT ES AUCH UNTER DEN BABYS SCHON SO GENANNTE »SCHLECHTE ESSER«?

Babys sind selten mäkelig bei der Mahlzeit, sie haben beinahe immer einen gesunden Appetit und Spaß am Essen. Lediglich Frühgeborene, sehr kleine Kinder oder Zwillinge können in den ersten Lebenswochen sehr anstrengend beim Füttern sein. Mit viel Liebe und Geduld müssen diese zarten Babys manchmal regelrecht zu ihrem Essens-Glück überredet werden.

651

WANN WACHSEN BABYS EIGENTLICH IN DIE LÄNGE?

Bei den Wachstumsschüben entwickeln sich die Kinder immer entweder in die Länge oder Breite, niemals beides zusammen. Die ersten sechs Lebensmonate wächst ein Baby etwa zwei bis drei Zentimeter pro Monat und hat mit einem Jahr rund 75 Zentimeter Länge.

652

ESSEN BUBEN MEHR ALS MÄDCHEN?

Kleine Mädchen haben den gleichen Appetit wie kleine Buben, und erst mit der Pubertät bilden sich auch in dieser Hinsicht Unterschiede heraus.

653

WIE WICHTIG SIND DIE TABELLEN UND NORMWERTE?

In dem gelben Vorsorgeheft Ihres Kindes finden Sie mehrere Tabellen, in denen Gewicht, Länge und Kopfumfang eingetragen werden. Machen Sie sich keine Sorgen, wenn Ihr Baby für einige Zeit an der Ober- oder Untergrenze dieser Normwerte balanciert. Kinder sind eben verschieden und gehen ihre individuellen Entwicklungswege.

654

UND WAS IST MIT DER GEWICHTSKONTROLLE DER MUTTER?

Die meisten Frauen behalten nach der Geburt eines Kindes einen etwas üppigeren Körper. Wenn Sie aber immer weinen müssen, während Sie auf der Waage stehen, bringen Sie das Gerät in den Keller oder kleben Ihr Idealgewicht drauf. Neun Monate waren Sie schwanger und ebenso lange werden Sie brauchen, bis Sie wieder Ihr normales Gewicht haben.

18

DIE BEKLEIDUNG
DES BABYS

▪ ▪ ▪ ▪ ▪ ▪ ▪ ▪ ▪ ▪ ▪ ▪ ▪ ▪ ▪ ▪ ▪ ▪ ▪ ▪

Alle Mütter auf der ganzen Welt möchten ihre Babys schön anziehen, denn insgeheim hält jede Frau ihr Kind für das netteste und hübscheste Baby, das jemals geboren wurde. Natürlich sind die anderen Kinder auch süß, aber wenn ich es so recht bedenke, ist mein Kind das süßeste von allen!!! Dieses Gefühl gehört sicher mit zum Mutterinstinkt. Aus diesem Gefühl heraus webt eine Mutter im Amazonas-Dschungel ihrem Baby ein wunderschönes Band mit Perlen, denn mehr tragen die Kinder bei manchen Indianerstämmen nicht. Die Babys dort fühlen sich nämlich pudelnackt am wohlsten.

Aus demselben Gefühl heraus bestickt eine Eskimo-Mutter ein weiches, warmes Fell mit wunderschönen Ornamenten, um ihr Baby darin einzuhüllen und gegen die Kälte zu schützen. Und aus wieder demselben Gefühl heraus werden Sie ab der sechsten Schwangerschaftswoche magisch von niedlichen Strampelhöschen angezogen, sehen überall praktische Hemdchen und Jäckchen und würden am liebsten alle Babykleider-Läden leerkaufen. Werdende Omas überkommt das Bedürfnis, aus weicher, duftiger Wolle eine Ausfahrgarnitur mit passendem Mützchen zu stricken.

Dieses Gefühl nennt man auch Nestbautrieb, und wie ein Vögelchen unermüdlich Halme und weiche Gräser herbeifliegt, um das Nest für seine Küken auszupolstern, werden Sie in den Schubladen der Wickelkommode unermüdlich Babykleider stapeln. Kurz vor der Entbindung – da bricht dieser Nestbautrieb noch einmal so richtig durch – stehen Sie vor einer Unmenge von Höschen, Hemdchen, Jäckchen, Strampelanzügen und Bettbezügen mit Pumuckl-Applikation und fragen sich, ob Sie das wirklich alles brauchen. Diese Ausstattung würde für Drillinge reichen. Sie erwarten aber nur ein Baby und müssen Ordnung in dieses Durcheinander bringen.

655

WIE BRINGE ICH DA BLOSS ORDNUNG REIN?

Zuerst orientieren Sie sich an der Jahreszeit. Ein im Sommer geborenes Kind braucht keine Strampelhosen mit doppelseitigem Webpelzbesatz oder Mützchen aus Wolle. Weg damit! Dann müssen die Sachen nach der Größe sortiert werden. Die niedlichen Jeans für ein Krabbelkind wandern mit in die Winterabteilung.

656

WELCHE KLEIDERGRÖSSE HAT DENN EIN NEUGEBORENES?

Die Größe der Babykleider ist an der Länge der Kinder ausgerichtet. Eine Strampelhose in Größe 52 passt einem Baby mit 52 Zentimetern Körperlänge.

657

SOLL ICH DIE KLEINSTE GRÖSSE KAUFEN?

Babys wachsen etwa alle vier bis sechs Wochen aus ihren Kleidern heraus, und deshalb würde ich Ihnen empfehlen, die Erstlingsausstattung direkt eine Nummer größer zu wählen. Neugeborene stören sich nicht an zu langen oder umgeschlagenen Ärmeln, und Sie sparen dabei eine Menge Geld.

658

MUSS ICH ALLES NEU KAUFEN?

Nein, Sie können ohne Bedenken gebrauchte Babywäsche im Secondhand-Laden oder von privat erwerben. Ein paar ganz besonders niedliche Strampelhosen können Sie ja neu kaufen. Nach der Geburt werden Sie sowieso noch mit Geschenken überrollt.

659

SOLL ICH DIE GEKAUFTE KLEIDUNG NOCH MAL AUF BESONDERE WEISE WASCHEN?

Weißwäsche würde ich kochen, Buntwäsche auf 60° waschen und danach einmal heiß bügeln.

660

MUSS BABYKLEIDUNG IMMER SEPARAT GEWASCHEN WERDEN?

Die Weißwäsche, die direkt am Körper des Kindes sitzt, würde ich die ersten sechs Wochen nach der Geburt separat waschen, die Buntwäsche nicht.

661

MUSS DIE WÄSCHE JEDES MAL STERILISIERT ODER DESINFIZIERT WERDEN?

Nein, eine gute Waschmaschine arbeitet sauber genug. Sie brauchen die Babywäsche auch nicht heiß bügeln – außer es ist Ihnen langweilig!

662

DARF ICH WEICHSPÜLER BENUTZEN?

Wenn ja, riecht Ihr Baby zwar gut, hat aber ziemlich viele Pickel! Was ist Ihnen wichtiger?

663

WAS GEHÖRT DENN ZU EINER ERSTLINGSAUSSTATTUNG?

Acht Hemdchen und Jäckchen oder Bodies sollten Sie haben, wobei ich empfehle, nicht ausschließlich Bodies zu kaufen, denn die müssen über den Kopf angezogen werden. Außerdem brauchen Sie sechs Strampelhöschen, sechs Unterhöschen, zwei davon aus Schafwolle und drei Paar warme Söckchen. Auch Wegwerfwindel-Kinder brauchen mindestens zehn Mullwindeln, die als Kopfkissen oder Spucktuch benutzt werden. Zweimal Bettwäsche, Mützchen und eine so genannte Ausfahrgarnitur je nach Jahreszeit sind vonnöten. Keine Schlafanzüge, aber zwei warme Strumpfhosen und eventuell einen gefütterten Schneeanzug sollten Sie noch haben.

664

WAS MACHE ICH MIT DEN BÄNDERN AN HEMDCHEN UND JÄCKCHEN?

Ziehen Sie diese Bänder einfach heraus, dann kann das Kind nicht daran ersticken.

665

WIE KRIEGE ICH PULLOVER ODER BODYS ÜBER DEN KOPF DES KINDES?

Wenn der Halsausschnitt zu eng ist, sortieren Sie das Wäschestück aus. Sie können den Ausschnitt vor dem Anziehen einmal ordentlich ausdehnen, dann am Hinterkopf ansetzen und nach vorne über das Gesicht ziehen. Babys mögen das nicht, weil es sie an die Geburt erinnert.

666

UND WIE KRIEGE ICH DIE ARME DURCH DIE ÄRMELCHEN?

Benutzen Sie den Perlonstrumpf-Trick: Vor dem Anziehen das Ärmelchen ziehharmonikaartig zusammenfalten, das Kind an der Hand fassen und den Arm durchziehen.

667

MEIN BABY MAG DAS ABER NICHT.

Das hilft ihm in diesem Fall aber nicht, es muss ja angezogen werden. Ziehen Sie nie an einem einzelnen Finger des Babys, nur am ganzen Handgelenk.

668

WAS MUSS EIN NEUGEBORENES AN EINEM HEISSEN SOMMERTAG TRAGEN?

Bei großer Hitze bekommt das Baby nur einen Body und Söckchen an.

669

UND WAS AN EINEM KLIRREND-KALTEN WINTERTAG?

Hemdchen, Jäckchen, Schafwollunterhöschen, Strumpfhose, dicke Strampelhose und einen Schneeanzug. Auch ein Fell darf in den Kinderwagen.

670

WAS FÜR EINE KOPFBEDECKUNG BRAUCHT DAS BABY?

Im Winter braucht es eine Wollmütze und im Sommer immer ein Son-
nenhütchen! Sie können die Bekleidung des Kindes sowohl im Haus als
auch draußen an Ihren eigenen Kleidungsbedürfnissen orientieren:
Wenn Sie frieren, darf das Baby einen dicken Pullover tragen, und
wenn Ihnen heiß ist, braucht auch das Kind nicht warm eingepackt zu
sein.

671

BRAUCHEN BABYS UNBEDINGT EIN FELL?

Nein, unbedingt brauchen sie es nicht, aber Babys lieben ihr Fell.

672

BRAUCHT DAS KIND KEINEN SCHLAFANZUG?

Ich würde erst gegen Ende des ersten Lebensjahres dem Kind einen
Schlafanzug anziehen.

673

WARUM SOLL DAS BABY IMMER SÖCKCHEN TRAGEN?

Warme Füße – warmes und zufriedenes Baby! Außerdem verhindern
Sie mit Söckchen über dem Strampelanzug, dass Ihr Baby beide Beine
in ein Strampelbein wurstelt und dann darüber meckert, als ob Sie es
mit Absicht so angezogen hätten.

674

WARUM HABEN BABYS IMMER FUSSELN ZWISCHEN
DEN ZEHEN?

Keine Ahnung. Aber warum haben Sie immer Fusseln im Bauchnabel?

675

WIE OFT BRAUCHT DAS KIND FRISCHE KLEIDUNG?

Ich würde dem Baby jeden Tag frische Wäsche anziehen.

676

UND WENN ES ZWISCHENDURCH NASS IST?

Dann müssen Sie dem Baby mehrmals am Tag frische Wäsche anziehen.

677

KANN ICH DAS HEMDCHEN NICHT ANLASSEN, WENN ES NUR SO EIN BISSCHEN FEUCHT IST?

Feuchte Hemdchen machen: Blasenentzündungen, Nierenerkältungen, Bauchschmerzen, Koliken ...

678

WANN BRAUCHT EIN KIND SCHUHE?

Mit der Anschaffung der ersten Schuhe sollten Sie warten, bis das Kind frei laufen kann. Schuhe niemals im Secondhand-Laden kaufen und beim Kauf nicht sparen.

679

WARUM FINDET MAN IM SECONDHAND-LADEN KEINE BEKLEIDUNG FÜR GRÖSSERE KINDER?

Spätestens ab dem Schulalter weigern sich alle Kinder, Kleidung aus dem Secondhand-Laden zu tragen. Schenken Sie Ihrem Schulkind ruhig mal eine Jeans oder Schuhe mit dem »richtigen« Etikett drauf und machen Sie sich keine Sorgen, dadurch ein verwöhntes »Wohlstandskind« großzuziehen. Die Kinder brauchen das für ihr Selbstwertgefühl.

19
BABYS GESUND-
HEITSVORSORGE

▪ ▪ ▪ ▪ ▪ ▪ ▪ ▪ ▪ ▪ ▪ ▪ ▪ ▪ ▪ ▪ ▪ ▪ ▪

Die Kinderheilkunde – oder Pädiatrie – ist noch ein sehr junges Gebiet der Medizin. Früher ging eine Frau während der Schwangerschaft ein oder zwei Mal zu der Hebamme, die zur Geburt ins Haus gerufen wurde. Erst bei der Entbindung zeigte sich dann, ob das Neugeborene gesund und lebensfähig oder krank war. Schwache, frühgeborene Kinder wurden an den Backofen gestellt, mit Wärmflaschen eingepackt und hochgepäppelt. Wenn das Kind bei der Geburt nicht atmete, blies die Hebamme Luft in Mund und Nase, kippte kaltes Wasser auf das Baby und schüttelte es mit ruckartigen Bewegungen durch. Manchmal half die Wiederbelebung, manchmal nicht. »Der Herr hat's gegeben, der Herr hat's genommen«, sagte man dann und das Jahr darauf war die Frau wieder schwanger. Zehn bis zwölf Kinder tobten in den Bauernhäusern herum und wurden irgendwie groß. Manche hatten Rachitis, manche humpelten, manche waren behindert, zwischendurch starb noch eins an Tuberkulose und ein anderes an einer Kinderkrankheit, aber die meisten waren kerngesund und wuchsen zu großen, starken Erwachsenen heran.

Gesundheitsvorsorge gab es kaum, Ärzte waren teuer und lebten zumeist in der weit entfernten Stadt, und mit Kindern kannte sich höchstens die Hebamme aus. Heute gibt es sogar Perinatal-Pädiater, das sind Kinderärzte mit einer Extraausbildung nur für Neugeborene. Schon die regelmäßigen Untersuchungen während der Schwangerschaft dienen nicht nur der Gesundheit der Mutter, sondern auch der genauen Beobachtung des Ungeborenen. Babys können schon im Mutterleib operiert werden. Unter der Geburt wird das Kind mit Fachwissen und Geräten überwacht, nach der Entbindung steht im Notfall ein Team von Spezialisten bereit. Mit Ultraschall, besonderen Blut-tests und Vorsorgeuntersuchungen werden Krankheiten schon im Voraus erkannt und können in den meisten Fällen in modernen Kin-derkliniken geheilt werden.

Kinder bekommen Vitamine, Mineralstoffe, Spurenelemente und Impfungen. In jeder kleinen Ortschaft gibt es einen Arzt für Kinder-heilkunde, und die Krankenkassen übernehmen alle Kosten für Babys Gesundheitsvorsorge. Auch wenn die moderne, hoch technisierte Me-dizin in mancher Hinsicht im Kreuzfeuer der Meinungen stehen mag, für Kinder ist sie ein Segen, denn ein krankes Baby ist immer ein uner-messlicher Schmerz für die Eltern – egal ob heute oder in den dunkle-ren Zeiten der Medizin vor vielen hundert Jahren.

680

KÖNNEN ALLE ERKRANKUNGEN DES KINDES IM MUTTERLEIB ERKANNT WERDEN?

Sie wissen schon, dass jeder Geburt auch ein gefährlicher Aspekt inne-wohnt und niemals alle Risiken ausgeschaltet werden können. Vieles kann während der Schwangerschaft diagnostiziert und behandelt wer-den, aber nicht alles. Das Leben ist für uns alle ein Abenteuer mit offe-nem Ausgang, und Kinder sind davon nicht ausgenommen.

681

ABER DAS MEISTE KANN ERKANNT WERDEN, ODER?

Beinahe alle Frauen haben eine (verzeihen Sie den Ausdruck, er ist nicht abfällig gemeint) »Feld-Wald-und-Wiesen-Schwangerschaft« und eine ebensolche Geburt. Wenn Sie und Ihr Partner gesund sind, alle Vorsorgemöglichkeiten nutzen und gesund leben, steht die Chan-ce beinahe bei 100 Prozent, dass Sie nach der Geburt ein gesundes Baby im Arm halten werden.

682

DIE ERSTE UNTERSUCHUNG IST DOCH DIREKT NACH DER GEBURT?

Die erste Vorsorge wird von der Hebamme, dem Gynäkologen oder einem Kinderarzt noch im Kreißsaal vorgenommen. Das Ergebnis dieser Untersuchung wird in das gelbe Baby-Vorsorgeheft eingetragen.

683

WANN FINDET DIE ZWEITE UNTERSUCHUNG STATT?

Zwischen dem 4. und 10. Lebenstag. In der Klinik wird diese Vorsorge als Abschlussuntersuchung bezeichnet. Unter dem Namen U2 finden Sie diese Untersuchung in dem gelben Heft.

684

WER ERHÄLT DANN DIESEN GELBEN BABYPASS?

Sie bekommen das Heft mitsamt Mutterpass ausgehändigt, wenn Sie nach Hause gehen.

685

WIE IST DAS BEI EINER AMBULANTEN ENTBINDUNG?

Für die Hebamme ist eine Entbindung erst beendet, wenn alle Formulare ausgefüllt sind. Wenn Sie direkt nach der Geburt die Klinik verlassen, wird Ihnen der Mutter- und Babypass sofort ausgehändigt.

686

UND WER MACHT DANN DIE U2?

Die zweite Vorsorgeuntersuchung muss dann von einem niedergelassenen Kinderarzt vorgenommen werden. Sie sollten diese Untersuchung schon vor der Geburt bei dem Kinderarzt Ihrer Wahl ankündigen, manche kommen zur U2 auch ins Haus.

687

WAS ZEICHNET EINEN GUTEN KINDERARZT AUS?

Die Praxis muss sauber und gut organisiert sein. Stundenlanges Sitzen mit einem Neugeborenen im überfüllten Wartezimmer voll Keuchhusten, Masern und Mumps machen keinen guten Eindruck. Der Arzt soll freundlich mit den Kindern und respektvoll mit Ihnen umgehen. Die Praxis sollte nahe bei Ihrem Wohnort liegen, notfalls schnell und zu Fuß erreichbar sein.

688

WELCHE UNTERSUCHUNGEN KOMMEN NACH DER U2?

Bis zum Schulalter – bis zur U10 – dürfen Sie mit Ihrem Kind die kostenfreien Vorsorgeuntersuchungen nutzen. Alle Termine werden in dem gelben Babypass notiert.

689

ICH MUSS ALSO DEN BABYPASS AUFHEBEN?

Die gesamte körperliche, seelische und geistige Entwicklung Ihres Babys wird in diesem wichtigen Dokument festgehalten.

690

WAS WIRD BEI DER U3 GEMACHT?

Die dritte Vorsorgeuntersuchung findet zwischen der vierten und achten Lebenswoche Ihres Babys statt. Nehmen Sie zu diesem Termin Ihren Mutterpass mit, Kinderärzte informieren sich gern über den Verlauf von Schwangerschaft und Geburt. Bei jeder der zehn Vorsorgeuntersuchungen wird ein ausführliches Gespräch mit den Eltern geführt, das Kind körperlich untersucht, gemessen, gewogen und seine seelisch-geistige Entwicklung begutachtet. Bei der U3 beispielsweise fragt der Kinderarzt auch nach der Ernährung des Säuglings und nach seinem Schlafverhalten, testet das Gehör, die Augen und die Reflexe und prüft, ob Ihr Baby schon mit einem Lächeln antwortet.

691

ES GIBT JA WIRKLICH LUSTIGE REFLEXE!

Am nettesten finde ich den so genannten Schreitreflex, den das Baby nach etwa zehn Wochen verlieren muss. Wenn ein neugeborenes Kind auf eine feste Unterlage gestellt und unter den Achseln festgehalten wird, marschiert es auf seinen krummen Beinchen wacker vorwärts.

692

KANN ICH DENN AUCH ZWISCHENDURCH ZUM KINDERARZT GEHEN?

Ihr Baby bekommt eine eigene Chipkarte von der Krankenkasse, und Sie können jederzeit den Kinderarzt konsultieren.

693

UND WAS MACHE ICH AM WOCHENENDE ODER NACHTS?

Kinder werden immer am Wochenende, Mittwochnachmittag oder nachts krank. Sie dürfen ohne Scheu entweder die nächstgelegene Kinderklinik oder den ärztlichen Notdienst aufsuchen.

694

WIE KANN DIE GESUNDHEIT DES BABYS UNTERSTÜTZT WERDEN?

Neben den regelmäßigen Vorsorgeuntersuchungen kommen verschiedene Blut-Tests und Ultraschalluntersuchungen in Frage. Außerdem helfen Vitamine und besondere Mineralien.

695

IST DER GUTHRIE-TEST EIN BLUT-TEST?

Sie sind diesem Pieks in den Fuß schon begegnet und wissen, dass damit mehrere Stoffwechselerkrankungen untersucht werden. Bei einer ambulanten Geburt macht die Nachsorgehebamme diesen Test.

696

ZU WELCHEM ZWECK BEKOMMT MEIN BABY EINEN ULTRASCHALL?

Innerhalb der ersten zehn Lebenswochen werden Hüften und Nieren Ihres Babys mit einer Ultraschalluntersuchung überprüft, um angeborene Fehlbildungen auszuschließen.

697

UND WELCHE SPEZIELLEN VITAMINE BRAUCHT MEIN SÜSSES MÄUSCHEN?

Bei den ersten drei Untersuchungen bekommt Ihr Mäuschen jeweils ein Tröpfchen Vitamin K in sein süßes Mündchen, um die Blutgerinnung zu stärken. Und Sie bekommen ein Päckchen mit Vitamin-D plus Fluor in die Hand, um Ihrem Kind jeden Tag eine Tablette davon zu geben.

698

ÜBER DAS FLUOR HABEN SIE DOCH SCHON MAL GESPROCHEN.

Ja, in dem Kapitel über Blähungen, die manchmal auch von Fluor ausgelöst werden können. Fluor härtet den Zahnschmelz und hilft gegen Karies. Die Gabe von Fluor ist selbst unter Fachleuten umstritten, und so müssen Sie als Eltern allein entscheiden, ob Sie Ihrem Baby Fluor geben wollen oder nicht.

699

IST DAS VITAMIN D AUCH UMSTRITTEN?

Nein, denn Vitamin-D-Mangel führt zu einer Minderentwicklung der Knochen, der so genannten Rachitis. Vitamin D kann über die Ernährung nicht ausreichend und nur in einer Art Vorstufe aufgenommen werden, die sich erst unter Sonnenbestrahlung in die knochenaufbauende Form verwandelt. Wenn Sie in der Südsee leben, braucht Ihr Baby kein Vitamin-D-Präparat, aber in unseren Breitengraden – vor allem im Herbst und Winter – ist die Gabe unerlässlich.

700

AB WANN UND WIE LANGE BEKOMMT MEIN KIND DIE VITAMINPILLE?

Ab dem zehnten Lebenstag bis zum zweiten Geburtstag verschreibt der Kinderarzt Monat für Monat die D-Fluorette.

701

WIE GEBE ICH AM BESTEN DIESE TABLETTE?

Besser, als dem Kind die sperrige Tablette in die Backentasche zu legen und zu hoffen, dass es sich nicht daran verschluckt, ist es, die Pille auf einem Plastiklöffel in Milch oder Tee kurz aufzulösen und als Vorspeise zu reichen.

702

IST ES SCHLIMM, WENN ICH DIE TABLETTE MAL VERGESSE?

Nein, das ist überhaupt nicht schlimm. Geben Sie die Tablette am nächsten Tag.

703

ICH WILL MEINEM BABY ABER DIESE TABLETTEN NICHT GEBEN!

In diesem Fall müssen Sie in die Südsee umziehen oder das Vitamin D in anderer Form geben. Sie können Lebertran, Weleda-Aufbau-Kalk oder D-Mulsin-Tropfen aus der Apotheke benutzen. Besprechen Sie diese Frage auch mit Ihrem Kinderarzt.

704

WANN KOMMEN DENN DIE ERSTEN IMPFUNGEN?

In Kapitel 24 können Sie alles über die Impfungen nachlesen.

705

WER – AUSSER DEM KINDERARZT – BEANTWORTET MIR NOCH FRAGEN RUND UMS BABY?

Während der gesamten Stillzeit dürfen Sie Ihrer Hebamme »Löcher in den Bauch« fragen oder die Mütterberatung Ihrer Stadt aufsuchen.

706

WAS KANN ICH ZUSÄTZLICH FÜR BABYS GESUNDHEITSVORSORGE TUN?

Kinder brauchen Licht, Luft und Sonne. Gehen Sie jeden Tag, auch bei schlechtem Wetter, ausgiebig spazieren. Gründen Sie mit anderen Müttern einen »Kinderwagen-Wanderverein«. Rauchen Sie nicht in Gegenwart Ihres Kindes. Geben Sie Ihr Baby niemandem mit einer Triefnase auf den Arm. Kinder brauchen Bewegung. Spornen Sie Ihr Kind zum Strampeln und Turnen an. Gehen Sie mit Ihrem Baby schwimmen, zur Babymassage oder Gymnastik. Und Kinder brauchen Liebe. Schenken Sie Ihrem Baby viel Körperkontakt und lassen es an Ihrem Leben teilnehmen.

707

WAS HATTEN DIE BAUERNKINDER AUS DEM VORSPANN DENN FÜR KRANKHEITEN?

Kinder starben früher an Tuberkulose oder Kinderkrankheiten, weil es keine Impfungen gab. Sie humpelten, weil kein Ultraschall angeborene Hüft-Fehlstellungen diagnostizierte. Kinder waren behindert, weil keine Blutuntersuchung Stoffwechselerkrankungen feststellen konnte, und sie hatten Rachitis, weil es keine Vitamin-D-Prophylaxe gab. Gehen Sie mit Ihrem Baby zu allen Vorsorgeuntersuchungen und nutzen Sie die Errungenschaften der modernen Kinderheilkunde.

20
WIE SCHLAFEN BABYS?

▪ ▪

Jesus schlief als Baby in einer Futterkrippe und Moses in einem Binsenkörbchen. Manche Babys schlafen in ausgehöhlten Schildkrötenpanzern und viele Babys im Tragetuch auf dem Rücken der Mutter, während diese ihrer Feldarbeit nachgeht. Frühgeborenen hat man früher aus Watte ein Bettchen gebaut und dieses in die Nähe des Ofens gestellt. Ich habe meine ersten Lebensmonate in einem ausrangierten Wäschekorb verbracht, und noch vor zwei Jahrhunderten sagten Kinderärzte, dass der beste Schlafplatz und das feinste Kopfkissen für ein Baby die Mutterbrust sei. In 80 Prozent aller menschlichen Gesellschaften auf unserer Welt schläft das Baby im Bett der Mutter. Das stärkt die Verwandtschaftsbande und hält böse Geister davon ab, die hilflosen Kleinen zu verschleppen. Vielleicht erfüllen Pumuckl oder Micky-Maus auf der Bettdecke bei uns symbolisch einen ähnlichen Zweck.

Seit etwa 150 Jahren – seit Familien durch die Veränderungen der bäuerlichen in die bürgerliche Gesellschaft mehr Geld haben – soll ein Baby ein eigenes Zimmer bewohnen. Reiche Leute konnten sich größere Wohnungen leisten, und es galt als Zeichen von Armut, wenn das Kind im elterlichen Bett schlief. Die Einrichtung des Kinderzimmers bereitet heutzutage den werdenden Eltern große Freude, und mit viel Liebe und Phantasie wird für den Neuankömmling alles gekauft und geplant. Nach einigen Nächten zu Hause mit dem neugeborenen Kind stellen die meisten Eltern jedoch fest, dass diese Mühe ganz umsonst war. Das Kind liegt in Mamas Bett, und das wunderbar vorbereitete Kinderzimmer steht leer.

»Heute Nacht schläft das Kind aber in seinem eigenen Bett!« Ihre wilde Entschlossenheit unterwandert das Baby spätestens nachts um zwei Uhr. Diese Tageszeit ist ungünstig zum Diskutieren. Das Kind hat den längeren Atem, und spätestens um vier Uhr liegt es da, wo es seiner Meinung nach hingehört. Mutter Natur in ihrer grenzenlosen Weisheit hat nämlich den kleinen Babys den Rat mit auf den Weg gegeben: Hör zu, kleiner Mensch, du kannst weder weglaufen noch sprechen noch die Polizei anrufen, wenn böse Geister in deinem Zimmer erscheinen. Sieh zu, dass du immer in der Nähe von großen Leuten bist, die dich beschützen können. Notfalls schreie so lange, bis jemand kommt und dich mit warmen Armen umfängt. Lass dich nie irgendwo alleine ablegen! Babys sind schlau und das Kinderzimmer steht weiter leer.

Wie dem auch sei: Ein Kind muss trotzdem schlafen. Direkt nach der Geburt ist das Neugeborene wach und putzmunter. Mit intensivem Blick sieht es seine Eltern an, als ob es sich deren Gesichter einprägen müsse. Selbst Neugeborene, deren Augen von der Anstrengung der Geburt verschwollen sind, bemühen sich um diesen ersten Blickkontakt und versuchen die Augen wenigstens einen kleinen Schlitz zu öffnen. Nehmen Sie Ihr Kind – auch wenn es noch an der Nabelschnur hängt – so hoch zu sich in den Arm, dass es sie anschauen kann. Und das wird es auf jeden Fall tun. Wie ein Passagier von einem fremden Stern betrachtet das Kind in tiefem Ernst seine neue Lebenslage. Etwa zehn bis zwanzig Minuten nach der Geburt meldet sich der erste Hunger. Das Kind möchte saugen, lutscht eifrig an seinen Fingerchen und schließt dabei die Augen. Nach der ersten Mahlzeit fällt das Neugeborene entspannt und erschöpft in seinen ersten irdischen Schlaf, aus dem sich dann erst in drei bis vier Monaten ein regelmäßiger Schlaf- und Wachrhythmus entwickeln wird. So lange müssen Sie Geduld haben und die Diskussion über das leer stehende Kinderzimmer vertagen.

708

WAS IST DENN NUN MIT DEM KIND IM BETT DER MAMA?

Es gibt Kinder, die von Geburt an ohne Murren in ihrem eigenen Bettchen und Zimmer schlafen. Babys, die essen, gewickelt werden und dann in einen friedlichen Schlummer fallen, sind aber eher die Ausnahme. Wenn Sie Eltern eines solchen Wonnebabys sind, beglückwünschen Sie sich und genießen die stressfreien Nächte. Wenn Sie allerdings mit einem nachtaktiven Baby gesegnet sind, betrachten Sie in ei-

ner stillen Stunde Ihre dunklen Augenringe und fragen Sie sich ernst-
haft, warum Sie eigentlich Ihr Kind zwingen wollen, in seinem eigenen
Bettchen zu schlafen. In absehbarer Zeit – in etwa drei bis vier Monaten
– wird das Kind ins eigene Bett gehen und zu nachtschlafender Stunde
nicht mehr so viel Wert auf Ihre Gesellschaft legen. Ich versichere Ihnen: Es gibt kein Kind auf der Welt, das nicht irgendwann alleine
schläft oder haben Sie schon mal von einem Schulkind gehört, das bei
Mama im Bett liegt.

Der Mensch gehört zur Gruppe der Säugetiere und wie hübsch
findet jeder das Bild einer Katzen- oder Hundemama, die kuschelig mit
ihren Babys im Nestchen liegt. Neugeborene Menschenbabys in ihren
ersten Lebenswochen haben auch die Instinkte der Säugetiere und
möchten sich hübsch im Nestchen an die Mama kuscheln. Schenken
Sie Ihrem Baby diese unwiederbringliche Zeit und vergessen Sie die
moralische Drohung des Verwöhnens. Glauben Sie, ein Katzen- oder
Hundebaby wird zu sehr verwöhnt, wenn es die ersten Lebenswochen
die Körperwärme der Mutter spürt? Wir würden die Tiermutter eher
der Verwahrlosung bezichtigen, wenn sie an einem anderen Ort als
ihre Jungen schliefe. Ein kleines Baby versteht nichts von unserer Welt
und ihren Vorschriften. Es wird geboren und möchte geliebt, geku-
schelt und gewärmt werden. Erst dann – einige Wochen später – kann
es die Regeln lernen.

709

BESTEHT EINE GEFAHR FÜR DAS KIND, WENN ES MIT IM ELTERNBETT SCHLÄFT?

Sie meinen sicher die Gefahr, sich aus Versehen im Schlaf auf das Baby
zu legen und es zu ersticken. Solange Sie keine Drogen genommen haben oder betrunken sind (was ja wohl nicht anzunehmen ist), funktionieren Ihre Instinkte. Sie sind sich im Schlaf bewusst, dass das kleine
Menschenbündel bei Ihnen schläft und Sie werden sich niemals aus
Versehen auf Ihr Kind legen! Nach der Geburt produziert Ihr Körper
bestimmte Hormone, die Sie bei der leisesten Bewegung Ihres Babys
aufwachen, aber ein Erdbeben glatt verschlafen lassen. Wenn Sie trotzdem Bedenken haben, richten Sie dem Kind auf der »Besucherritze«
ein eigenes, kleines Schlaflager her, das Sie mit zusammengerollten

Handtüchern abstecken können. Oder das Schlafkörbchen des Babys wandert abends mit in Ihr Schlafzimmer neben das Bett.

Untersuchungen über den plötzlichen Kindstod haben ergeben, dass mehr Babys betroffen sind, die weitab allein im Kinderzimmer geschlafen haben. Die meisten jungen Mütter haben das tiefe Bedürfnis, ihr Baby beim Schlafen nahe bei sich zu wissen. Folgen Sie diesem Instinkt und lassen Sie sich nicht durch Erziehungsratschläge verunsichern. Und was die Wiederaufnahme des Ehelebens betrifft: Sex ist in den ersten acht Wochen nach der Entbindung sowieso tabu, und nach diesen zwei Monaten kann das Kind durchaus für einen Teil der Nacht im eigenen Zimmer schlafen.

710

ICH MÖCHTE ABER, DASS MEIN KIND IN SEINEM EIGENEN ZIMMER SCHLÄFT. WIE ÜBERZEUGE ICH ES DAVON?

Seien Sie konsequent. Stehen Sie nachts, wenn das Baby weint, auf, gehen Sie ins Kinderzimmer und bleiben mit dem Kind dort. Nehmen Sie es nicht zu sich in das Schlafzimmer, geschweige denn in Ihr Bett. Es kann Ihnen passieren, dass Sie in den ersten Wochen zehnmal und öfter von dem Kind gerufen werden. Sie müssen dann einfach geduldig immer wieder hingehen, dort im Zimmer stillen, wickeln und so lange bleiben, bis das Kind wieder eingeschlafen ist. Notfalls stellen Sie ein Sofa im Kinderzimmer auf und nächtigen dort eine Weile. Nach zwei bis drei Monaten kennt das Kind sein Zimmer und wird (vielleicht) ohne Murren alleine dort schlafen. Außer Ruhe und Geduld gibt es keinen Zaubertrick.

711

UND WAS IST MIT DEM RAT, DAS KIND EINFACH SCHREIEN ZU LASSEN, BIS ES GEHORCHT UND IM EIGENEN ZIMMER SCHLÄFT?

Kleine Babys sind zwar sehr schlau, aber sie denken nicht so wie wir Erwachsenen. Kein Kind liegt alleine in seinem Bett und denkt: »Wenn ich jetzt schreie, dann kommt jemand, nimmt mich hoch und kuschelt mit mir. Da mir gerade langweilig ist, tue ich das jetzt mal und dann wird schon jemand kommen und sich mit mir beschäftigen. Juchhu, ich werde verwöhnt und habe alle schon an der Leine.« Wer das glaubt, versteht von Babys überhaupt nichts und projiziert ein Denkvermögen in das kleine Wesen, das es noch gar nicht hat. Wenn das Baby schreit, hat es einen Grund. Punktum. Auch wenn der Grund in diesem Moment vielleicht Langeweile oder Nicht-alleine-sein-Wollen heißt. Ein kleines Baby vorsätzlich schreien zu lassen, ist gemein und bewirkt nichts, außer dass das Kind sich weder wahrgenommen noch geliebt fühlt.

712

UND WAS IST MIT DEM RAT, DAS KIND JEDEN TAG EIN PAAR MINUTEN LÄNGER ALLEINE IM ZIMMER SCHREIEN ZU LASSEN, DAMIT ES SCHLAFEN LERNEN KANN?

Dieser Rat zeugt von demselben Unverstand wie in der Frage zuvor. Was soll das Kind davon lernen? Heute muss ich zwei Minuten alleine mit meiner Angst leben, morgen vier und übermorgen sechs Minuten. Nach einer Woche dauert es dann eine Viertelstunde, bis jemand, der für mich verantwortlich ist, sich um mich kümmert. Ein Baby denkt nicht in der Art wie wir denken. Rückblickend, vorausschauend, reflektierend oder berechnend.

Stellen Sie sich vor, Sie haben Angst und Kummer und möchten von Ihrem Partner im Arm gehalten und getröstet werden. Heute lässt Ihr Partner Sie zwei Minuten allein mit Ihrer Not, morgen vier und übermorgen sechs Minuten, damit Sie nicht verwöhnt werden und lernen, dass Sie gefälligst allein zurechtkommen sollen. So einem Partner würden Sie schnell den Laufpass geben. Ein Baby kann seinen Eltern nicht den Laufpass geben. Es ist in jeglicher Hinsicht auf die Fürsorge, Liebe und Anwesenheit eines verantwortungsbewussten, erwachsenen Menschen angewiesen.

713

WIE GEWÖHNE ICH DAS KIND NUN ABER AN EINEN SCHLAF- UND WACHRHYTHMUS, DER EIN GEREGELTES FAMILIENLEBEN ZULÄSST?

Mit viel Geduld hauptsächlich, denn in den Schlaf zwingen lässt sich kein Kind. Neugeborene haben kein Wissen darüber, dass es Tag und Nacht überhaupt gibt. Wenn sie müde sind, schlafen sie, und wenn sie wach sind, sind sie wach. Sie kennen keine Uhr und haben keine Alltagsverpflichtungen. Die sanfte Dunkelheit des Mutterleibes hat sie neun Monate umgeben und sie brauchen mindestens drei bis vier Monate, um sich an den Unterschied zwischen Tag und Nacht zu gewöhnen. Um diese Gewöhnung etwas zu beschleunigen, versuchen Sie, in der Nacht eine andere Atmosphäre herzustellen als am Tag. Gehen Sie nur auf Zehenspitzen, wenn das Kind Hunger meldet. Sprechen Sie, wenn überhaupt, nur flüsternd mit dem Kind. Machen Sie kein Licht an. Sparen Sie sich das Wickeln, so lange das Kind keinen wunden Po hat. Füttern Sie das Baby und gehen Sie wieder schlafen.

Im Unterschied dazu unternehmen Sie am Tage viel mit dem Kind. Zwischen den Mahlzeiten ausgiebige Spiel- und Singstunden einlegen, Baden und Massieren, Spazierengehen, viel Licht, Luft und Sonne, und bald wird das kleine Menschlein merken, dass es einen Unterschied gibt. Im Hellen ist was los, bei dunkler Nacht ist alles langweilig. Wenige Wochen Geduld und Sie werden mit einem friedlich schlafenden Kind belohnt.

714

WIE IST ÜBERHAUPT DER SCHLAFRHYTHMUS EINES NEUGEBORENEN?

In den letzten Monaten Ihrer Schwangerschaft merken Sie, wann das Ungeborene wach ist, trampelt und tritt und wann es schläft. Beobachten Sie ein wenig diese Zeiten und Sie werden wissen, wie der Schlafrhythmus Ihres Babys sein wird. Kinder behalten diese Zeiten etwa sechs bis acht Wochen nach der Geburt bei, bis sie sich an unsere Zeit gewöhnt haben. Jedes Kind bringt seinen einzigartigen Charakter mit auf die Welt, und es gibt keinen allgemein gültigen Schlafrhythmus für alle Neugeborenen.

715

WIE VIEL MUSS DAS NEUGEBORENE SCHLAFEN?

Die erste Lebenswoche ruht sich das Kind von der Geburt aus. Es schläft sehr viel. Es übt trinken und die Windel voll machen. Wenn es das gelernt hat, klappt es die Äuglein auf und ist hier angekommen. Die meisten jungen Mütter sind sehr erstaunt darüber, wie viel ein kleines Baby schon teilhaben möchte am Leben. Sie sind beunruhigt, wenn ihr Kind so viel wach ist. Sie machen sich Sorgen, dass das Kind mit so wenig Schlaf nicht wachsen und gedeihen kann. Diese Sorgen sind vollkommen unnötig, da jedes Kind alleine weiß, wie viel es schlafen muss. Kleine Babys schlafen in jeder Lebenslage, an jedem Ort und in jeder Haltung, wenn sie müde sind, und holen sich ihren Schlaf zu den verrücktesten Zeiten.

Auch individuelle Charaktereigenschaften des Kindes spielen eine große Rolle. Es gibt Frühaufsteher und morgenmuffelige Babys. Es gibt Tag- und Nachtmenschen. Es gibt Kinder, denen zehn Minütchen zum Regenerieren reichen und dieses Zehn-Minuten-Nickerchen machen sie zehnmal am Tag. Andere Kinder brauchen drei Stunden Mittagsschlaf, um nicht unleidlich zu sein. Bieten Sie Ihrem Kind in Ruhe die Möglichkeit zum Schlafen an, aber seien Sie nicht enttäuscht, wenn das Kind Ihr Angebot ablehnt. Spätestens nach den berühmten drei bis vier Monaten entwickelt jedes Kind einen einigermaßen akzeptablen Schlafrhythmus, der dann aus einem längeren Nachtschlaf und einem Mittagsschläfchen besteht.

716

WORAN MERKE ICH, DASS MEIN BABY MÜDE IST?

Schon ganz kleine Kinder reiben sich die Äuglein, wenn sie müde sind. Das Kind wird quengelig, unleidlich und weinerlich. Ziehen Sie sich einen Moment in ruhige Umgebung zurück, geben Sie dem Kind die Brust, und meistens wird es friedlich einschlafen.

717

MUSS MAN GANZ LEISE IN DER WOHNUNG SEIN, WENN DAS KIND SCHLÄFT?

Ich würde nicht gerade die neueste Heavy-Metall-CD neben den Ohren des Kindes abspielen, aber normale Alltagsgeräusche sollten ein Kind nicht stören. Nicht die Klingel abstellen, es könnte jemand von der Lottostelle sein. Auch nicht das Telefon abstellen, manchmal rufen die vom Lotto vorher an. Wenn Sie keine Lust auf Besuche und Anrufe haben, ziehen Sie die Stecker aus der Wand, aber nicht, um das Baby vor Alltagsgeräuschen zu schützen. Stellen Sie sich vor, Sie hätten das dritte Kind bekommen und zwei Kindergartenkinder tobten noch durch die Wohnung. Sie müssen auch nicht flüstern oder auf Zehenspitzen gehen. Je mehr normale Geräusche wie Radio, Fernsehen oder

Gespräche mit Freunden das Baby im Schlaf umgeben, desto besser wird es schlafen, denn es weiß, dass Sie zu Hause sind. Übrigens: Das Geräusch vom Staubsauger lieben kleine Babys.

718

MUSS DAS BABY AUCH TAGSÜBER IN SEINEM EIGENEN BETTCHEN SCHLAFEN?

Nein. Kinder lieben es, dort zu schlafen, wo Sie sich gerade aufhalten. Das Baby kann in einem Nestchen auf dem Sofa schlafen. (Vorsicht: Das Kind darf nicht herunterfallen können!) Sie können aus dem Still-kissen ein prima Ersatzbettchen bauen. Sie können eine dicke Decke oder ein Fell auf den Boden legen und ein gemütliches Lager errichten.

719

BRAUCHT MAN UNBEDINGT EIN STILLKISSEN?

Das Stillkissen ist ein hufeisenförmiger Stoffschlauch, gefüllt mit Reis, Dinkel oder sieben Milliarden Styroporkügelchen. Wenn Sie eines haben, ist es prima, wenn nicht, auch nicht schlimm!

720

WIE KANN ICH DAS STILLKISSEN WASCHEN?

Bitte nur den Überzug, und nie das ganze Kissen waschen.

721

WAS WÜRDE DANN PASSIEREN?

Die Reis- oder Dinkelfüllung beginnt bei Feuchtigkeit zu keimen und Sie können bald Ihr Mittagessen vom Stillkissen ernten. Noch spaßiger sind sieben Milliarden freie und einzeln in der Waschmaschine schwe-bende Styroporkügelchen, die sich kaum einfangen lassen!

722

DARF DAS BABY AUCH MAL IN DER WIPPE SCHLAFEN?

Jeder tut es, aber alle haben ein schlechtes Gewissen. Wenn das Kind nicht 24 Stunden am Tag in der Wippe liegt, darf es auch mal eine Weile darin schlafen. Der Rücken des Babys wird etwas durchgebogen, aber das ist nicht so schlimm. In Ihrem Bauch war der Rücken viel mehr durchgebogen. Auch im Kängurubeutel oder Tragetuch darf das Kind beim Spaziergang natürlich schlafen und wird das auch sehr gerne tun.

723

WIE SOLL EIN KINDERBETT BESCHAFFEN SEIN?

Das Wichtigste ist: Das Kind darf nicht herausfallen können. Wenn Sie von Anfang an ein Gitterbettchen benutzen, sollten Sie darauf achten, dass die Schlaffläche tiefergestellt werden kann, die Gitterstäbe einen so nahen Abstand haben, dass das Kind nicht den Kopf durchstecken kann und an einer Längsseite zwei Gitterstäbe zu entfernen sind, damit für das Krabbelkind eine »Ausstiegsluke« hergestellt werden kann. Dem winzigen Neugeborenen kann in einem großen Gitterbett mit dicken, zusammengerollten Handtüchern ein Nestchen abgesteckt werden. Die ganz Kleinen fühlen sich oft verloren in dem großen Bett. Die Matratze sollte relativ hart sein und neu gekauft werden. Als Zudecke, Plumeau genannt, eignet sich für die kleinen Babys ein nicht zu dickes Kopfkissen, das man auch problemlos für den Kinderwagen benutzen kann. Naturmaterialien sind besser als Synthetik.

724

AB WANN BRAUCHT DAS KIND EIN KOPFKISSEN?

Wenn Ihr Kind in einem vollständigen Satz mit gut verständlichen Wörtern nach einem Kopfkissen verlangen kann, dann darf es eines haben. Für kleine Babys ist ein Kopfkissen lebensgefährlich und für Krabbelkinder überflüssig. Das Neugeborene bekommt eine gut festgesteckte Mullwindel als Spuckeauffänger.

725

DARF DAS BABY EIN FELL IM BETT HABEN?

Babys lieben ihr Fell. Im Winter wärmt es und im Sommer sorgt es für Temperaturausgleich. Die Haut des Babys kommt nicht direkt mit dem Fell in Berührung, da das Kind nicht nackt schläft. Unter das Gesicht sollten Sie aber eine zum Dreieck gefaltete Mullwindel legen. Das Fell darf mit in den Kinderwagen oder auch als Kuscheldecke auf dem

Fußboden liegen. Ich würde kein gebrauchtes Fell kaufen; am besten lassen Sie sich eines von den Großeltern schenken. Bitte stecken Sie das Fell nie in die Waschmaschine, sondern waschen es per Hand mit einer speziellen Waschlotion.

726

WAS IST MIT EINEM BABYSCHLAFSACK?

Die gesteppten Schlafsäcke, die es für Babys zu kaufen gibt, sind zwar sehr praktisch, sollten aber erst benutzt werden, wenn das Kind eigenständig rollen kann, das heißt frühestens ab dem sechsten Lebensmonat. Ein winziges Neugeborenes hat in solch einem Sack nichts zu suchen. Wenn Ihr Kind im Sommer zum Krabbelkind wird, können Sie dieses Schlafsäckchen anstatt der Zudecke benutzen. Witzig ist, wenn die Kinder laufen lernen und morgens in ihrem Schlafsack ans Bett der Eltern gelaufen kommen. Unbedingt fotografieren!

727

WAS MUSS DAS KIND ZUR NACHT ANZIEHEN?

Babys brauchen keine speziellen Schlafanzüge. Bewährt haben sich Strampelhosen, die in der Windelgegend mit Druckknöpfen aufzumachen sind. Sie brauchen dann als Erwachsener mit Ihrem schlaftrunkenen Kopf nicht das ganze Kind an- und ausziehen. Die Nachtbekleidung sollte sich auch der Witterung anpassen. In einer heißen, schwülen Sommernacht reicht dem Baby ein dünnes Hemdchen, ein dünner Strampelanzug und eine leichte Zudecke. Im Winter darf das Baby mit Hemdchen, Jäckchen und dickem Strampelhöschen unter seinem kuscheligen Plumeau schlummern.

728

WELCHE TEMPERATUR MUSS IM SCHLAFZIMMER SEIN?

Das Fenster ist zu, die Heizung aufgedreht, das Kind liegt angezogen unter der Bettdecke und schreit zum Steinerweichen. Vielleicht hat es Kopfschmerzen und Frischluftbedarf. In den meisten Babyzimmern ist es viel zu warm. Einem gesunden, reifen Neugeborenen schadet ein wenig kühle Luft nicht. Sie dürfen das Fenster kippen und die Heizung abgedreht lassen. Nur Durchzug sollten Sie vermeiden. Wer schläft schon gerne im Durchzug? Wenn es winterlich kalt ist, können Sie einem kleinen Baby für die Nacht ein dünnes Mützchen aufsetzen und eventuell noch eine Wolldecke über die Zudecke legen. Für das nächtliche Wickeln schalten Sie die Wärmelampe über dem Wickeltisch ein.

729

IN WELCHER KÖRPERPOSITION SOLL DAS BABY GEBETTET WERDEN?

Die ersten Lebenswochen sollten Sie Ihr Baby immer in der Seitenlage schlafen lassen. Ein zusammengerolltes Handtuch stützt den Rücken ab, damit sich das Kind nicht umdrehen kann. Die Stütze muss von Kopf bis Fuß gehen. Betten Sie das Baby immer abwechselnd auf die linke und rechte Körperseite. Vor das Bäuchlein kann ein Handtuch zur Stütze, bei Bauchschmerzen eine kleine Wärmflasche. Wenn das Kind größer wird, sucht es sich seine eigene Schlafposition.

730

UND WAS IST MIT DER VERRUFENEN BAUCHLAGE?

Bei der Untersuchung des plötzlichen Säuglingstodes wurden vermehrt Kinder gefunden, die in der Bauchlage geschlafen hatten. Seit einigen Jahren gilt aus diesem Grund die Empfehlung, die Bauchlage als Schlafposition zu vermeiden. Ich sehe mehr und mehr, dass Eltern Ihre Kinder überhaupt nicht auf den Bauch legen und halte diese Angst für übertrieben.

In der Nacht, wenn Sie selbst schlafen und somit die Kontrolle abgeben, würde ich das Kind auf jeden Fall nur in der Seitenlage betten. Aber tagsüber, wenn das Kind in Ihrem Sichtkontakt ein Nickerchen macht, darf es ruhig mal auf dem Bäuchlein schlafen. Viele Kinder mögen die Bauchlage, und vorhandene Blähungen lösen sich leichter. Wenn das Kind wach ist und Spielstunde hat, sollten Sie Ihr Baby täglich ermuntern, in der Bauchlage ein wenig zu turnen. Die Rückenmuskulatur wird gestärkt, das Kind lernt besser, den Kopf zu heben und zu halten und der Bizeps wird auch trainiert. Außerdem wird das Kind dann am Hinterkopf nicht so kahl.

731

DARF DAS BABY ZUM EINSCHLAFEN EINEN SCHNULLER IM MUND HABEN?

Wenn das Kind genug genuckelt hat, spuckt es den Schnuller wieder aus. Es kann nicht daran ersticken.

732

DAS KIND HAT ZUM EINSCHLAFEN EINEN SCHNULLER, SPUCKT IHN ABER IMMER WIEDER AUS UND ICH MUSS ZEHNMAL HINGEHEN UND DEM BABY DEN SCHNULLER WIEDERGEBEN. WAS MACHE ICH DA?

Sie bestreichen den Schnuller mit Klebstoff und kleben ihn am Mund des Babys fest. Quatsch! Sie müssen leider immer wieder hingehen, bis Ihr Prinzlein oder die Prinzessin geruht einzuschlafen.

733

DARF DAS BABY ZUM EINSCHLAFEN EINE FLASCHE IM MUND HABEN?

Nein, niemals! Erstens ist das sowieso schlecht für die Zähne und zweitens kann ein Baby an der Nahrung ersticken.

734

WAS IST MIT KUSCHELTIEREN IM BETT?

Neugeborene können mit Kuscheltieren noch nichts anfangen. Wenn Sie dem Kind ein niedliches Kuscheltier mit ins Bett legen möchten, legen Sie es so, dass es nicht auf das Kind fallen und am Atmen hindern kann. Krabbelkinder mögen gerne ihr Lieblings-Kuscheltier im Bett haben. Eine Arche-Noah brauchen Sie aber nicht aufzubauen.

735

BRAUCHEN BABYS EINE SPIELUHR?

Die meisten Babys mögen Musik und eine Spieluhr am Bett – nicht im Bett. Schön ist es, wenn Sie sich schon während der Schwangerschaft eine Spieluhr anschaffen und diese auf Ihren Bauch legen, um dem Ungeborenen die Musik vorzuspielen. Die Kinder kennen dann schon die Melodie. Man hat festgestellt, dass Babys die Musik von Mozart lieben.

736

HABEN BABYS ANGST IM DUNKELN, BRAUCHT MAN EIN NACHTLICHT?

Die einzige Person, die ein Nachtlicht braucht, ist diejenige, die das Kind nachts versorgt. Babys kommen aus dem Dunkeln und haben noch keine Angst vor Monstern, erst größere Kinder. Sie können die Rollos zumachen oder auflassen, wie Ihnen beliebt. Tagsüber muss das Kind nicht im Dunkeln schlafen, manchmal hilft es aber beim Einschlafen.

737

WAS MACHT DIE MUTTER, WENN DAS KIND SEINEN MITTAGSSCHLAF HÄLT?

Auch einen Mittagsschlaf, vor allem die ersten acht Wochen. Wenn Sie nachts herumgeistern, müssen Sie sich ein wenig Schlaf am Tage holen. Alles stehen und liegen lassen und ab aufs Sofa. Eisern!

738

WARUM MACHEN BABYS IM SCHLAF MANCHMAL SO KOMISCHE TÖNE?

Babys träumen sehr viel. Sie verbringen viel mehr Zeit mit Träumen als Erwachsene. Wenn Babys etwas Schönes und Angenehmes träumen, lächeln sie im Schlaf. Manchmal weinen sie kurz auf, zucken zusammen und schlafen dann friedlich weiter. Vielleicht hat das Kind Pipi im Schlaf gemacht.

739

WOVON TRÄUMEN DENN BABYS?

Von allen Dingen, die sie erleben. Sie verarbeiten die Geburt im Traum. Töne, Stimmen, Farben, Gesichter, angenehme und unangenehme Erfahrungen werden von dem kleinen Gehirn aufgenommen und müssen zugeordnet werden.

740

WORAN MERKE ICH, DASS MEIN BABY GERADE TRÄUMT?

Sie können das an den Augenbewegungen erkennen. Babys verdrehen im Schlaf – vor allem beim Einschlafen – oft so sehr die Augen, dass sie schielen oder nur noch das Weiße der Augen zu sehen ist. Das kann sehr erschreckend wirken, ist aber nur ein Zeichen von tiefer Entspannung.

741

WARUM SCHLAFEN BABYS LIEBER AUF DEM ARM ALS IN IHREM BETT?

In der Schwangerschaft ist das Ungeborene durch Ihre Bewegungen beständig hin und her getragen worden. Es liebt dieses Geschaukel und mag nicht alleine im unbeweglichen Bett liegen. Deswegen schläft das Kind lieber auf Ihrem Arm. Nur wenn das Baby ganz feste eingeschlafen ist, merkt es nicht, wenn es ins Bett abgelegt wird.

742

WORAN MERKE ICH, DASS DAS BABY NUN GANZ FEST SCHLÄFT?

Das Kind wird schwer und schwerer, die Augen zucken hin und her, und wenn man ein Ärmchen des Kindes hochhebt, fällt dieses wie bei einer Stoffpuppe herunter.

743

... UND WENN DAS KIND DANN ENDLICH SCHLÄFT?

Legen Sie es vorsichtig ins Bett, atmen einmal tief aus, gehen auf Zehenspitzen zur Türe und hoffen, dass Sie nun in Ruhe Ihr neues Buch lesen können. Es kann klappen, muss aber nicht. Die meisten Babys sind die ersten drei bis vier Monate in ihrem Schlafverhalten recht anstrengend. Haben Sie einfach ein wenig Geduld und trösten sich mit der Tatsache, dass andere frisch gebackene Eltern auch schwarze Ränder unter den Augen haben.

21
DER TRANSPORT DES BABYS

■ ■

Ein Baby kann nicht laufen. Es ist ein Nesthocker. Mindestens ein Jahr benötigt das durchschnittliche Menschenkind, bis es auf seinen dicken Beinchen die ersten freien Schritte wagt. Solange muss es getragen, geschoben, gezogen oder hingelegt werden. Letzteres schätzen Babys überhaupt nicht. Wie soll man denn etwas lernen, wenn man irgendwo herumliegt, nur an die langweilige Decke starren kann und einem dabei noch die Haare am Hinterkopf ausfallen?

Stellen Sie sich vor, Sie wären eine Mutter in der Steinzeit. Ihr Baby schreit, weil es alleine auf dem Bärenfell liegt und Sie keine Zeit haben, da Ihnen gerade das Bärenfleisch über dem offenen Feuer anzubrennen droht. Wenn das Baby so laut brüllt, lockt es vielleicht einen Säbelzahntiger an. Also klemmen Sie sich das Kind unter den Arm. Jetzt haben Sie aber keine Hand mehr frei. Das Baby betrachtet interessiert das angebrannte Fleisch über dem Feuer und wie Sie es zu retten versuchen. Ihr Steinzeit-Mann mag sein Steak lieber medium und nicht zu Holzkohle gegrillt. Sie müssen das Kind wieder ablegen. Was tut das süße Mäuschen? Es schreit sofort wieder los. Da fällt Ihnen etwas ein. Eine Art Band, mit dem Sie das Baby an Ihrem Körper festhalten können und trotzdem beide Hände frei haben. So wurde das Tragetuch erfunden und leistet der Menschheit bis heute gute Dienste.

Szenenwechsel, ein paar tausend Jahre später. Es gibt keine Säbelzahntiger mehr. Babys wollen sich aber immer noch nicht ablegen lassen, also schleppen Sie Ihr Kind im Tragetuch. Irgendein Urahne von Ihnen hat das Rad schon erfunden. Sie versuchen gerade einen störrischen Maulesel zu überreden, den klapprigen Karren hinter sich nach Hause zu ziehen. Sie haben Gemüse auf dem Markt verkauft, Ihr Baby den ganzen Tag auf der Hüfte getragen und sind hundemüde. Das Kind ist schwer und Ihr Arm wird lang und länger. Missmutig trotten Sie auf dem schlammigen Weg neben dem Karren einher und fragen sich, warum Sie mehr schleppen müssen als so ein dummer Esel, der mit seiner Körperkraft locker den Wagen ziehen kann. Da fällt Ihnen etwas ein. Eine Art Karren, in den Sie das Kind legen und auf den Markt ziehen können. So wurde der Kinderwagen erfunden und Sie zur reichsten Frau der Gegend, weil Sie sich diese Idee patentieren ließen und jede Mutter solch einen praktischen Kinderkarren von Ihnen kaufen wollte.

744

MEINE KINDERKARRE WIRD ABER GESCHOBEN, NICHT GEZOGEN!

Die Erfindung wurde im Laufe der Zeit eben weiterentwickelt. Ein Kinderwagen von heute hat auch keine Holzräder mehr.

745

UND KOSTET AUCH MEHR!

Gebrauchte Autos sind billiger als ein Luxuskinderwagen.

746

WELCHE KINDERWAGENMODELLE GIBT ES DENN?

Das Urmodell ist ein Kasten auf Rädern mit Stange zum Schieben. Der Kasten kann abgehoben werden. Dann gibt es ein zusammenklappbares Modell und ein Zaubermodell, das mitwächst und sich zu gegebener Zeit in einen Sportwagen verwandelt. Weiterhin ein Modell, bei dem die Fahrtrichtung gewechselt werden kann. Das Luxusmodell besitzt all das und sogar noch eine Art integrierten Autositz. Für zwei Kinder unterschiedlichen Alters gibt es das Modell »Alles unter Kontrolle« mit Sitz- und Schlafwagenabteil. Zwei Kinder gleichen Alters können hinter- oder nebeneinander, aber auf jeden Fall gleichzeitig ausgefahren werden. Ein gepunkteter Sonnenschirm ist nicht im Preis mit inbegriffen. Regenschutz, Einkaufsnetz, Fellbeutel und sonstiges Zubehör ebenso wenig.

747

MUSS ICH DENN UNBEDINGT EINEN NEUEN KINDERWAGEN KAUFEN?

Es gibt wunderbare, saubere und gut gepflegte Kinderwagen von privat oder Secondhand zu kaufen. Das Modell »Alles unter Kontrolle« ist aber vermutlich hinüber, wenn das zweite Kind alleine läuft.

748

WELCHES MODELL IST AM ZWECKMÄSSIGSTEN?

Das Modell »Riesiges, nicht zusammenklappbares Monstrum« sollten Sie nur erwerben, wenn Sie gleichzeitig beim Autohändler einen Kleintransporter kaufen. Zwillinge dürfen nicht in einem Kinderwagen liegen, das fördert Geschwisterrivalitäten. Mein Favorit ist das Zaubermodell mit gepunktetem Sonnenschirm in Ultraleichtbauweise.

749

WORAUF SOLLTE MAN BEIM KAUF EINES KINDERWAGENS NOCH ACHTEN?

Der Wagen sollte möglichst hohe Räder und ein hohes Gestänge haben, damit Ihr Baby Frischluft statt Autoabgase atmen kann. Je luxuriöser die Federung, desto besser! Ein höhenverstellbarer Griff zum Schieben gehört hoffentlich zur Standardausführung. Und für die Wirbelsäule Ihres Kindes nehmen Sie lieber Gummiräder, auch wenn Plastik billiger ist.

750

WELCHES ZUBEHÖR IST SINNVOLL?

Sie brauchen neben dem gepunkteten Sonnenschirm: einen durchsichtigen Regenschutz, ein Einkaufsnetz und für das Winterkind einen warmen, gefütterten Sack.

751

WELCHES ZUBEHÖR IST NICHT NÖTIG?

Gestänge, um die Fahrtrichtung zu verändern und Sichtfenster im Verdeck.

752

IN WELCHE FAHRTRICHTUNG SOLL MEIN KIND DENN SITZEN?

Ich würde mein Kind nur so fahren, dass ich es sehen kann, also gegen die Fahrtrichtung.

753

IST DEM KIND NICHT EGAL, IN WELCHE RICHTUNG ES FÄHRT?

Dem Kind ist es wahrscheinlich egal, aber wenn es in Fahrtrichtung liegt und das Verdeck hochgeklappt ist, sehen Sie nicht, wenn das Neugeborene erbricht, das Krabbelkind sich zum Sitzen hochzieht oder vor einem großen Hund erschrickt. Auch die Kommunikation mit Ihrem Kind ist erheblich erschwert.

754

UND WARUM KEINE SICHTFENSTER?

Ein Baby soll beim Spaziergang schließlich etwas sehen, dachte man, und baute einen Kinderwagen mit Sichtfenster. Durch wabbeliges Plastik konnte das Baby auf diese Weise die Beine der vorübergehenden Menschen wahrnehmen. Wenn das Kind dann sitzen konnte, war es ganz erstaunt, dass Menschen auch Oberkörper und einen Kopf haben.

755

AB WANN DARF MAN EINEN BUGGY BENUTZEN?

Den wie einen Regenschirm zusammenfaltbaren Buggy heben Sie auf, bis Ihr Kind laufen kann. Die kleinen Plastikräder und die Federung des Buggys dürfen der Wirbelsäule des Kindes vorher nicht zugemutet werden.

756

ES GIBT ABER AUCH BUGGYS FÜR KRABBELKINDER.

Nur wenn der Wagen Gummiräder und eine gute Federung hat, sollten Sie dieses Modell in Erwägung ziehen.

757

ICH WILL ÜBERHAUPT KEINEN KINDERWAGEN, ICH NEHME NUR DAS TRAGETUCH.

Wenn Sie an einem Sandstrand wohnen und nur dort spazieren gehen, ist der Kinderwagen wirklich überflüssig. Andernfalls ist er schon eine gute und praktische Erfindung, denn er schont Ihre Kräfte.

758

AB WELCHEM ALTER DARF DAS BABY IN EIN TRAGETUCH?

Babys dürfen von Geburt an in einem Tragebeutel getragen werden.

759

ABER IST DAS NICHT SCHLECHT FÜR DIE WIRBELSÄULE?

Menschenbabys sind bis zur Erfindung des Kinderwagens immer und ausschließlich mit Bändern, Beuteln oder Tüchern am Körper getragen worden. Mir ist nicht bekannt, dass unsere Ahnen alle einen krummen und schiefen Rücken hatten.

760

WELCHE TRAGEHILFEN GIBT ES DENN?

Den Kängurusack, den Snuggli, das Tragetuch und eine stabile Kiepe oder Kraxe für den Rücken.

761

WAS IST EIN KÄNGURUSACK?

Das ist ein Stück Stoff mit fünf Löchern und langen Bändern. Den Sack legt man sich vor den Bauch, bindet die Bänder wie bei einer Schürze am Rücken zu und friemelt das Baby in die fünf Löcher. Zwei für die Beine, zwei für die Arme und eines für den Kopf. Achten Sie darauf, dass der Kopf des Babys immer oben herausschaut und sein Rücken stramm genug festgebunden ist.

762

UND EIN SNUGGLI? WAS IST DAS?

Das ist ein Luxus-Kängurusack mit einem Wärmebeutel drumherum.

763

DAS TRAGETUCH IST JA NUR EIN STÜCK LANGER STOFF!

Diese Stoffbahn, in besonderer Weise gewebt, kann auf vielfältige Weise um den Körper geschlungen und verknotet werden. Das Baby sitzt entweder vorne oder hinten, auf der Hüfte oder in einer Art Wiege. Lassen Sie sich die verschiedenen Methoden von einer erfahrenen Tragetuch-Mutter zeigen.

764

AB WANN DARF EIN BABY IN DIE KIEPE ODER KRAXE AUF DEM RÜCKEN?

Erst wenn das Kind alleine sitzen kann.

765

ICH HABE EIN KIND, DAS GERADE LAUFEN LERNT, UND EIN NEUGEBORENES.

Erwägen Sie die Anschaffung des Kinderwagenmodells »Alles unter Kontrolle« oder kaufen Sie für das Laufkind ein Rollbrett.

766

WAS FÜR EIN BRETT?

Das Rollbrett ist eine Art Mini-Skate-Board, das am Kinderwagen eingehängt wird.

767

ERZÄHLEN SIE NOCH ETWAS ÜBER DEN AUTOSITZ.

Im Auto müssen Babys per Gesetz in einem speziellen Sitz verwahrt und angeschnallt werden. Sparen Sie nicht bei der Anschaffung und beachten Sie exakt die Vorschriften der Hersteller, wie und wo der Sitz zu befestigen ist.

768

MÖGEN BABYS DAS AUTOFAHREN?

Schon winzige Neugeborene schlummern selig ein, sobald der Motor angelassen ist. Wenn Sie eine längere Strecke fahren, machen Sie spätestens nach zwei Stunden eine Pause und nehmen Sie das Kind für eine Weile aus dem Autositz heraus.

769

SOLL MAN EIN HAMPELNDES KRABBELKIND IM SPORTWAGEN BESSER AN DIE LEINE NEHMEN?

Es sieht schon etwas komisch aus, wenn Kinder im Wagen mit einem Geschirr festgehalten werden, aber es gibt lebhafte Babys, für die diese Leine durchaus sinnvoll ist. Bevor Ihr Baby zehnmal am Tag aus dem Kinderwagen purzelt, schnallen Sie es ruhig an.

770

WANN DARF ICH DAS KIND AUF DEN SCHULTERN SITZEND TRAGEN?

Wenn das Kind frei sitzen kann und vernünftig genug ist, sich an Ihren Haaren festzuhalten.

771

MEIN KIND HAT LAUFEN GELERNT!

Herzlichen Glückwunsch! Manches wird nun leichter. Sie brauchen Ihr Baby kaum mehr zu tragen und können einen Buggy benutzen. Denken Sie daran, dass Kinder in diesem Alter noch keine Verkehrsregeln kennen und während des Spaziergangs wieselschnell und unvorhersehbar auf die Straße laufen können, weil sie dort etwas Spannendes gesehen haben.

22
ZÄHNCHEN UND ERSTE BEIKOST

▪ ▪ ▪ ▪ ▪ ▪ ▪ ▪ ▪ ▪ ▪ ▪ ▪ ▪ ▪ ▪ ▪

Zahngespräche: »Hat Ihr Baby schon einen?« »Nein, leider nicht, aber ich glaube es kommt einer. Dauernd hat es die Finger im Mund, sabbert zehn Lätzchen am Tag voll, quengelt, schläft schlecht und beißt mich beim Stillen in die Brust. Ich schaue jeden Tag nach, aber es ist nichts zu sehen! Hat Ihr Baby denn schon einen?« »Nein, leider auch noch nicht. Aber mein Kind hat dauernd einen wunden Po und auch schon Durchfall gehabt. Wenn ich ihm die Flasche gebe, dreht es den Kopf weg und schreit. Neulich hatte es sogar hohes Fieber und vorne im Mund sind schon so weiße Punkte. Ich hoffe, dass es bald einen kriegt!«

Diese beiden Mütter oder Väter warten nicht auf eine Kinderkrankheit oder dass ihre Babys Golddukaten in die Windeln legen, sondern auf einen gewöhnlichen, aber ganz besonderen Entwicklungssprung. Im ersten Lebenshalbjahr des Babys gibt es kaum ein Ereignis, das so aufregend ist wie das Erscheinen des ersten Zahnes. Blähungen sind zwar auch aufregend, aber nicht so erfreulich. Das erste Lächeln, das erste Juchzen, die ersten gelallten Silben und die ersten Drehversuche sind natürlich ebenfalls aufregend, aber nicht so einschneidend.

Mit dem ersten Zahn jedoch verwandelt sich der Säugling in einen »Beißling«. Das süße, kleine Rosenmündchen bestückt sich mit winzigen, schneeweißen Werkzeugen, die ohne Probleme ein Schnitzel, eine Pizza oder ein Stück Brot zermalmen können. Das Erscheinen der Zähne signalisiert, dass die Zeit der reinen Milchernährung nun vorbeigeht und feste Nahrung auf dem Speiseplan stehen soll. Bis aber der erste Zahn das Licht der Welt erblickt, vergehen oft Wochen, in denen das Baby unleidlich und unzufrieden ist.

Vielleicht bitten Sie einfach die Zahnfee, dass sie Ihrem Kind schnell und ohne Schmerzen seine Zähnchen schenken möge. Sie kennen die Zahnfee nicht? Diese Fee ist eine luftige Dame, die ausgefallene Milchzähne in der Nacht aus einer Streichholzschachtel unter dem Kopfkissen des Kindes hervorholt und stattdessen ein kleines Geschenk hineinlegt. Grundschulkinder, die mitten im Zahnwechsel stehen, kennen diesen freundlichen Nachtgeist gut, aber auch für Babys kann sie eventuell etwas tun.

772

IST DIESER »QUATSCH« MIT DER ZAHNFEE IN UNSERER COMPUTERGESTEUERTEN WELT NOCH ZEITGEMÄSS?

Wie phantasielos und emotional verarmt wäre unsere Zeit, wenn wir nicht mehr gemeinsam mit unseren Kindern in die magische Welt von Feen, Zauberern, dem Nikolaus, dem Osterhasen oder Weihnachtsmann eintauchen könnten, weil diese Geschichten angeblich pädagogisch sinnlos sind. Kinder lieben und brauchen diesen »Quatsch«, weil es kein Quatsch ist, sondern Rituale, die ihnen Geborgenheit, Ordnung und Aufgehobensein in unserer komplizierten Welt vermitteln. Schenken Sie Ihren Kindern diese Rituale und denken Sie daran, dass Ihre Kinder später noch lange genug erwachsen sein müssen.

773

WANN BRINGT NUN DIE ZAHNFEE DEN ERSTEN ZAHN?

Lange vor der Geburt sind die Zähne im Kiefer bereits fertig angelegt und bei den meisten Babys erfolgt der erste Zahndurchbruch etwa mit einem halben Jahr. Es gibt aber auch Kinder, die schon mit drei Monaten oder erst mit einem Jahr den ersten Zahn bekommen.

774

GIBT ES KINDER, DIE SCHON BEI DER GEBURT EINEN ZAHN HABEN?

Gelegentlich kommen Kinder mit einem oder mehreren schon durchgebrochenen Zähnen zur Welt. Ganz selten handelt es sich dabei um die eigentlichen Milchzähne. Meistens sind es überzählige Zähne, die bald ausfallen – sozusagen eine Spielerei der Natur.

775

WELCHER ZAHN KOMMT DENN ZUERST?

Meist schiebt sich nach langem Zahnen einer der beiden mittleren Schneidezähne im Unterkiefer heraus. Kurz danach kommt der Zweite. Manche Babys bekommen auch zuerst die beiden Schneidezähne im Oberkiefer. Die zweiten, seitlichen Schneidezähne wachsen wenige Wochen später. Auf der ersten Geburtstagsparty können die Kinder mit ihren etwa acht bis zwölf Zähnen schon gut eine Wurst und Pommes verdrücken.

776

WIE VIELE MILCHZÄHNE HAT EIN KIND?

Acht Schneidezähne, acht Backenzähne und vier Eckzähne, die auch Augenzähne genannt werden und beim Zahnen die meisten Probleme bereiten.

777

WAS VERSTEHT MAN UNTER »ZAHNEN«?

Wahrscheinlich verursacht das Emporwachsen der Zähne innerhalb des Kieferknochens dem Baby schon ziemliche Schmerzen. Dann schwillt das Zahnfleisch an und rötet sich, der Zahn drückt von unten dagegen und bohrt ein Durchschlupfloch. Klitzekleine Zacken sind nun mit dem Finger zu fühlen. Einige Tage später steht der ganze Zahn im Mund. Die gesamte »Geburt« eines Zahnes dauert vermutlich drei bis vier Wochen, und die ganze Zeit hat das arme Baby Zahnschmerzen, ohne zu begreifen, was vor sich geht. Das Kind ist unleidlich und unzufrieden. Es zahnt, sagt man. Früher wurden viele Säuglingserkrankungen auf das Zahnen geschoben, Vorsorgeuntersuchungen gab es keine, und so blieb manche Krankheit unentdeckt.

778

WELCHE »SYMPTOME« DARF EIN KIND DENN BEIM ZAHNEN HABEN?

Im Vordergrund steht die Unleidlichkeit und Quengeligkeit. Das Kind wacht nachts auf, schreit wie am Spieß und greift sich immer in den Mund. Den ganzen Tag läuft ein dünnflüssiger Speichel, es sabbert. Wenn es die Brust oder Flasche angesaugt hat, kann es beißen oder die

Nahrung schreiend wieder ablehnen. Am Mund und auf den Bäckchen können sich runde, rote Placken bilden. Durchfall darf es haben und einen wunden Popo. Kleine, weiße Pünktchen auf der Zahnleiste zeigen die Durchbruchstelle des Zahnes an. Auch das so genannte Zahnfieber in Verbindung mit einer triefenden Schnupfennase kann auftreten. Wenn der Kinderarzt keine weiteren Krankheitszeichen findet, können Sie all diese Symptome auf das Zahnen schieben.

779

WARUM WACHT DAS KIND NACHTS WIEDER AUF?

Man vermutet, dass die Wachstumsschübe der Zähne hauptsächlich nachts und im Schlaf erfolgen. Das Baby wacht von den Schmerzen auf, greift sich an den Mund und schreit.

780

UND WARUM LEHNT ES DIE NAHRUNG AB ODER BEISST MIR IN DIE BRUST?

Aus dem gleichen Grund. Um das Saugvakuum herzustellen, muss das Kind die schmerzenden Kieferknochen aneinander drücken, das tut weh, und so lehnt es das Essen ab oder beißt vor Wut darüber in die Brustwarze. Dann hat es natürlich Hunger und wieder schrecklich schlechte Laune.

781

WARUM SABBERT DAS BABY SO VIEL?

Durch das Zahnen wird vermehrt Speichel gebildet, und den lässt das Kind einfach herauslaufen. Die Flora im Mund verändert sich und das kann auch zu den Durchfällen und dem wunden Popo führen.

782

UND WOHER KOMMEN DIE RUNDEN, ROTEN PLACKEN AUF DER BACKE?

Auch bei einem Erwachsenen bilden sich rote Stellen im Gesicht, wenn er Zahnschmerzen hat.

783

WAS MUSS ICH BEI ZAHNFIEBER TUN?

Ein Baby mit Fieber muss immer zum Kinderarzt! Das Fieber kann zum Zahnen gehören, aber auch ernstere Erkrankungen anzeigen.

784

WIE BEHANDLE ICH NUN DIESE ZAHNUNGSPROBLEME?

Trösten Sie Ihr Baby und tragen Sie es eine Weile herum. Wenn es die Finger in den Mund steckt und schreit, geben Sie ihm etwas zum Beißen.

785

WAS KANN ICH DEM KIND ZUM BEISSEN GEBEN?

Ein uraltes Hausrezept ist die Veilchenwurzel, die Sie in der Apotheke oder im Bioladen kaufen können. Diese Wurzel sieht aus wie ein kleiner, weißer Knochen, den das Kind selbst in der Hand halten und darauf herumkauen kann. Es gibt auch Beißringe aus Plastik, die mit Kühlgel gefüllt sind. Holen Sie sich ein Fläschchen »Dentinox« und reiben wenige Tropfen davon auf die Zahnleiste, bis es quietscht. Das Quietschen ist wirklich wichtig.

786

WAS MACHE ICH GEGEN DAS SABBERN?

Dagegen können Sie gar nichts machen. Binden Sie dem Kind ein Tuch oder Lätzchen um, damit die Kleidung im Brustbereich trocken bleibt.

787

WIE PFLEGE ICH DEN WUNDEN POPO?

Benutzen Sie ein wenig Unguentolan-Salbe.

788

HAT DAS KIND BEI JEDEM ZAHN SO VIEL ÄRGER?

Der Ärger ist vorbei, wenn der Zahn das Zahnfleisch durchbrochen hat und erfahrungsgemäß machen nur die Geburt der ersten vier Zähne und die Augenzähne diese Probleme.

789

SOLL ICH MEIN BABY »BESTRAFEN«, WENN ES MIR IN DIE BRUST BEISST?

Einen Biss mit diesen nadelspitzenscharfen Milchzähnen quittieren Sie von alleine mit einem Schmerzensschrei und abruptem Wegreißen der Brust. Das Baby erschrickt und ist damit schon genug »gestraft«. Ein lautes und deutliches Nein darf dem Biss noch folgen.

790

KANN MAN ÜBERHAUPT NOCH STILLEN, WENN DAS KIND ZÄHNE HAT?

Ihre Brustwarze ist bis dahin so abgehärtet, dass Sie normalerweise nichts von den niedlichen, kleinen Mäusezähnchen merken. Natürlich können Sie weiterstillen.

791

MÜSSEN DIESE NIEDLICHEN MÄUSEZÄHNCHEN SCHON GEPUTZT WERDEN?

Natürlich müssen die Milchzähne auch schon ordentlich geputzt werden. Je früher ein Kind den Gebrauch der Zahnbürste lernt, umso selbstverständlicher fällt die Benutzung später. Sobald die ersten Milchzähne da sind, spielen Sie jeden Tag mit Ihrem Baby Zähne putzen. Nehmen Sie eine spezielle Kinderbürste ohne Zahnpasta.

792

JETZT ERZÄHLEN SIE ABER MAL ETWAS VON DER ERSTEN BEIKOST!

Ein Brustkind kann sechs Monate ausschließlich mit Muttermilch ernährt werden. Nach dieser Zeit aber braucht der Organismus des Kindes weitere Nähr- und Aufbaustoffe, die die Muttermilch alleine nicht mehr liefern kann. Sie müssen Ihrem Baby zusätzliche Kost geben. Diese Zufütterung beginnt man bei einem Flaschenkind, wenn es etwa acht Wochen alt ist. Was und wie man beifüttert, ist bei beiden gleich.

793

WELCHES NAHRUNGSMITTEL BEKOMMT DAS BABY ZUERST?

Babys Supernahrung sind Karotten. Wenn Sie selbst kochen, benutzen Sie zu Anfang kein Salz und pürieren Sie alles mit dem Mixer gut durch. Einem Flaschenkind können Sie ab der sechsten Lebenswoche einen Karottenmilch-Shake geben, indem Sie einer Flasche am Tag wenige Löffel Karottensaft beimischen. Babys mögen diesen Geschmack.

794

WIE BEKOMMEN DIE KINDER DAS KAROTTENPÜREE?

Starten Sie mit der Mittagsmahlzeit. Bewaffnen Sie sich mit einem bunten Eierlöffel aus Plastik, einem ebensolchen Teller, auf dem sich das leckere Karottenpüree befindet, warten Sie, bis Ihr Baby richtig Hunger hat, und dann legen Sie die Küche breitflächig mit Abdeckfolie aus. Klemmen Sie sich das hungrige Baby halbsitzend auf den Schoß und erklären Sie ihm, dass nun eine neue Zeit angebrochen ist, die man »Essen mit dem Löffel« nennt. Das Baby wird begeistert den Mund aufsperren – hinein mit dem Karottenpüree, und dann alles wieder von der Tapete abwischen! Jeden Tag ausgiebig üben und ab und zu neue Folie auf den Boden. Das wird schon, oder kennen Sie Erwachsene, die sich von Fläschchen ernähren?

795

WIE VIEL VON DEM KAROTTENBREI SOLL DAS
KIND DENN ESSEN?

Die ersten zwei Wochen steigern Sie die Menge Löffel für Löffel und geben ein Milchfläschchen oder die Brust als Nachtisch, bis die ganze Mahlzeit ersetzt ist. Nach weiteren zwei Wochen dürfen Sie eine kleine, natürlich auch pürierte Kartoffel hinzufügen.

796

STAUT SICH DIE MILCH DANN NICHT IN DER BRUST AUF?

Wenn Sie auf diese langsame Weise vorgehen, gewöhnt sich die Brust daran, dass sie mittags keine Milch mehr produzieren soll.

797

WELCHE MAHLZEIT WIRD ALS NÄCHSTE ERSETZT?

Am besten ersetzen Sie als Nächstes die Abendmilch-Mahlzeit durch Obst und süßen Brei. Studieren Sie einmal in Ruhe im Supermarkt die Gebrauchsanleitungen für alle Obst- und Gemüsegläschen sowie Breitüten. Auf jedem Glas stehen genaue Hinweise, welche Sorte ab welchem Alter geeignet ist. Richten Sie sich ruhig auch nach dem Geschmack Ihres Babys und zwingen Sie ihm nichts auf, was es nicht mag.

798

ICH MÖCHTE MÖGLICHST LANGE EINE ALLERGENFREIE NAHRUNG GEBEN.

Dann sollten Sie möglichst lange stillen oder H.A.-Nahrung benutzen. Sie können die H.A.-Milch oder auch Ziegenmilch zum Breikochen verwenden. Geben Sie Ihrem Baby vor dem ersten Geburtstag keine Eier oder reine Kuhmilch.

799

ICH BENUTZE ABER KUHMILCH.

Die Kuhmilch für den Abendbrei muss auf eine so genannte 2/3-Milch verlängert werden, das heißt 2/3-Kuhmilch und 1/3-abgekochtes Wasser.

800

WAS DARF DAS KIND AUSSER MILCH NOCH AUS DEM FLÄSCHCHEN TRINKEN?

Je nach Gebrauchsanleitung können Sie Ihrem Baby – neben Tee – natürlich auch Obst- und Gemüsesäfte mit der Flasche anbieten. Auch ein dünner Brei kann mit der Flasche gefüttert werden. Gewöhnen Sie aber Ihr Kind nach einem halben Jahr lieber an den Löffel, sonst wird es kaufaul. Zum Einschlafen und frühmorgens darf es ruhig ein Trostfläschchen trinken, so lange es mag.

801

MÖGEN BABYS DAS NEUE SPIEL »ESSEN MIT DEM LÖFFEL«?

Nach den vielen Wochen ewig dergleichen Milch, sind die meisten Kinder begeistert von den neuen Geschmacksnuancen und schmatzen gerne ihr Essen vom Löffel.

802

MEIN BRUSTKIND LEHNT JEDE MILCHFLASCHE KATEGORISCH AB!

Milch kommt aus der Brust und nicht aus diesem Gummisauger, denken die Babys und verweigern jede Flasche. Sie können zwei Tricks versuchen: Geben Sie statt reiner Milch den oben beschriebenen Karottenmilch-Shake oder benutzen Sie eine Wippe-Dippe-Tasse mit Trinkschnute. Es steht nirgends geschrieben, dass ein Kind unbedingt aus der Flasche trinken lernen muss.

803

WIE LANGE DARF DAS KIND DENN ÜBERHAUPT AN DER BRUST TRINKEN?

Sie können Ihr Kind so lange stillen, wie Sie beide möchten. Genießen Sie diese kuschelige Zärtlichkeit und stören Sie sich nicht an den Bemerkungen fremder Leute. In anderen Kulturkreisen ist es durchaus üblich, Kinder bis zum Ende des zweiten Lebensjahres an die Brust zu lassen.

804

ICH MÖCHTE NUN LANGSAM AUFHÖREN ZU STILLEN.

Ersetzen Sie gemütlich eine Brustmahlzeit nach der anderen durch Flasche, Gläschen oder Familientisch. Nehmen Sie sich für jede Mahlzeit etwa zwei bis drei Wochen Zeit. Die Milch, die in der Brust bleibt, wird von Ihrem Körper resorbiert.

805

ICH HABE KEINE LUST MEHR ZU STILLEN!

Machen Sie drei Tage Kurzurlaub in Paris – ohne Baby!

806

ICH WAR SCHON MAL IN PARIS UND HABE DAS STILLEN JETZT WIRKLICH SATT!

Krabbelnde oder laufende Busenkinder können in einer Mutter das Gefühl entstehen lassen, von einem Vampir besetzt zu sein. Wenn Sie das Stillen wirklich bis oben hin satt haben, Ihr Kind Sie aber weiter als »Tankstelle« benutzen will, können Sie zu einem altbewährten, aber ziemlich gemeinen Trick greifen: Geben Sie Pfeffer, Chilipulver oder scharfen Senf auf die Brustwarzen und nehmen Sie Ihr Kind dann liebevoll an die Brust. Das Kind wird entsetzt Feuer spucken, auf die Brust sauer sein und Sie – als Unschuldslamm – werden überhaupt nicht begreifen, wie die gute, leckere Busenmilch plötzlich so ekelhaft ihren Geschmack verändern kann.

807

WANN DARF DAS BABY ZUM ERSTEN MAL FLEISCH ESSEN?

Die Meinungen dazu klaffen ziemlich weit auseinander und reichen von: ab dem vierten Monat bis nicht vor Ende des ersten Lebensjahres. Ich denke, der Mittelweg ist der beste. Es gibt einfach Kinder, die schon mit acht Monaten gerne ein Wurstbrot verdrücken.

808

WIE GEWÖHNE ICH DAS KIND AN DEN FAMILIENTISCH?

Sobald Ihr Baby sitzen kann, darf es im Kinderhochstuhl an den Mahlzeiten teilnehmen. Kinder sind an allem interessiert, was Erwachsene machen, und greifen bald selbst nach dem Essen auf dem Tisch. Geben Sie Ihrem Baby von allem etwas zu kosten, lassen Sie es ruhig ein bisschen mit dem Essen matschen und gehen Sie großzügig über die Flecken rund um den Hochstuhl hinweg. Kinder dürfen die Welt spielerisch entdecken und haben in diesem Alter noch keine guten Tischmanieren. Mit zu viel Strenge beim Essen erzieht man sich lediglich einen schlechten Esser. Ertragen Sie das Gematsche mit etwas Geduld, und dann haben Sie in einem halben Jahr ein Kind, das brav alles bei Tisch mitisst.

23
ALLERGIEN

▪ ▪ ▪ ▪ ▪ ▪ ▪ ▪ ▪ ▪ ▪ ▪ ▪ ▪ ▪ ▪ ▪ ▪ ▪ ▪

Ich liebe die Sonne und ihre Wärme. Am zweiten Urlaubstag sehe ich aus wie ein Tintenfisch. Unzählige juckende Pickel und Quaddeln verzieren meine Arme, die Beine und den Rücken. Ich habe eine Sonnenallergie und weiß nicht, warum. Ich bin gerne in Urlaub und genieße die Sonne. Es gibt keinerlei psychische Faktoren für diese Allergie. Vermutlich ist meine Haut die kräftige Sonnenbestrahlung nicht gewöhnt, es fehlen ihr die grauen Wolken und der Smog. Nach einer Woche beruhigt sich der Tintenfisch und ich darf endlich auch am Strand sitzen.

Allergien sind eine geheimnisvolle Reaktion des Körpers und ihre Ursachen schwierig zu erfassen. Viele Auslöser werden diskutiert, dingfest gemacht oder wieder verworfen. Fest steht: Das Immunsystem bekämpft Feinde, die eigentlich gar keine sind: eine Erdbeere, eine Nuss, ein Pferdehaar, die Sonne oder eine wunderbar duftende Blüte. Winzige Partikel dieser vermeintlichen Feinde genügen dem Abwehrsystem, um eine Kette von Reaktionen in Gang zu setzen.

Immer mehr Menschen sind von allergischen Erkrankungen betroffen. Leider auch Kinder und kleine Babys. Internationale Kongresse, spezielle Krankenhäuser und besonders ausgebildete Ärzte, die Allergologen, versuchen, die Ursachen zu ergründen, zu helfen und zu heilen. Tatsache ist, dass in hoch industrialisierten Ländern mit starker Umweltbelastung Allergien weitaus häufiger vorkommen als in ländlichen Gegenden ohne Industrie. Vielleicht ist unser Immunsystem doch klüger als wir glauben und kann Giftstoffe an der Erdbeere, der Nuss oder der schönen Blüte identifizieren, die wir nicht wahrnehmen. Warum sollte die Evolution so etwas Großartiges wie das Immunsystem entwickelt haben, das sich nach Millionen von Jahren als Fehlschlag und »Blindgänger« erweist? Vielleicht sind die zunehmende

Zerstörung der Natur, die Verschmutzung der Luft, der Nahrungsmittel und des Wassers die eigentlichen Blindgänger, die sich für unsere Urenkel als Fehlschlag erweisen werden.

Wie dem auch sei, dieses Buch ist keine politische Streitschrift, sondern ein Baby-Ratgeber. Aber ich sehe in den letzten Jahren immer mehr Babys, deren Haut schon ab der vierten Lebenswoche von Neurodermitis befallen ist und deren kleine Seelen von unerträglichem Juckreiz, Austrocknung, Entzündungen und Vereiterungen der Haut gequält werden. Dieser Kummer liegt mir am Herzen. Die Haut unserer Kinder ist irritiert. Die Haut als Spiegel des Inneren und die Haut als Grenze zum Außen. Unsere Kinder sind innen und außen irritiert. Psychologische Faktoren werden schnell als Ursachen gesucht, und die Mütter fühlen sich auch schnell schuldig, laufen mit ihren Kindern von Arzt zu Arzt und fragen sich ununterbrochen, was sie falsch machen, dass das Baby eine Hautkrankheit hat. Der Kummer der Mütter liegt mir auch am Herzen. Ein Baby mit Neurodermitis hat ein problematisches Immunsystem, und keine problematische Mutter-Kind-Beziehung.

809

WAS WAR ZUERST? DAS HUHN ODER DAS EI?

Ich denke, das Ei, denn eine Säuglings-Neurodermitis ist nicht das Resultat einer schwierigen Mutter-Kind-Beziehung, sondern führt erst zu Schwierigkeiten zwischen Mutter und Kind. Das Kind leidet an den Symptomen, und die Mutter leidet, weil das Kind leidet. Mit allen Mitteln versucht sie, das Kind vom Kratzen abzuhalten. Die Unbekümmertheit im Kontakt verschwindet. Alles wird auf Unverträglichkeit untersucht und vom Kind fern gehalten. Eine Gratwanderung zwischen »normalem« Leben und den Symptomen dieser Krankheit entsteht. Dauernd muss man zum Arzt. Jeder schaut komisch und durchbohrt die Mutter mit vorwurfsvollen Blicken, weil das Kind mit nässenden, verkrusteten Ekzemen übersät ist. Das Kind soll geschützt werden. Man geht kaum mehr nach draußen und schon gar nicht in eine Krabbelgruppe oder zum Babyturnen. Die Isolation wächst und mit ihr auch die Verzweiflung. Und die Wut. Kann denn das Kind auch nicht mal aufhören, sich zu kratzen?

Das Kind ist nicht mehr ein Kind, sondern nur noch ein einziges Symptom. Unbefangenheit ist nicht mehr möglich. Vor dem Ausbruch der Krankheit war diese Unbefangenheit aber da, und deshalb glaube ich, die Krankheit ist Ursache der Probleme und nicht die Probleme Ursache der Krankheit. Hören Sie auf, sich verantwortlich oder gar schuldig zu fühlen! Ihre Kräfte werden damit am falschen Ort verschlissen, denn verantwortlich sind Sie lediglich dafür, dem Kind Hilfe gegen diese Krankheit zukommen zu lassen.

810

ABER UNTERSCHWELLIG WERDE ICH FÜR DIE HAUTPROBLEME MEINES KINDES VERANTWORTLICH GEMACHT!

Fahren Sie mit Ihrem Kind für sechs Wochen in die Berge, an das Tote Meer oder einen anderen schönen Ort der Welt, wo unberührte Natur und Reizklima die Haut Ihres Kindes heilen und auf wundersame Weise Ihre Verantwortlichkeit für diese Probleme verschwindet.

811

HELFEN EINE LUFTVERÄNDERUNG UND DAS REIZKLIMA IMMER?

Den meisten Kindern (und auch erwachsenen Allergikern) hilft diese Klimakur vorzüglich.

812

WIR KÖNNEN UNS ABER SOLCH EINE REISE NICHT LEISTEN.

Beantragen Sie so schnell wie möglich eine Mutter-Kind-Kur in einer speziellen Einrichtung an der See oder in den Bergen.

813

WELCHE AUSLÖSER WERDEN FÜR DIE BABY-NEURODERMITIS DISKUTIERT?

Eine allergische Disposition, Unverträglichkeiten von Nahrung, Kleidung, Pflege- oder Waschmitteln, Antibiotika und andere Medikamente, Pilze im Darm, Hausstaubmilben oder Tierhaar-Allergien, übertriebene Sauberkeit, Spannungen in der Familie, chlorhaltiges

Wasser oder das Wetter kommen als Auslöser in Frage. Auch Impfungen können eine vorhandene Neurodermitis verstärken.

814

ABER DAS KIND MUSS DOCH GEIMPFT WERDEN!

Lesen Sie das Kapitel 24 über Impfungen.

815

UND DAS WETTER KANN ICH NICHT ÄNDERN!

Wenn Sie aber wissen, dass feucht-kaltes oder feucht-warmes Wetter und ausgetrocknete Heizungsluft die Krankheit verstärken können, hilft es vielleicht ein wenig. Gehen Sie mit Ihrem Kind ab dem zweiten Lebensjahr regelmäßig in die Sauna, um den Körper gegen Wetterlaunen abzuhärten.

816

LEITUNGSWASSER ENTHÄLT ABER CHLOR.

Während eines besonders starken neurodermitischen Schubes können Sie den Körper Ihres Babys mit destilliertem Wasser abwaschen.

817

ABER ERST MIT DER HAUTKRANKHEIT KAMEN SPANNUNGEN AUF.

Alle Modelle zur Heilung der Neurodermitis beinhalten auch eine psychologische Begleitung der Eltern, schon allein um die Spannungen, die durch die Erkrankung entstehen, aufzufangen. Machen Sie als Mutter auch schöne Dinge für sich allein – ohne Kind!

818

GIBT ES EINE ÜBERTRIEBENE SAUBERKEIT?

Lesen Sie Frage 563.

819

MEIN KIND IST GEGEN TIERHAARE ALLERGISCH.

Dann dürfen keine Tiere in der Wohnung sein, auch keine Fische, denn Fischfutter enthält ebenfalls Allergie auslösende Stoffe.

820

WAS SIND DENN MILBEN?

Milben sind winzige Untermieter in Matratze, Teppich oder Bettzeug, die nur durch regelmäßiges Lüften, Ausklopfen oder eine anti-allergische Matratze fern gehalten werden können.

821

SOLL ICH JETZT VIELLEICHT DEN GANZEN TAG STAUBWISCHEN?

Zurück zu Frage 818! Kaufen Sie besser einen speziellen Staubsaugerbeutel, der den Staub schneller bindet.

822

UND WAS IST MIT PILZEN IM DARM?

Der Hefe-Pilz Candida albicans, auch Soor-Pilz genannt, sitzt mit Vorliebe im Mund und am Po des Babys. Bei kränklichen Kindern oder nach einer Antibiotika-Therapie kann er sich auch im Darm aufhalten, und das steht in Verdacht, eine Neurodermitis zumindest zu verstärken. Wenn Ihr Baby also ewig einen Soor im Mund oder am Popo hat, sollten Sie eine so genannte Darmsanierung erwägen. Fragen Sie Ihren Kinderarzt.

823

NACH ANTIBIOTIKA ALSO IMMER EINE DARMSANIERUNG?

Ein Medikament, das die Darmflora wieder aufbaut und stärkt, gehört eigentlich zu jeder antibiotischen Behandlung!

824

PFLEGE- UND WASCHMITTEL KÖNNEN ALLERGIEAUSLÖSER SEIN?

Ja. Gehen Sie sparsam damit um und lesen Sie die Kapitel über die Haut, die Bekleidung und die Körperpflege des Babys.

825

NAHRUNG IST VERMUTLICH DER STÄRKSTE ALLERGIEAUSLÖSER, ODER?

So wird es vermutet. Geben Sie Ihrem Baby keine Kuhmilch. Stillen Sie möglichst lange und trinken Sie selbst auch keine Kuhmilch. Versuchen Sie Schweinefleisch, Zucker und andere ungesunde Lebensmittel wegzulassen.

826

ICH BIN SELBST ALLERGIKERIN.

Ihr Baby kann von Ihnen, von Ihrem Mann oder auch der weiteren Verwandtschaft eine allergische Disposition geerbt haben. Sie sind aber vermutlich schon sehr gut darin, allergieauslösende Stoffe zu finden.

827

ES IST SEHR SCHWIERIG, EINEN AUSLÖSER ZU FINDEN!

Erschwerend kommt hinzu, dass meistens mehrere Auslöser gemeinsam eine Neurodermitis hervorrufen. Sie müssen mit kriminalistischem Spürsinn auf die Suche gehen.

828

GIBT ES AUCH EINEN NICHT AUFWENDIGEN ALLERGIETEST?

Einen Versuch kann es wert sein, eine geringe Menge der fraglichen Creme, des Waschpulvers oder des Lebensmittels vorsichtig auf dem Unterarm des Babys zu verreiben und einige Stunden zu warten. Zeigt sich eine Hautrötung oder Pickel, ist Vorsicht geboten.

829

WAS KANN ICH NOCH UNTERNEHMEN?

Gehen Sie so bald wie möglich zu einem erfahrenen Homöopathen! Geben Sie Ihrem Baby kein Fell ins Bett. Gehen Sie zu einem erfahrenen Homöopathen! Kaufen oder nähen Sie seidene Bettwäsche. Gehen Sie zu einem Homöopathen! Auch Ihre wollenen Pullover können die Ursache sein. Nehmen Sie die Teppiche aus der Wohnung und legen

Sie Parkett. Ziehen Sie Ihrem Baby keine niedlichen kleinen Jeans mit Nickelknöpfen an und denken Sie an den Besuch beim Homöopathen.

830

WAS HILFT DER HAUT?

Sie sollten sich genau an die Therapie des erfahrenen Arztes halten.

831

WELCHE UNGEWÖHNLICHEN MASSNAHMEN KÖNNEN NOCH HELFEN?

Penatencreme und Vaseline, im Verhältnis 1:1 gemischt, mit einer Kompresse über Nacht auf besonders trockene Stellen legen. Badewasser mit einem Schuss kaltgepresstem Olivenöl aufbereiten. Das gleiche Öl zur Pflege nehmen. Ein Bad mit Meersalz angereichert. Bekleidung aus Seide. Die Haut mit Essigwasser (neun Teile Wasser, ein Teil Essig) abreiben. Viel Sonne. Ein blaues Seidentuch um eine Taschenlampe wickeln und damit die Haut bestrahlen. Eine letzte, aber etwas unappetitliche Idee: Die neurodermitischen Hautbezirke mit frischem Baby-Pipi einreiben. Alles ist nach und nach einen Versuch wert.

832

KÖNNEN SIE NOCH ETWAS ÜBER DIE ERNÄHRUNG SAGEN?

Dieses Thema ist so vielschichtig und weitläufig, dass es sich wirklich lohnt, ein spezielles Buch über die Ernährung bei Allergien zu kaufen. Es würde den hier gegebenen Rahmen sprengen.

833

KÖNNEN INSEKTENSTICHE AUCH ALLERGIEN HERVORRUFEN?

Auch kleine Babys können im Sommer schon von Wespen, Bienen oder Hummeln gestochen werden. Bei einem Insektenstich in den Mund oder Rachenraum müssen Sie immer ins Krankenhaus fahren, da die Atemwege durch allergische Reaktionen anschwellen können. Eine frisch durchgeschnittene Zwiebel oder Zitrone hilft gegen Stiche am Rest des Körpers. Lassen Sie Ihr Baby nie unbeaufsichtigt im Garten und kaufen Sie für den Kinderwagen ein Mückenschutznetz.

24
IMPFUNGEN

■ ■

Bakterien und Viren leben überall. Auf der Haut, im Joghurt und im Küchenschwamm, in der Erde, auf Türklinken und in Ihrem Darm. Sogar in der Vagina gibt es Bakterien, die den lustigen Namen Döderlein tragen und uns Frauen vor Infektionen schützen. Wir sind umgeben von diesen Mikroorganismen und sind doch die meiste Zeit unseres Lebens gesund. Wenn unsere Augen Elektronenmikroskope wären, könnten wir das bunte Treiben der winzigen Lebewesen sehen.

Ein Antibiotikum ist ein Medikament, das anti (gegen) bios (das Leben) wirkt. Es vernichtet die »bösen« unter den Bakterien, die unsere Gesundheit bedrohen, aber auch die »guten«, die uns bei der Verdauung helfen und Vitamine bilden. Viren lässt ein Antibiotikum völlig kalt, denn sie sind sozusagen Un-Lebewesen. Ohne Essen und Sauerstoff überleben sie unbeschadet lange Zeit und bescheren Ihnen dann ruck-zuck eine langwierige Grippe. Viren sind kaum zu vernichten.

Unser Körper hat jedoch ein ausgeklügeltes, beinahe perfektes Abwehrsystem gegen diese Armeen von Kleinstlebewesen entwickelt. Ein leider nur beinahe perfektes System, denn jeder Mensch ist ab und zu krank. Der Körper merkt sich aber den genetischen Code des eingedrungenen Feindes und bildet Abwehrstoffe dagegen, so genannte Antikörper. Wenn der gleiche Feind erneut angreift, wird er sofort vernichtet. Diese erworbene, natürliche Immunität hält das ganze Leben vor und ist besser als jede Impfung.

Nun können wir aber den Mikroorganismen nicht erlauben, so lange unseren Körper zu attackieren, bis diese natürliche Immunität erworben ist, denn manche von ihnen rufen gefährliche oder sogar lebensbedrohende Krankheiten hervor. Wir lassen uns lieber impfen. Bei gesundem Befinden werden dem Körper kleinste Mengen von abgeschwächten Krankheitserregern zugeführt und somit die Bildung von Antikörpern angeregt. Besonders aufbereitete Tuberkulosebazillen beispielsweise kommen durch den Impfpieks in unser Blut, das Abwehrsystem findet diese Bazillen, identifiziert sie als Feinde und stellt Waffen gegen sie her. Begegnen wir nun »echten« Tuberkel-Bazillen, erinnert sich das Abwehrsystem, holt seine Antikörper zu Hilfe und macht die Eindringlinge unschädlich. Die Impfung hat geholfen.

834

WARUM KANN MAN NICHT GEGEN ALLES IMPFEN, WENN DAS SO EINFACH IST?

Die Bildung der Antikörper im menschlichen Organismus ist ein weitaus komplizierterer Vorgang als der oben schematisch dargestellte. Die genetische Struktur vieler Viren ist noch unbekannt und zahlreiche Krankheitserreger lassen sich nicht so leicht fassen. Für die meisten Infektionskrankheiten gibt es aber Impfschutz.

835

DIE ERREGER ÄNDERN SICH DOCH AUCH!

Der Mensch bekämpft die Mikroorganismen und diese entziehen sich durch Mutation (Veränderung) ihres genetischen Codes. Der Grippevirus vom letzten Jahr trägt andere Informationen und produziert andere Symptome als der von diesem Jahr. Viren können mehr oder weniger aggressiv sein.

836

STIMMT ES, DASS DIE ERREGER DER KINDERKRANKHEITEN HEUTE AGGRESSIVER ALS FRÜHER SIND UND GEFÄHRLICHERE SYMPTOME PRODUZIEREN?

Das kann sein. Ich weiß nur, dass früher alle Kinder irgendwann im Laufe ihrer Kindheit die Masern ohne weitere Probleme durchgemacht haben, und dass es heute heißt, die Masern seien gefährlich, denn es könne zu einer Entzündung im Gehirn dabei kommen. Jeder hat Angst und lässt sein Kind impfen. Vielleicht gibt es den einfachen Masern-Virus von früher nicht mehr, nur noch seinen mutierten, aggressiveren Nachfolger.

837

SOLL ICH MEIN KIND BESSER GEGEN ALLES IMPFEN LASSEN?

Die einen wollen ihre Kinder gegen überhaupt nichts impfen lassen und die anderen gegen alles. Letztlich müssen Sie – im Gespräch mit Ihrem Kinderarzt – alleine entscheiden, was Sie für richtig halten. Der goldene Mittelweg ist oft das Beste: Die gefährlichen Krankheiten mit Impfungen fern halten, und die weniger gefährlichen das Kind durchmachen lassen, um seine natürliche Immunität aufzubauen.

838

WELCHE KRANKHEITEN SIND DENN WIRKLICH GEFÄHRLICH UND SOLLTEN DURCH IMPFUNGEN FERN GEHALTEN WERDEN?

Diphtherie, Tetanus und Kinderlähmung sind lebensbedrohende Krankheiten. Jedes Kind sollte davor geschützt werden, welche Haltung die Eltern zu Impfungen auch immer haben mögen. In einer ungefährlichen Dreierkombination bekommt Ihr Baby ab dem dritten bis vierten Lebensmonat einen kleinen Piek ins Bein oder den Po, und die bedrohlichen »Kinderräuber« früherer Jahrhunderte haben keine Chance mehr.

839

WAS IST MIT DER KEUCHHUSTEN-IMPFUNG?

Sie ist kein unbedingtes Muss, da diese Krankheit zwar langwierig und unangenehm, aber nicht lebensgefährlich ist.

840

UND DIE IMPFUNG GEGEN HEPATITIS UND HIRNHAUTENTZÜNDUNG?

Die so genannte Hib- und Hepatitis-Impfung erfolgt in Kombination mit der Dreierimpfung.

841

WELCHE IMPFUNGEN KOMMEN DANN IM KRABBELALTER?

Auffrischimpfungen und eventuell noch Impfungen gegen Masern, Mumps und Röteln.

842

WAS IST MIT DER TUBERKULOSE-SCHUTZIMPFUNG?

Die Tuberkulose – die Schwindsucht – ist keineswegs ausgestorben, und die Impfung wird bereits wieder empfohlen. Vor allem für Kinder, in deren Umfeld Tuberkulose bereits aufgetreten ist, und für Menschen, die gerne in exotische Länder reisen oder viel Kontakt mit Personen aus tuberkulosegefährdeten Gebieten haben. Die BCG- oder Tbc-Impfung kann dem Baby schon in den ersten Lebenswochen verabreicht werden.

843

DAS SIND JA INSGESAMT VIELE IMPFUNGEN. WAS IST DENN MIT DEN IMPFREAKTIONEN ODER -SCHÄDEN?

Der Organismus des Kindes muss sich durch eine Impfung mit Krankheitserregern auseinander setzen, und deshalb sollten Sie nur mit einem gesunden Kind zur Impfung gehen. Wenn Ihr Baby gerade einen Schnupfen hat, können Sie den Impftermin um zwei Wochen verschieben. Die meisten Impfungen sind sehr gut verträglich und Impfreaktionen kaum zu erwarten. Die Krankheiten, gegen die geimpft wird, sind weitaus gefährlicher. Sprechen Sie im Voraus – am besten schon bei der U3 – in Ruhe mit Ihrem Kinderarzt über alle Impfungen und Ihre eventuellen Bedenken.

844

WAS MUSS ICH NACH EINER IMPFUNG BEACHTEN?

Ihr Kinderarzt wird Ihnen sagen, ob Sie das Baby baden dürfen oder mit ihm schwimmen gehen können. Für etwa eine Woche sollten Sie Ihr Kind ein wenig schonen.

845

ICH HABE EIN KRABBELKIND UND EIN WINZIGES NEUGEBORENES.

Warten Sie mit den Impfungen des Krabbelkindes ein paar Wochen, bis Ihr Neugeborenes nicht mehr so winzig und etwas widerstandsfähiger ist.

846

WIE IST DAS MIT ZWEI KINDERN?

Wenn sich Ihr eines Kind die Windpocken eingefangen hat, wird das andere Kind unter Garantie auch krank. Geschwister erledigen die Kinderkrankheiten meistens in einem Aufwasch.

847

ICH FÜRCHTE MICH SEHR VOR DEN KINDERKRANKHEITEN.

Vor den wenigen wirklich gefährlichen Krankheiten ist Ihr Kind durch die Impfungen geschützt. Die anderen Kinderkrankheiten brauchen Sie nicht zu fürchten. Kinder sind schnell krank, aber ebenso schnell auch wieder gesund, und Kinderkrankheiten gehören zur Kindheit.

848

WIE IST DAS MIT IMPFUNGEN BEI NEURODERMITIS?

Auch hier muss natürlich gegen die gefährlichen Kinderkrankheiten geimpft werden. Der ohnehin angestrengte Organismus kann jedoch auf die zusätzlichen Reize der Impfung mit verstärkter Neurodermitis reagieren. Versuchen Sie, die Haut des Babys einigermaßen zu stabilisieren, bevor Sie zum Impfen gehen.

849

WAS HAT ES MIT DEN RÖTELN AUF SICH?

Röteln sind eine harmlose Kinderkrankheit. Die sicherste Immunität bietet die durchgemachte Erkrankung. Gefährlich sind sie allerdings während einer Schwangerschaft, da der Virus das ungeborene Kind schädigen kann. Lassen Sie Ihre Tochter zu Beginn der Pubertät auf jeden Fall gegen Röteln impfen, falls keine Immunität besteht.

850

UND WIE STEHT ES MIT MEINEM EIGENEN IMPFSCHUTZ?

Auch Erwachsene sollten etwa alle zehn Jahre ihren Impfschutz beim Arzt überprüfen lassen! Wenn Sie ein gesunder Mensch sind, brauchen Sie nicht zu jeder Grippe-Schutzimpfung laufen, aber Tetanus und auch Kinderlähmung sollten ab und an aufgefrischt werden.

25
CHARAKTER-UNTERSCHIEDE BEI KINDERN

■ ■

Babys sehen alle gleich aus und machen alle immerzu das Gleiche, nämlich schlafen, essen, schreien und in die Hose! Manche Leute behaupten so einen Unsinn und untermauern ihre These damit, dass sogar Neugeborene auf der Entbindungsstation vertauscht werden, weil noch nicht mal die Mütter selbst ihre Kinder auseinander halten könnten und, ohne es zu merken, das falsche Kind mit nach Hause nehmen würden. In rührseligen Groschenromanen vermacht dann die böse Schreckschraube von Erbtante dem falschen Enkel das ganze Vermögen und der richtige Enkel geht leer aus, bis irgendjemand hinter die Verwechslung kommt und dramatische Verstrickungen zu einem erschütternden Höhepunkt der Geschichte führen. In Wirklichkeit passiert so etwas nicht. (Falls Sie Bedenken haben: Lassen Sie Ihrem Kind das Namensbändchen am Arm, bis Sie nach Hause gehen!)

Obgleich alle neugeborenen Babys zugegebenerweise schlafen, essen, schreien und in die Hose machen, bringt doch jedes Baby seine unverwechselbare Individualität mit auf die Welt. Jede erfahrene Säuglingsschwester weiß das und kann ohne Probleme und ohne auf das Namensbändchen zu schauen zehn Neugeborene zehn verschiedenen Müttern zuordnen. Das eine Kleine hat einen wilden Haarschopf, das andere eine Glatze. Da ist noch ein rothaariges Baby und dort ein blondes. Das Pausbackige gehört zu dieser Mutter und das zierliche Kind zu jener. Das lange, dünne Baby ist von der großen, schlanken Frau. Diese Mutter hat den friedlichen, ruhigen Buben geboren, und die andere Mutter die krähende Krawallschachtel im Bettchen am Fenster.

Neugeborene Kinder sehen nicht nur grundverschieden aus, sondern benehmen sich auch völlig unterschiedlich. Jedes hat seinen eigenen Charakter, sein eigenes Temperament, seine eigene Art zu essen, zu schlafen, zu schreien und sogar seine eigene Art, in die Hose zu machen. Natürlich wird das Kind dann durch die Erziehung erheblich geprägt, aber mittlerweile weiß auch die Psychologie, dass mindestens fünfzig Prozent des individuellen menschlichen Verhaltens genetisch festgelegt und damit angeboren sind. Ein Neugeborenes ist kein leeres Gefäß, das die Eltern und die jeweilige Gesellschaft, in die es hineingeboren wird, im Laufe der Kindheit füllen. Jedes Neugeborene ist eine eigene kleine Persönlichkeit.

851

KANN MAN SCHON WÄHREND DER SCHWANGERSCHAFT UNTERSCHIEDE IM TEMPERAMENT DER UNGEBORENEN FESTSTELLEN?

Selbstverständlich, denn auch ein Ungeborenes hat schon sein eigenes Wesen. Das eine strampelt pausenlos und ungebärdig, lässt sich mit dem Herzton- und Wehenschreiber kaum einfangen und gibt der Mutter das Gefühl, ein wildes Fohlen statt eines winzigen Babys zu beherbergen. Ein anderes schmiegt sich an der Bauchdecke der streichelnden Hand entgegen, und seine Bewegungen sind so sanft wie Schmetterlingsflügel. Frauen, die mehrere Kinder geboren haben, wissen um diese Unterschiede.

852

GIBT AUCH DIE GEBURT AUFSCHLUSS ÜBER DIE PERSÖNLICHKEIT DES KINDES?

Manche Menschen machen den Stand der Sterne dafür verantwortlich. Ich gehöre nicht dazu, bin aber fest davon überzeugt, dass – neben anatomischen Besonderheiten – ein Kind mit der Art seiner Geburt schon einen Teil seines Charakters zeigt. Da gibt es die Ungeduldigen, die nicht abwarten können, und die Gemütlichen, die man dreimal bitten muss, bis sie sich in Bewegung setzen. Außerdem gibt es welche, denen es viel zu viel Aufwand bedeutet, selbst etwas zu tun, und die lieber warten, bis ein Ereignis von außen sie aus ihrer misslichen Lage befreit. Es gibt die Vorwärtsstürmer, die mit rasender Schallgeschwindigkeit jede Mauer durchbrechen, und die Phlegmatiker, die sich durch kein Ereignis aus der Ruhe bringen lassen.

Es gibt welche, die in jeder Lebenslage den Kopf oben behalten, andere, die sich so gar nicht den Ereignissen beugen mögen, Querköpfe und verkantete Dickschädel, die sich widerborstig gegen jede Ordnung sträuben. Die Unentschlossenen gibt es auch noch, die eine Hebamme bis zum Schluss im Ungewissen lassen und sich immer wieder neu entscheiden. Grübler gibt es, Denker und Lebenskünstler, Kinder, die mit beiden Händen ins volle Leben greifen und sensible Sternengucker. Die nettesten Babys aber sind die, die als geborene Spaßmacher ihre Existenz niemandem verraten, sich plötzlich ins Dasein zaubern und ganz selbstverständlich davon ausgehen, trotzdem geliebt zu werden.

853

GIBT ES SOLCHE SPASSMACHER WIRKLICH?

Die Geschichte von der Blinddarmentzündung, die sich dann als Baby herausstellt, passiert tatsächlich. Aber auch ein gewitzter Zwilling kann sich im Zeitalter des Ultraschalls noch hinter seinem Geschwisterchen verstecken und alle Beteiligten mit seiner Ankunft zum Lachen bringen. Ich glaube, dass diesen Kindern etwas ganz besonderes vom Leben zugedacht ist.

854

UND WAS IST EIN STERNENGUCKER?

Sternengucker nennen wir Hebammen die Babys, die bei der Geburt nicht nach unten zum Popo der Mutter schauen – wie es sich gehört –, sondern nach oben, die Augen den Sternen zugewandt.

855

UND WIE LIEGEN KINDER, DIE MIT VOLLEN HÄNDEN INS LEBEN GREIFEN?

Normalerweise liegen die Arme und Hände des Kindes lang gestreckt an den Brustkorb gedrückt und werden erst nach der Geburt des Kopfes sichtbar. Manche Kinder wursteln aber eine oder beide Händchen am Kopf vorbei und strecken sie dem Leben entgegen.

856

WIE HAT DAS LEBENSKÜNSTLER-BABY DIE HÄNDE?

Es hat die Hände und Arme hinter dem Kopf verschränkt, pfeift sich ein Liedchen und liegt ganz gemütlich wie im Sonnenschein auf einer Wiese. Es fehlt ihm nur der Grashalm im Mund, auf dem es kaut.

857

UND DER DENKER UND GRÜBLER?

Die Hände sind an den Schläfen oder stützen bereits nachdenklich den Kopf.

858

WAS MACHEN DIE UNENTSCHLOSSENEN BABYS?

Sie können sich nicht entscheiden, ob sie den Schädel aus der Links- oder Rechtskurve ans Licht der Welt bringen sollen. Unter den Hän- den der Hebamme drehen sie ihren Kopf hin und her, vor und zurück, nach rechts und nach links und wieder retour.

859

WIE WERDEN DIE WIDERBORSTIGEN DICKSCHÄDEL GEBOREN?

Das Baby wird durch die Wehen in eine bestimmte Beugung und Kör- perlage gedrückt. Die widerborstigen Kinder legen sich da quer, wo sie gerade liegen sollen, und stellen den Kopf gerade, wo er nur quer durchkommen kann. Sie stehen sich selbst und einer raschen Geburt im Weg.

860

UND WELCHE BABYS BEHALTEN DEN KOPF IMMER OBEN?

Natürlich die Kinder, die partout mit dem Popo voran geboren werden wollen, in der Steiß- oder Beckenendlage. Unter diesen gibt es auch welche, die mit beiden Füßen voran mitten ins Leben springen möch- ten.

861

WIE VERLÄUFT DIE GEBURT BEI EINEM VORWÄRTSSTÜRMER ODER BEI EINEM PHLEGMATIKER?

Der Phlegmatiker sagt: Immer mit der Ruhe, lasst meine Mutter erst mal ein paar Stunden ordentliche Wehen haben, bevor ich mich aus der Ruhe bringen lasse. Der Vorwärtsstürmer rennt mit dem Kopf durch die Wand und wird in Null-Komma-Nichts geboren.

862

WAS MACHEN DIE GEMÜTLICH WARTENDEN?

Die kommen auf jeden Fall erst mal mindestens zehn Tage zu spät, lassen sich durch Wehenmittel kaum antreiben und vertreten die Devise: Komme ich heute nicht, komme ich eben morgen und wenn ich lange genug warte, hebt mich vielleicht irgendjemand doch mit einem Kaiserschnitt bequem hier heraus und ich spare mir die Knochenarbeit.

863

UND WIE KOMMEN DIE UNGEDULDIGEN KINDER ZUR WELT?

Neugierig aufs Leben und vorwitzig wie sie sind, können diese Kinder den rechten Termin nicht abwarten und werden vor der Zeit geboren.

864

GIBT ES AUCH KINDER, DIE ZUR RICHTIGEN ZEIT DAS RICHTIGE MACHEN?

Beinahe 98 Prozent aller Kinder machen bei der Geburt zur richtigen Zeit das Richtige, nur macht es eben jedes Kind auf seine eigene, besondere und unverwechselbare Weise.

865

SIND DIESE CHARAKTERUNTERSCHIEDE DANN AUCH IN DER FRÜHEN SÄUGLINGSZEIT ERKENNBAR?

Jedes Neugeborene benimmt sich direkt nach der Geburt anders. Das eine schimpft und schreit und meckert über die abrupte Vertreibung aus seinem Paradies, es lässt sich kaum anfassen oder durch Streicheln mit der neuen Lebenslage versöhnen und will für einige Stunden nichts von der Welt wissen. Das andere Neugeborene schreit einmal kurz durch, klappt dann die Äuglein auf und schaut ganz neugierig und offen in dieses aufregende Abenteuer, das Leben heißt. Und ein Drittes guckt sich einmal um und schläft dann lieber erst noch mal eine Runde.

866

WANN LÄCHELT EIN BABY ZUM ERSTEN MAL BEWUSST?

Alle Neugeborenen lächeln im Schlaf oder wenn sie satt von der Brust fallen. Man nennt das ein »Engelslächeln«. Das erste bewusste Antwortlächeln jedoch wird spätestens bis zur sechsten Lebenswoche erfolgen. Manche Kinder sind schon als Babys skeptisch, zurückhaltend und vorsichtig im Kontakt. Sie warten mit dem Lächeln lieber eine Woche länger. Andere Kinder beglücken ihre Eltern bereits nach wenigen Tagen mit einem breiten, zahnlosen Lächeln. Wenn Ihr Baby Sie zum ersten Mal mit Absicht anlächelt, wird eine Wolke von Schmetterlingen in Ihrem Bauch tanzen.

867

WIE UNTERSCHIEDLICH SIND BABYS IN DER SÄUGLINGSZEIT NOCH?

Es gibt die Wonnebabys, die immer freundlich, gut gelaunt und fröhlich sind. Eine andere Gruppe sind die Turnerkinder, die nichts als Bewegung wollen, mit drei Monaten durch die Gegend robben und schon mit zehn Monaten laufen. Im Gegensatz zu diesen sportlichen Babys gibt es Säuglinge, die am liebsten dort liegen bleiben, wo man sie hinlegt, aber schon mit sieben Monaten Mama sagen können. Offene Babys gibt es, die mit jedem Fremden schäkern, und ängstliche, denen nur auf dem Arm der Mutter ein scheues Lächeln zu entlocken ist. Und es gibt schwierige Babys mit Koliken, permanent schlechter Laune, die ungeduldig, reizbar und höchst anstrengend sind. Die Eltern solch strapaziöser Babys diskutieren lange über die Frage eines Geschwisterchens für ihren Wildfang.

868

GIBT ES DENN UNTERSCHIEDE ZWISCHEN DEM ERSTEN UND ZWEITEN KIND?

Das zweite Kind ist meistens das ausgeglichenere, mehr in sich selbst ruhende Kind. Die Eltern sind schon geübt im Umgang mit Babys, nicht mehr so nervös und unsicher wie bei der Ankunft des ersten Kindes und strahlen dadurch mehr Ruhe und Gelassenheit aus.

869

UND ZWISCHEN NEUGEBORENEN BUBEN UND MÄDCHEN?

Ich weiß, das entspricht überhaupt nicht dem Klischee vom zimperlichen und zart besaiteten weiblichen Wesen, aber Baby-Mädchen sind weitaus zäher, stabiler und energischer als Baby-Jungens. Buben leiden häufiger und wesentlich heftiger unter den Drei-Monats-Koliken, lächeln später, beginnen später zu sprechen und alleine auf die Toilette zu gehen und sind insgesamt etwas anstrengender während der Babyzeit. Sie sind aber genauso freundlich und süß.

870

BLEIBEN DIESE CHARAKTERUNTERSCHIEDE DIE GANZE KINDHEIT ERHALTEN?

Im Großen und Ganzen schon. Ein ruhiges und ausgeglichenes Baby wird sich selten in einen wilden, unbändigen Trotzkopf verwandeln, der nur mit Mühe durch die Kindheit geleitet werden kann. Wenn Sie aber so einem kleinen, heftigen Tausendsassa das Leben geschenkt haben, wird dieser nachhaltig und tatkräftig weiterhin Ihren Alltag auf den Kopf stellen. Wir können uns den Charakter unseres Kindes nicht aussuchen oder an einer Baby-Börse bestellen, wir dürfen es nur lieben – genau so wie es ist und sich als eigene Persönlichkeit entwickelt.

26
MOTORIK UND SPRACHE DES BABYS

■ ■ ■ ■ ■ ■ ■ ■ ■ ■ ■ ■ ■ ■ ■ ■ ■ ■ ■ ■

Ein Neugeborenes ist winzig, schwach, zerbrechlich und hilflos. Mit den unkoordiniert rudernden Händchen kann es nicht greifen, mit dem baumelndem Köpfchen weder sitzen noch laufen, es kann nicht sprechen oder sich verständlich machen, es hat keine Zähne und kann nicht kauen, die Augen gehorchen ihm kaum und wehren kann es sich auch nicht. Wie ein aus dem Nest gefallenes kleines Vögelchen ist es in allem auf unsere Pflege angewiesen.

Doch in diesem kleinen Bündel wohnt eine Kraft, die ihm ab dem Augenblick der Geburt zuflüstert: Du musst gut essen, damit du groß und stark wirst. Du musst schlafen, damit du Kraft sammelst. Du musst deine Muskeln trainieren, deinen Kopf hochheben, versuchen dich zu drehen und auf die Füße zu kommen und du musst deine Hände unter Kontrolle kriegen. Ich werde dir Zähne geben, damit du unabhängig von der Milch wirst, und vor allem höre gut zu, wenn die großen Leute sprechen, damit du diese Laute auch bald beherrschst. Übe den ganzen Tag, jeden Moment deines Lebens, sei keine Minute nachlässig oder untätig. Sei neugierig, erforsche jeden Gegenstand, nimm deine Hände und den Mund zu Hilfe, schau dir alles genau an und untersuche es gründlich, damit du dich bald zurechtfindest in dieser – deiner – Welt.

Und das kleine Bündel hört auf diese Kraft und isst und schläft, trainiert ununterbrochen seine Muskeln, bekommt Zähne und lernt sprechen und kaum ein Jahr später ist aus dem winzigen, zerbrechlichen und hilflosen Neugeborenen ein kraftvolles und pfiffiges Kleinkind geworden. Im Zeitraffer vollzieht jedes Baby den Gang der Evolution aufs Neue und entwickelt sich vom wasserplantschenden Embryo zum aufrecht stehenden Homo sapiens mit einem differenzierten Sprachverständnis und der einzigartigen Fähigkeit, winzigste Teppichflusen vom Boden aufzuheben, indem es Daumen und Zeigefinger im so genannten Pinzettengriff zusammenbringt. Nie mehr in seinem Leben wird das Kind sich in einer solchen Geschwindigkeit entwickeln wie im ersten Lebensjahr. Es lernt in dieser kurzen Zeitspanne alle Grundfähigkeiten, die ein Mensch zum Überleben braucht, alles Weitere ist lediglich Ausbau, Spezialisierung und Verfeinerung. Dem menschlichen Geist ist der Wunsch, zu lernen und die Welt interessiert zu erforschen, bei der Geburt mitgegeben, und ein Kind sollte niemals für neugierige Fragen, Forscherdrang oder seine Wissbegierde – in welcher Form auch immer – bestraft werden.

871

ENTWICKELT SICH DAS BABY AUF ALLEN EBENEN GLEICHZEITIG?

Wie der ins Wasser geworfene Stein seine Kreise rund um sich herum ausbreitet, entwickelt sich ein Baby gleichzeitig in alle Richtungen und übt seine Fertigkeiten auf jeder Ebene.

872

WELCHE EBENEN SIND DAS BEI EINEM BABY?

Die augenfälligste ist das Wachstum und die Gewichtszunahme auf der körperlichen Ebene. Die motorische Entwicklung, also die zunehmenden körperlichen Fähigkeiten stehen an nächster Stelle. Zeitgleich entwickeln sich die sozialen Fertigkeiten des Kindes. Das intellektuelle Wachstum geht Hand in Hand mit der sich bildenden Sprachkompetenz.

873

WIE VIEL WÄCHST EIN KIND IM ERSTEN LEBENSJAHR?

Über die Gewichtszunahme und das Längenwachstum können Sie in Kapitel 17 genau nachlesen. Wirklich interessant ist aber die Tatsache, dass diese rasche Gewichts- und Längenentwicklung nach dem ersten Lebensjahr gedrosselt wird, denn wenn es in dem Tempo weiterginge, wäre der ausgewachsene Mensch sieben Meter groß und würde mehrere Tonnen wiegen.

874

WELCHE MOTORISCHEN FÄHIGKEITEN HAT EIN NEUGEBORENES?

Das Neugeborene wird hauptsächlich von Reflexen bestimmt und hat über seine eigenen Bewegungen kaum Kontrolle. Das Strampeln mit Beinchen und Ärmchen entspringt reiner Bewegungslust oder bedeutet Abwehr von Bauchschmerzen und ähnlichem Unwohlsein. Der Kopf kann für Sekunden hochgehalten und auf die andere Seite gedreht werden.

875

WIE ENTWICKELT SICH DIE MOTORIK DANN WEITER?

Nach etwa acht Wochen kann das Baby den Kopf für mehrere Minuten halten und hat durch das Strampeln ordentliche Bauchmuskeln aufgebaut. Nach vier Monaten wird es mittels dieser Muskeln zum ersten Mal versuchen, sich zu drehen und kann sich in der Bauchlage mit den Armen abstützen. Das Drehen wird immer weiter verfeinert, bis das Baby sich mit etwa sechs Monaten wie ein kullernder Sandwurm durch das Zimmer und um die eigene Achse drehen kann. Der Bizeps in den Armen wird dadurch trainiert, und bald robbt das Kind vorwärts.

876

MEIN BABY ROBBT ABER RÜCKWÄRTS!

Das Kind will nach vorne, stützt sich mit den Armen auf, schiebt mit den Beinen, deren Muskeln sich später entwickeln, nach und rutscht dabei leider nach hinten weg. Babys sind ziemlich sauer, wenn sich das begehrte Spielzeug weiter entfernt, obwohl sie sich so große Mühe mit dem Robben geben. Da müssen sie durch und bald lernen sie auch krabbeln.

877

WIE LERNT EIN BABY KRABBELN?

In der Bauchlage drückt es sich mit den Armen hoch, stemmt gleichzeitig den gewindelten Po in die Luft und versucht zu knien. Dabei wackelt es gefährlich hin und her, bis die Koordination von Armen und Beinen klappt. Wenn Kinder den Bogen einmal raus haben, können sie wieselflink krabbeln.

878

UND WIE LERNT DAS KIND LAUFEN?

Es krabbelt zu einem Möbel oder einem anderen geeigneten Gegenstand (wie der Mutter), kniet sich hin und zieht sich zum Stehen hoch. Zuerst hangelt das Kind seitwärts im Scherengang an den Möbeln entlang, lernt dann für einen Augenblick frei zu stehen und wagt bald darauf den ersten eigenen Schritt.

879

MÜSSEN ALLE KINDER KRABBELN?

Das Krabbeln ist zwar gesund für die Wirbelsäule, aber manche Kinder überspringen diesen Entwicklungsschritt und stellen sich vom Sitzen direkt auf die Füße.

880

WANN KANN DAS KIND FREI SITZEN?

Im Durchschnitt mit neun Monaten.

881

DARF ICH MEIN BABY VORHER SCHON HINSETZEN?

Jeder tut es und jeder hat ein schlechtes Gewissen! Ja, von Zeit zu Zeit dürfen Sie Ihr Baby abgestützt vor sich hinsetzen.

882

WANN KANN DAS KIND FREI LAUFEN?

Im Durchschnitt mit einem Jahr. Manche Kinder sind aber extrem bewegungsfaul und laufen erst mit etwa 18 Monaten.

883

WANN LERNT DAS KIND TREPPEN ZU STEIGEN?

Schon Krabbelkinder wagen sich an Treppen und bewältigen diese Herausforderung wie ein Krebs, nämlich rückwärts. Das Kind nie unbeaufsichtigt an Treppen lassen!

884

WELCHE MOTORISCHEN FÄHIGKEITEN ENTWICKELN SICH NOCH?

Das Kind lernt im ersten Lebensjahr nicht nur die Füße, sondern auch die Hände zu benutzen.

885

WIE GREIFT EIN NEUGEBORENES?

Das Neugeborene kann nicht bewusst nach etwas greifen, denn die Händchen schließen sich mit dem Greifreflex automatisch, wenn etwas die Handinnenfläche berührt.

886

WANN VERLIERT SICH DIESER GREIFREFLEX?

Er verliert sich im Laufe der ersten acht Lebenswochen und macht zaghaften, noch sehr unkoordinierten Greifversuchen mit der ganzen Faust Platz. Wenn Sie einem Baby mit acht Wochen eine Rassel in die Hand geben, wird es sie entweder festhalten, sich an den Kopf schlagen oder unmotiviert wegfallen lassen. Erst etwa mit vier Monaten beginnt das gezielte Greifen mit der ganzen Hand.

887

DIESES GREIFEN IST ABER NOCH SEHR GROB!

Die Feinmotorik der Hände entwickelt sich ab dem achten Lebensmonat mit dem Pinzettengriff. Zwischen Daumen und Zeigefinger hebt das Baby die unmöglichsten, winzigkleinsten Sachen auf, und ehe Sie hingeschaut haben, sind diese im Mund gelandet. Reißzwecken, Zigarettenkippen, Nähnadeln, Knöpfe oder Erdnüsse sind sehr beliebt!

888

WARUM STECKT DAS BABY BLOSS ALLES IN DEN MUND?

Weil das Kind in der oralen Phase ist, das heißt, es lernt die Welt über den Mund kennen. Das Baby will nicht alles essen, was es in den Mund nimmt, sondern nur die Größe, die Beschaffenheit oder die Temperatur der Dinge kennen lernen und abtasten. Sie können Ihrem Kind das nicht »abgewöhnen« und dürfen es nie dafür strafen, denn wenn Sie das verbieten, kann Ihr Baby nicht in angemessener Weise die Welt kennen lernen.

889

WIE FORMEN SICH DIE SOZIALEN FÄHIGKEITEN?

Ein Neugeborenes kann nicht zwischen sich selbst und seiner Umgebung unterscheiden. Es hat noch kein Bewusstsein dafür. Es fühlt sich wohl, wenn es an einen warmen Körper gehalten wird, von wem diese Körperwärme kommt, ist ihm egal. Sein Hautempfinden und Tastsinn sind hoch entwickelt, ebenso der Geschmackssinn und das Hörvermögen. Nach etwa acht Wochen hat es seine Augenmuskulatur gut unter Kontrolle und kann Personen an der Gesichtskontur erkennen.

890

WANN KANN DAS BABY BESTIMMTE PERSONEN ERKENNEN?

Zwei Monate alte Babys lächeln jeden an, der mit ihnen schäkert. Aber die Eltern erkennen, im Sinne von wissen, dass diese Personen die Eltern sind, kann ein Kind in diesem Alter noch nicht. Die Gesichter, die Stimmen und der Geruch der Eltern sind dem Baby vertraut, und deshalb wird es schneller mit ihnen lächeln als mit fremden Personen. Schon drei Tage alte Babys können übrigens die Mutter vom Vater anhand des Milchgeruchs unterscheiden.

891

UND WANN WEISS MEIN BABY ENDLICH, DASS ICH SEINE MUTTER BIN?

Etwa ab fünf bis sieben Monaten fangen die Kinder an zu fremdeln, das bedeutet, fremde Personen werden misstrauisch beäugt und falls sich so eine unbekannte Person sogar erdreistet, einen auf den Arm zu nehmen, gibt es ein Riesengebrüll, das erst in Mamas Arm wieder aufhört. Das Kind hat unterscheiden gelernt: Das sind die Leute, die ich kenne, und die nicht.

892

HÖRT DIESES FREMDELN AUCH WIEDER AUF?

In dieser extremen Form hört das Fremdeln spätestens zum ersten Geburtstag wieder auf, um dann einem gesunden Misstrauen gegenüber fremden Menschen Platz zu machen.

893

WIE ENTWICKELT SICH DENN DIE SPRACHE?

Das Neugeborene kann sich nur durch Schreien ausdrücken. Etwa mit acht Wochen beginnt das Baby von alleine, Laute zu produzieren. Das Kind hat seine Stimmbänder entdeckt und probt verschiedene Lautverbindungen, wie »aga, ara« oder »errö«. Das ist lustig und niedlich, die Eltern reagieren mit Entzücken und antworten dem Baby in der gleichen Sprache. Das Kind wird dadurch motiviert, noch mehr zu »sprechen«.

894

WIE LERNT DAS KIND BEISPIELSWEISE, »MAMA« ZU SAGEN?

Zu Anfang verbindet das Baby kein Bild mit bestimmten Lauten. Es weiß nicht, dass das Wort »Mama« Mutter bedeutet oder »Papa« Vater. Es übt seine Laute und kann etwa mit sechs Monaten die Lautverbindung »amamama« oder »apapapapa« sagen. Die Eltern wiederholen diese Lautverbindung natürlich begeistert, ja, das ist die Mama, das ist der Papa, wo ist die Mama usw., und das Kind merkt, dass diese Wörter immer in einer bestimmten Verbindung auftauchen. Mit etwa zehn Monaten sagen die Kinder dann zu den Eltern »mampapap« oder »amapa«, und mit einem Jahr können sie Mama und Papa auseinander halten. Das Kosewort Mama gibt es übrigens beinahe in jeder Sprache, weil Babys auf der ganzen Welt ihre »amamama«-Lautverbindung früh üben.

895

LERNEN KINDER ALLE WORTE SO SPRECHEN?

Der erste Wortschatz kommt auf jeden Fall so zustande. Später fragt das Kind nach den Wörtern für die Dinge. Je mehr Sie mit Ihrem Kind sprechen, umso besser ausgebildet wird sein Sprachschatz.

896

SOLL MAN DENN AUCH IN DER BABYSPRACHE MIT DEM KIND REDEN?

Auf jeden Fall, aber nicht ausschließlich. Wenn Sie mit Ihrem Baby unterwegs einem Hund begegnen, wird es Sie anschauen und Wau-Wau sagen und will damit von Ihnen die Bestätigung, dass sein ausgewähltes Wort zum richtigen Objekt passt. Wenn Sie nun immer sagen: Ja, das ist ein Wau-Wau, wird es nie das Wort »Hund« lernen. Wenn Sie aber immer sagen: »Das ist ein Hund«, wird das Baby das Gefühl haben, Sie hätten es nicht verstanden und sprächen chinesisch mit ihm. Am besten antworten Sie: »Ja, das ist ein Hund und der macht wau-wau.«

897

WELCHES SPRACHVERMÖGEN HAT DENN DAS EINJÄHRIGE KIND?

Der passive Wortschatz, also, das, was ein Kind versteht, ist weitaus größer als der aktive, also, der, den es selbst sprechen kann. Mit einem Jahr können die meisten Kinder ein paar Babywörter wie »ada«, »heia«, »wau-wau« oder Ähnliches sprechen, verstehen aber das meiste der Alltagssprache. Wenn Sie zu Ihrem Kind sagen: »Gib mir mal die Zeitung!«, wird es genau das tun, obgleich es das Wort »Zeitung« vermutlich erst in einem Jahr aussprechen kann.

898

WIE SAGT DAS KIND ZU SICH SELBST?

Die meisten Kinder nennen sich selbst Baby oder bei einem Kosenamen. Die Bezeichnung »Ich« lernt es erst im zweiten Lebensjahr.

899

GIBT ES AUCH IN DIESEN BEREICHEN SOLCHE SCHÜBE WIE BEIM WACHSTUM?

Auch in der motorischen, sprachlichen und geistigen Entwicklung des Kindes gibt es diese Wachstumsschübe. Oft stellt das Baby die eine Entwicklung zugunsten der anderen eine Zeit lang zurück. Wenn es beispielsweise gerade angestrengt krabbeln lernt, wird es in dieser Zeit nicht so viel Mühe auf neue Laute verwenden.

900

VERLÄUFT DIE ENTWICKLUNG BEI BUBEN UND MÄDCHEN UNTERSCHIEDLICH?

Kleine Jungen verwenden öfter mehr Energie auf die motorische Entwicklung und Mädchen mehr auf die Sprache. Zum ersten Geburtstag haben aber beide in etwa den gleichen Entwicklungsstand.

901

UND BEIM ERSTEN UND ZWEITEN KIND?

Das zweite Kind ist oft ein wenig schneller in der Entwicklung, weil es sich beim großen Geschwister alles abguckt und mitmachen will.

902

WOHER WEISS ICH, OB IN DER ENTWICKLUNG ALLES RICHTIG LÄUFT?

Dieses Wissen erhalten Sie durch die Vorsorgeuntersuchungen beim Kinderarzt, die während des ersten Lebensjahres in kurzen Abständen stattfinden und die Entwicklung Ihres Babys auf jeglicher Ebene genauestens verfolgen.

27

FRÜHFÖRDERUNG UND SPIELEN

▪ ▪ ▪ ▪ ▪ ▪ ▪ ▪ ▪ ▪ ▪ ▪ ▪ ▪ ▪ ▪ ▪ ▪ ▪ ▪

Früher war eine Frau nicht schwanger, sondern »in guter Hoffnung«. Man hoffte, dass mit Schwangerschaft und Geburt alles gut gehen und ein gesundes Kind das Licht der Welt erblicken würde. War dieser Wunsch dann erfüllt, legte man das Neugeborene in sein Körbchen, stillte es und ließ es wachsen und gedeihen. Das Kind stellte sich irgendwann auf seine Füße, wuselte der Familie zwischen den Beinen herum und niemand kam auf die Idee, dass dieses kleine Wesen irgendeiner speziellen Beschäftigung bedürfte. Wenn man Zeit hatte, spielte man Backe-Backe-Kuchen, gab dem Kind einen Topf und einen Kochlöffel zum Spielen oder setzte es draußen in einen Sandkasten. Große Geschwister wurden zum Aufpassen abkommandiert. Keiner Mutter wäre es in den Sinn gekommen, drei Vormittage und zwei Nachmittage in der Woche Termine zur Förderung und Erheiterung ihres Krabbelkindes zu haben.

Heute bekommen Familien – statistisch gesehen – 1,3 Kinder, und dieses eine und 0,3 Prozent Kind sitzt mit seiner Mutter im Reihenhaus im Grünen und sehnt sich nach Spielgefährten. Auch die Mutter sehnt sich nach Mutter-Gefährtinnen, denn den ganzen Tag alleine mit einem brabbelnden Baby wird selbst der liebevollsten Mutter auf Dauer etwas langweilig. Also macht sie sich auf die Suche nach Pekip-Gruppen, Babyschwimmen und Turnen, geht zur Säuglingsmassage und gründet eine Krabbelgruppe, auf dass das Kind gefördert werde.

Nicht, dass jetzt der Eindruck entsteht, dass ich etwas gegen diese Förderung habe, aber ich denke, Mütter sollten den Mut haben, einfach zu sagen: Ich brauche Kontakt mit anderen Frauen in der gleichen Lebenssituation, ich brauche neue Freundinnen, die auch Kinder haben und ich will nicht den ganzen Tag zu Hause alleine mit meinem

Baby verbringen, denn da fällt mir die Decke auf den Kopf, und deshalb gehe ich zu diesen Gruppen. Als positiven Nebeneffekt hat mein Baby einen Riesenspaß dabei und wird durch den Umgang mit anderen Kindern, das Turnen und Schwimmen, Singen und Spielen in seiner sozialen und intellektuellen Entwicklung gefördert. Bessere Argumente gibt es doch nicht! Wenn Sie Lust haben, besuchen Sie diese Gruppen und wenn nicht, dann brauchen Sie kein schlechtes Gewissen zu haben, denn Ihr Baby wird sich auch ohne spezielle Förderung gut entwickeln.

903

BRAUCHT DAS BABY NUN EINE FÖRDERUNG ODER NICHT?

Die Antwort ist ja und nein gleichzeitig. Nur Füttern und Wickeln reicht natürlich nicht aus, denn ein Baby braucht beständige und liebevolle Ansprache, Anteilnahme und Beschäftigung durch erwachsene Personen, wenn es sich gut entwickeln soll. Aber es braucht keine Kurse, Seminare oder einen speziellen Babyunterricht. Gruppen, die Sie besuchen, dienen nur dem Spaß – Ihrem und dem des Kindes!

904

BRAUCHT DAS BABY ANDERE BABYS ALS SPIELKAMERADEN?

Während des ersten Lebensjahres lebt das Kind in einer sehr selbstbezogenen Welt, es nimmt andere Kinder nicht als Spielkameraden wahr. Neugeborene erschrecken sich vor dem Geschrei anderer Babys und weinen sofort mit. Etwa ab dem dritten Monat beobachten sich die Kinder, nehmen aber keinen Kontakt auf. Ab dem sechsten Monat kriechen und krabbeln gleichaltrige Babys übereinander, nehmen sich das Spielzeug und den Schnuller gegenseitig weg, ziehen sich an den Haaren und greifen mit ihren dicken Wurstfingern interessiert vor allem nach den Augen anderer Kinder.

905

NÜTZT DEM BABY DER KONTAKT ÜBERHAUPT ETWAS?

Auch wenn der Umgang miteinander kein sehr zärtlicher ist, schauen sich die Wichte doch Fertigkeiten voneinander ab. Krabbelt das eine, krabbeln bald alle anderen.

906

WAS WIRD IN EINER KRABBELGRUPPE GEMACHT?

Kaffee getrunken, geschwätzt, gestillt, aufgepasst, dass sich die Kinder nicht gegenseitig die Haare abreißen, die Anzahl der Zähne der Babys verglichen und Erfahrungen ausgetauscht.

907

DAS HÖRT SICH JA NICHT SEHR ANSPRUCHSVOLL AN!

Es ist ja auch kein philosophischer Zirkel, in dem der Sinn des Lebens diskutiert wird. Aber den jungen Müttern tun diese Treffen gut, und es wird viel gelacht.

908

WAS IST BABYTURNEN?

Etwas Ähnliches wie eine Krabbelgruppe, es wird nur unter Anleitung mit den Babys zusätzlich geturnt.

909

UND BABYSCHWIMMEN?

Schwimmen macht Babys sehr viel Spaß. In den wohlig-warmen Fluten können die kleinen Wasserflöhe im Schlüpfer – als Schutz vor groben Verstößen gegen die Badeordnung – sogar ohne Angst tauchen. Das gechlorte Wasser im Schwimmbad ist für neurodermitische Babys leider keine gute Idee.

910

SOLL ICH ZUR BABYMASSAGE GEHEN?

Den Luxus einer sanften, speziellen Babymassage genießen sogar schon Neugeborene. Oft hilft die Massage auch gegen Koliken.

911

WAS WIRD IN DEN PEKIP-GRUPPEN GEMACHT?

Pekip ist die Abkürzung für Prager-Eltern-Kind-Programm. In diesen Gruppen wird mit den Babys geturnt, gespielt, gesungen und einiges gelernt. Manche der Pekip-Gruppen sind sehr anspruchsvoll, andere ein netter Babytreff.

912

AB WANN BRAUCHT DAS BABY SPIELSACHEN?

Neugeborene lieben die Sonnenfarben gelb, orange und rot. Schon mit einer Woche versuchen Babys, einem Gegenstand in dieser Farbe mit den Augen zu folgen. Das erste Spielzeug soll also zum Anschauen sein. Auch ein Mobile mögen alle Babys gerne. Ab der sechsten Woche kann ein Spielzeug zum Hören dazukommen. Basteln Sie aus einem naturfarbenen Lederbändchen eine Kette mit Glöckchen, die es für ein paar Pfennige zu kaufen gibt. Eine Rassel, eine Klapper, eine bunte Spieluhr oder ein quietschender, weicher Stoffball sind auch interessant. Sie brauchen Ihr Kind nicht mit Spielsachen überladen, denn das liebste und beste Spielzeug für das Baby sind Sie selbst: Ihre Haare, Ihre Augen, Ihre Brille, Ihr Mund, die Wörter, die Sie sprechen und Ihr Lächeln. Wenn Sie dann von Zeit zu Zeit die Glöckchenkette hervorzaubern, ist das Baby vollauf zufrieden.

913

UND WENN DAS BABY KRABBELT?

Für das Krabbelkind ist jeder Gegenstand Spielzeug! Ob es sich um Ihre Handtasche, die teure HiFi-Anlage, Schaufel und Besen aus der Küche oder eine pädagogisch wertvolle Spielsache handelt, ist dem Baby egal, denn es »spielt« nicht mit den Dingen, sondern erforscht sie, steckt sie in den Mund, betrachtet sie von allen Seiten, steckt die Finger hinein und untersucht seine Funktion.

914

DANN BRAUCHT EIN KRABBELKIND DOCH GAR KEINE SPIELSACHEN!

Nein, im Prinzip nicht. Sie machen Ihr Krabbelbaby glücklich, wenn es mit allem, was Sie im Alltag benutzen, auf seine Art »spielen« darf. Räumen Sie gefährliche, spitze, giftige, wertvolle und auch winzigkleine Sachen aus dem Zugriffsbereich des Babys und lassen Sie es alles erkunden. Ein Kuscheltier für die Nacht ist allerdings Mindestbedarf.

915

MEIN BABY »LIEST« IMMER DIE ZEITUNG.

Das Geraschel der großen Papierseiten finden alle Babys spannend und ehe Sie sich versehen, besteht Ihre Zeitung nur noch aus Fetzen. Das Kind darf die Zeitung nicht in den Mund nehmen, denn Druckerschwärze ist leicht giftig.

916

WELCHE TOLLEN »SPIELSACHEN« GIBT ES FÜR KRABBELKINDER NOCH?

Alleine an- und ausziehen, ein großer Karton zum Reinkriechen, Sand und Matsch, Bücher »lesen«, Regale und Schubladen ein- und ausräumen, die Möbel mit Ihrer teuren Feuchtigkeitscreme verzieren, Handys auf den Boden werfen oder verstecken, den Lego-Turm vom großen Geschwister umschmeißen, mit Socken die Toilette verstopfen oder den Tisch abräumen helfen, indem man am Tischtuch zieht. Sie werden erstaunt sein über den Erfindungsreichtum Ihres Babys und Ihre Augen trainieren müssen, um überall gleichzeitig hinschauen zu können.

917

MÖGEN BABYS DIE SO GENANNTEN FINGERSPIELE?

Babys lieben alle Spiele, die mit Körperkontakt und Körperlichkeit zu tun haben. Ob es sanftes Kitzeln ist, mit den Fingern über den Bauch bis zum Ohr krabbeln, Verstecken oder Nachlaufen, Tanzen, Hoppe-Hoppe-Reiter oder Kuck-Kuck, Ihr Baby wird vor Begeisterung quietschen. Fingerspiele wie: »Das ist der Daumen, der schüttelt die Pflaumen, der liest sie alle auf, der trägt sie nach Haus und der kleine, der isst sie alle auf«, machen Babys sogar intelligenter.

918

WANN DARF ICH MEIN BABY IN DIE LUFT WERFEN?

Bitte nicht vor dem ersten Geburtstag, weil das Baby eine perfekte Kopfkontrolle und gute Nackenmuskulatur für den Rückschlag in der Luft braucht. Und bei dem beliebten Engelchen-Engelchen-Flieg-Spiel das Kind mit zwei Erwachsenen unter den Achseln und nicht an den Handgelenken festhalten, weil sonst das Schultergelenk ausreißt!

919

WANN ERKUNDET DAS BABY SEINEN EIGENEN KÖRPER?

Etwa mit sechs Wochen betrachtet das Kind seine eigenen Hände voller Erstaunen. Mit sechs Monaten kann es die Füße in den Mund nehmen und an den Zehen lutschen. Mit etwa neun Monaten entdeckt es seine Genitalien und spielt damit. Ein Kind am ersten Geburtstag sucht noch hinter dem Spiegel das vermeintlich andere Kind.

920

KANN ICH DEM BABY SCHON VORLESEN?

Ja, warum nicht? Bücher mit Bildern von Alltagsgegenständen oder Tieren interessieren ein Krabbelkind bestimmt.

921

DARF EIN KRABBELKIND FERNSEHEN?

Kinder im Vorschulalter brauchen meiner Meinung nach kein Fernsehen. Es ängstigt sie, dämpft ihre Bewegungslust und stört das freie und kreative Spielen.

922

WAS KANN ICH NOCH FÜR DIE INTELLIGENZ MEINES KINDES TUN?

Musik hören, Tanzen, verschiedene Stoffe anfassen, unterschiedliche Gerüche kennen lernen, im Sand krabbeln, mit Erde matschen, im Wasser plantschen, viel Zärtlichkeit, Bilderbücher anschauen, Märchen vorlesen, alleine essen lernen und ganz viel mit dem Baby sprechen – alle diese sinnlichen Reize machen intelligent!

29
VATER UND KIND

▪ ▪

Wissen Sie, was ein Penisfutteral ist? Nein? Aber die Funktion eines Brillenetuis ist Ihnen bekannt! Damit das gute Stück nicht kaputt geht, wird es in eine Hülle gesteckt. Die Brille ins Etui, der Penis ins Futteral. Bei manchen Naturvölkern ist dieses Dessous groß in Mode. Damit jeder den mit Federn, Perlen oder Zähnen des Feindes geschmückten Super-Schlüpfer sehen kann, gehen die Herren mit blankem Po und auch ganz ohne Krawatte zur Jagd – und nicht in die Firma! Einen Chef haben sie auch, und der kriegt heute endlich sein Baby. Am frühen Morgen haben die Wehen bei ihm eingesetzt und sein Wehklagen schallt durch den Dschungel. Die Jagd fällt also heute aus, stellen Sie Ihren Pfeil und Bogen in die Ecke, ziehen Sie Ihr festlichstes Futteral an und folgen Sie mir in die schon seit Wochen vorbereitete Geburtshütte. Ach so, ich darf als Frau ja diesen besonderen Ort nicht betreten, Sie müssen also alleine zu Ihrem kreißenden Chef.

Ich gehe in die Nachbarhütte, wo die schwangere Frau des Chefs ebenfalls in den Wehen liegt und helfe ihr bei der Entbindung. Sie hält sich an einem Seil fest und kniet. Ganz konzentriert und lautlos ist sie bereits am Pressen. Als der Kopf des Kindes zum Vorschein kommt, ertönt aus der Hütte des Chefs ein markerschütterndes Gebrüll, gefolgt von lautem Jubelgeschrei. Offenbar hat der Chef auch gerade entbunden. Seine Frau hat ihr Baby schon an der Brust und helfende Hände haben die Spuren der Geburt rasch beseitigt. Sie lächelt zufrieden und wird sich noch ein wenig ausruhen, um am nächsten Tag ihrer gewohnten Arbeit nachgehen zu können. Das Kind hat sie an ihren Körper gebunden, damit es bei der Feldarbeit und dem Früchtesammeln nicht stört und jederzeit gestillt werden kann.

Im Moment müssen die Frauen alleine für den Nahrungsbedarf sorgen, weil der Chef noch im Wochenbett liegt und die Männer des Dorfes ihm jeden Wunsch von den Augen ablesen. Mit köstlichen Speisen verwöhnt sitzt er in seiner Geburtshütte und erzählt immer wieder, wie schmerzhaft die Entbindung war und wie tapfer er dieses Ereignis überstanden hat. Vier Wochen wird er rund um die Uhr bewundert, geehrt und gefeiert als mutiger Held. Und alle Männer hoffen, dass ihre Frau auch bald ein Kind kriegt, denn diese besondere Aufmerksamkeit bekommt man als Mann doch nur selten im Leben.

923

WAS IST DAS DENN FÜR EINE ERFUNDENE GESCHICHTE?

Das ist keine erfundene Geschichte, sondern der Brauch der so genannten Couvade, dem Männerkindbett, das manche Naturvölker auch heute noch praktizieren. Das Imitieren der Wehenschmerzen und des Geburtsvorgangs gehört ebenso dazu wie das Gefeiert- und Verwöhntwerden im Wochenbett.

924

KANN MAN DIESE COUVADE AUCH HIER PRAKTIZIEREN?

Warum denn nicht? Sie müssten dann aber zu den Feierlichkeiten auch ein Penisfutteral tragen!

925

JETZT ERZÄHLEN SIE ABER MAL ETWAS VERNÜNFTIGES!

Gut. Ihre Frau hat Ihnen gesagt, dass sie schwanger ist. Sie freuen sich wie ein Schneekönig, weil Sie sich nichts mehr als ein Baby in Ihrem Leben wünschen und schon immer bei einer Geburt dabei sein wollten, Sie kaufen ein Haus, tauschen den flotten Cabriolet gegen einen langweiligen, aber praktischen Kombi, nehmen drei Jahre Vaterschaftsurlaub, sitzen mit Ihrer schwangeren Frau auf dem Sofa und stricken Babystrümpfchen, besuchen einen Geburtskurs und lernen, Ihren Beckenboden gaaaaanz locker zu lassen …

926

JETZT ERZÄHLEN SIE ABER MAL ETWAS VERNÜNFTIGES!

Gut. Ihre Frau hat Ihnen also gesagt, dass sie schwanger ist. Sie werden also Vater und freuen sich wie ein Schneekönig, obwohl Ihnen der Gedanke an ein Baby, eine Schwangerschaft und Geburt auch ein wenig Bedenken verursacht.

927

WARUM TAUCHE ICH ALS VATER ÜBERHAUPT ERST SO SPÄT HIER IN DIESEM BUCH AUF?

Der ganze Baby-Ratgeber ist natürlich an beide Eltern gerichtet. Ich will aber für Sie ein eigenes Kapitel schreiben und das passt vom inhaltlichen Aufbau leider erst an diese Stelle.

928

HABEN ANDERE MÄNNER AUCH BEDENKEN IN RICHTUNG GEBURT UND BABY?

Die meisten Männer machen sich über dieses aufregende und alles verändernde Ereignis viele Gedanken. Sprechen Sie offen mit Ihrer Frau über Sorgen, Erwartungen und Zweifel. Legen Sie Ihre Ängste und Bedenken auf den Tisch und betrachten Sie diese gemeinsam, dann werden Sie feststellen, dass in Ihrer Frau Ähnliches vorgeht.

929

SIND FRAUEN IN DER FRÜHSCHWANGERSCHAFT IMMER SO SENSIBEL, INTROVERTIERT UND MANCHMAL AGGRESSIV, BLEIBT DAS VIELLEICHT SOGAR BIS ZUR GEBURT?

Nach dem dritten Monat wird Ihre Frau wieder zugänglicher, denn die morgendliche Übelkeit ist vorbei und die Brüste tun nicht mehr weh. Seien Sie nachsichtig und freundlich, bringen ihr Zwieback ans Bett, massieren ihr die Füße, holen ihr die Sterne vom Himmel und schieben alle Launen auf die Hormone.

930

ICH WILL ABER KEIN GANZES REGAL VOLL BABYBÜCHER LESEN!

Sie brauchen doch auch nur dieses zu lesen.

931

MUSS ICH DENN WIRKLICH MIT IN DEN VORBEREITUNGSKURS?

Gehen Sie mit, wenn Sie es zeitlich einrichten können. Sie werden viele interessante Dinge hören und lernen, außerdem treffen Sie dort andere werdende Väter. Die Press- und Hechelübungen dürfen Sie auslassen!

932

NUN WILL MEINE FRAU SCHON DEN SIEBTEN KREISS-SAAL BESICHTIGEN!

Schwangere werden durch ihre Hormone dazu gebracht, ein gemütliches und freundliches Plätzchen für die Geburt des Kindes zu suchen. Gehen Sie mit und verwickeln Sie den Arzt in ein technisches Gespräch über die Geräte im Kreißsaal.

933

UND ZUM GYNÄKOLOGEN SOLL ICH AUCH IMMER MITGEHEN!

Während der vaginalen Untersuchungen können Sie ins Wartezimmer gehen, aber die Ultraschall-Untersuchung sollten Sie sich anschauen.

934

KANN ICH SEX MIT MEINER FRAU HABEN?

Manche Schwangere mögen überhaupt keinen Sex, andere sind ganz versessen darauf.

935

BESTEHT DIE GEFAHR, DASS ICH IHR WEHTUN KÖNNTE BEIM SEX?

Ihre Frau wird Ihnen schon sagen, wenn ihr etwas unangenehm ist.

936

BESTEHT DIE GEFAHR, DASS ICH UNSEREM BABY WEHTUN KÖNNTE?

Nein, das Baby ist durch die Fruchtblase vollkommen geschützt. Es kann ihm nichts passieren durch den Verkehr.

937

BEIM SEX DENKE ICH DARÜBER NACH, OB UNSER BABY VIELLEICHT MEINEN ... NA JA, SIE WISSEN SCHON ... SEHEN KÖNNTE.

Im Mutterleib ist es stockdunkel, das Baby ist mit Wachsen beschäftigt und interessiert sich keinen Deut für das, was seine Eltern treiben.

938

EHRLICH GESAGT: ICH FINDE DIESEN DICKEN BAUCH ÜBERHAUPT NICHT EROTISCH UND WILL NICHT MEHR MIT MEINER FRAU SCHLAFEN.

Manche Männer empfinden das so. Wichtig ist, dass Sie mit Ihrer Frau behutsam darüber sprechen und andere Wege der Zärtlichkeit finden, damit sich keine Missverständnisse aufbauen.

939

ICH HABE WÄHREND DER SCHWANGERSCHAFT ZEHN KILO ZUGENOMMEN!

Das sind Sympathie-Kilos und ein bisschen was von der Couvade!

940

ICH HABE ANGST VOR DER GEBURT, DEM GANZEN BLUT UND DAVOR, MEINE FRAU MIT DIESEN SCHMERZEN ZU SEHEN, OHNE IHR HELFEN ZU KÖNNEN.

Ich verrate Ihnen ein Geheimnis: Selbst gestandene Hebammen haben manchmal Angst vor der Geburt, wenn Frauen sehr viel bluten oder wirklich sehr starke Schmerzen haben.

941

WIE VIEL BLUT WIRD DENN DA ZU SEHEN SEIN?

Bei einer unproblematischen Entbindung vielleicht eine Kaffeetasse voll, bei einem Dammschnitt etwas mehr. Stellen Sie sich beim Pressen ans Kopfende und flüstern Ihrer Frau aufmunternde Worte ins Ohr. Die Geburt Ihres Kindes wird Sie dann derartig in Bann ziehen, dass Sie die Gedanken an das Blut ganz vergessen.

942

ABER DIE SCHMERZEN!

Wehen gehören zur Geburt, und der Schmerz kann nur durch eine PDA ausgeschaltet werden. Wenn Ihre Frau sich entschlossen hat, ohne PDA zu entbinden, dann ist sie bereit, den Wehenschmerzen durch Atmen und Entspannen zu begegnen. Die Natur hat den Körper Ihrer Frau für den biologischen Vorgang der Geburt eines Kindes bestens ausgerüstet. Für diejenigen, die keine Wehen haben – also Sie oder ich als Hebamme – kann das Schimpfen, Fluchen, Stöhnen oder sogar Schreien während der Wehen sehr angsteinflößend wirken, aber für Ihre Frau sind die Töne, Schimpfwörter und das Schreien eine Möglichkeit, sich zu entspannen und von den Schmerzen zu befreien.

943

DEN DAMMSCHNITT MÖCHTE ICH ABER WIRKLICH NICHT SEHEN!

Die Hebamme und der Arzt werden Ihnen sowieso die Sicht verstellen, Sie bemerken so gut wie nichts davon.

944

WIE KANN ICH MEINER FRAU DENN HELFEN?

Gehen Sie mit ihr umher, bis sie beide Blasen an den Füßen haben, bieten Sie ihr zu trinken an, kühlen Sie ihre Stirn mit Waschlappen, sprechen Sie ihr Mut zu, erinnern sie Ihre Frau an das gemeinsame Baby, halten sie Händchen, massieren Sie ihr den Rücken oder die Füße, aber sagen Sie niemals zu ihr: Wann kommt denn dieses Kind jetzt endlich, nun mach doch mal!

945
DARF ICH FOTOGRAFIEREN?

Das frisch geborene, noch ganz zerknautschte Baby an der Nabel-schnur dürfen Sie gerne fotografieren, Ihre Frau würde sich aber lieber vorher ein wenig kämmen und Lippenstift auflegen.

946
DARF ICH UNSER BABY GLEICH ANFASSEN?

Natürlich, Ihr Baby wartet darauf, denn es kennt Ihre Stimme und wenn Sie dieses winzige Bündel zum ersten Mal vorsichtig und behut-sam in den Armen wiegen, wird eine Liebe geboren, die Sie Ihr ganzes Leben lang nicht vergessen werden.

947
HOFFENTLICH VERLIERE ICH NICHT DIE FASSUNG UND MUSS WEINEN!

Eine Geburt ist ein Wunder und bei Wundern dürfen auch gestandene Zwei-Meter-Männer weinen.

948
WAS MUSS ICH ERLEDIGEN, SO LANGE MEINE FRAU NOCH IN DER KLINIK IST?

Am besten gehen Sie noch arbeiten, bis Ihre Frau mit dem Baby nach Hause kommt. Putzen und schmücken Sie die Wohnung zur Heim-kunft, kochen Sie ein leckeres Mahl, waschen alle Wäsche und besorgen als Willkommensgeschenk den hübschen Schmuck, den sich Ihre Frau schon lange gewünscht hat.

949
ICH KANN NICHT PUTZEN.

Beim Putzen kann man nicht viel verkehrt machen.

950
ICH KANN NICHT KOCHEN.

Wussten Sie, dass in den meisten Fünf-Sterne-Restaurants ein Mann der Chefkoch ist?

951

ICH KANN NICHT WASCHEN.

Sie kapitulieren vor drei Bedienungsschaltern, während andere Männer bei einem Mondflug hundert und mehr davon unter Kontrolle haben? Vesuchen Sie's einfach! Bunt- und Weißwäsche sollte allerdings immer getrennt gewaschen werden ...

952

EIGENTLICH KANN ICH ES SCHON, ICH WILL EHER NICHT.

Danke für Ihre ehrliche Antwort! Keiner findet Hausarbeit besonders aufregend, aber sie muss nun mal leider getan werden.

953

NUN IST MEINE FRAU ZU HAUSE, SITZT ABER NUR AUF DEM SOFA UND STILLT.

Das Baby kennt noch keine vernünftigen Essenszeiten und Ihre Frau muss das Stillen auch erst ein paar Tage üben.

954

BLEIBEN DIE BRÜSTE DENN SO ÜPPIG WIE BEIM MILCHEINSCHUSS?

Um Ärger zu vermeiden, sollten Sie diese Frage nie Ihrer Frau stellen! Der Milcheinschuss ist zwar für die meisten Männer ein hübscher Anblick, tut aber leider weh, und jede junge Mutter ist froh, wenn diese Üppigkeit vorüber ist.

955

JETZT SIND IHRE BRUSTWARZEN SO WUND, SOLL SIE NICHT BESSER AUFHÖREN ZU STILLEN?

Man hat festgestellt, dass bei Frauen, die von ihren Männern moralisch unterstützt werden, das Stillen besser klappt. Holen Sie in der Apotheke Heilsalbe und ermutigen Ihre Frau.

956

SO LANGE SIE STILLT, KANN ICH FÜR DAS BABY NICHT VIEL TUN, ODER?

Neugeborene brauchen mehr als Gefüttertwerden. Sie können Ihr Baby wickeln und waschen und baden, in der Nacht herumtragen, am Tag spazieren fahren, Tee füttern, Bäuerchen machen lassen und nebenbei den Haushalt erledigen.

957

MUSS ICH DENN NACHTS UNBEDINGT MIT AUFSTEHEN?

In den ersten paar Nächten zu Hause dürfen Sie ruhig mit aufstehen, denn Ihre Frau hat vielleicht noch Schmerzen an der Naht und kann Ihre Hilfe beim Windeln gut gebrauchen. Eine, die eheliche Zuneigung festigende Idee ist es, sich die nächtliche Babypflege zu teilen. Die eine Nacht sind Sie dran, die nächste Nacht Ihre Frau!

958

DAS GEHT ABER NUR, SO LANGE ICH URLAUB HABE.

Dann übernehmen Sie später die Nachtschicht am Wochenende.

959

MEINE FRAU MUSS ABER DOCH AUCH NACHTS STILLEN.

Wenn das Stillen gut in Gang gekommen ist, spricht nichts dagegen, abends eine Flasche Milch abzupumpen, die Sie in der Nacht einfach aufwärmen und Ihrem Baby füttern können.

960

DAS BABY IST BEI MEINER FRAU ABER VIEL SCHNELLER STILL.

Nach wenigen Tagen kann ein Neugeborenes die Person mit eingebauter Milchbar bereits von der ohne dieses praktische Utensil unterscheiden. Zeigen Sie Ihrem Baby, dass Sie genauso gut für es sorgen können.

961

MEINE FRAU KANN DAS BABY ABER VIEL SCHNELLER UND BESSER WINDELN.

Wahrscheinlich hat sie in der kurzen Zeit, seit das Baby auf der Welt ist, das Windeln schon öfter geübt als Sie.

962

SO EIN BABY WIRFT DAS LEBEN DURCHEINANDER!

Lesen Sie Kapitel 30.

963

UND WANN KOMMT DAS FEIERN UND VERWÖHNTWERDEN DER COUVADE?

In unserem Kulturkreis wird unter Männern der Brauch gefeiert, die Geburt und das Kind zu »bepinkeln«, indem Sie sich in Ihrer neuen Verantwortung als Vater einen Abend frei nehmen und mit Ihren Freunden bis spät in die Nacht um die Häuser ziehen.

964

WIE VIELE TAGE VATERSCHAFTSFREI STEHEN MIR ZU?

Leider bekommen Sie nur zwei Tage offizielles Vaterschaftsfrei, die restliche Zeit müssen Sie Urlaub nehmen.

965

WIE VIELE VÄTER BEANTRAGEN ERZIEHUNGSURLAUB?

Ein verschwindend kleiner Teil von nur zwei Prozent aller Männer übernehmen die Baby- und Kleinkindpflege, gehen in Erziehungsurlaub und werden Hausmann. In den meisten Familien verdient der Mann mehr Geld als die Frau, und die Entscheidung über den Erziehungsurlaub ist oft eine finanzielle. In der Arbeitswelt werden Männer, die sich entscheiden, Haushalt und Kinder zu betreuen, leider auch immer noch belächelt und nicht mehr in ihrer Karriere unterstützt. Ich hoffe, dass es irgendwann selbstverständlich sein wird, dass sowohl Männer als auch Frauen ein glückliches Familienleben und eine berufliche Erfüllung haben können und sich nicht zwischen beidem entscheiden müssen.

DIE »ERZIEHUNG« EINES BABYS

N iemand beschäftigt sich mit der Frage, wie man einem Baby beibringt, mit Messer und Gabel zu essen, nicht mit vollem Mund zu sprechen, einen Knicks zu machen oder sonstige gute Umgangsformen zu zeigen. Dieser gesellschaftliche Schliff gehört offensichtlich nicht zur Erziehung eines Babys. Es stört auch niemanden, wenn Babys in aller Öffentlichkeit rülpsen, pupsen und in die Hose pullern, obgleich solch ein unschickliches Benehmen auch nicht gerade die besten Manieren sind. Aber ein Baby weiß nichts von Umgangsformen und Manieren.

In welche Richtung soll sich also die Erziehung eines Babys bewegen? Muss ein Baby erzogen werden? Kann ein Baby denn überhaupt erzogen werden? Im Augenblick der Geburt Ihres Kindes bewegen Sie sicher andere Fragen, aber sehr bald werden Sie in ein Kreuzfeuer von unterschiedlichen pädagogischen Vorstellungen geraten und sich fragen, welche der Erkenntnisse denn nun die beste ist. Schnell macht sich eine gewisse Verwirrung breit. Sie wollen doch alles richtig machen bei der Erziehung! Ihr Kind soll glücklich sein und sich wohl fühlen bei Ihnen. Das Baby bringt bedauerlicherweise keine »Gebrauchsanleitung« mit auf die Welt, und das Problem ist: Es gibt kein allgemein gültiges Rezept. Sie sind gefordert, Ihre eigenen Vorstellungen von Erziehung zu verwirklichen. Und zwar nicht in der Theorie, sondern im praktischen Alltag.

Wenn Ihr Baby zwölfmal in der Nacht aufwacht, sind Sie dann dafür oder dagegen, es schreien zu lassen? Wenn Ihr Baby den ganzen Tag an der Brust saugen will, setzen Sie sich dann aufs Sofa und lassen es gewähren oder muss das Kind auf den Dauerschnuller verzichten? Was machen Sie, wenn das Baby partout nicht alleine schlafen will?

Oder das Krabbelkind zum hundertsten Mal die Finger nicht von Ihren Sachen lässt? Gibt es dann doch ein paar hinten drauf, obwohl Sie Ihr Kind nie schlagen wollten?

Dabei sind diese Erziehungsfragen »nur« Babyprobleme. Wie gehen Sie damit um, wenn Ihr Kind mit sechs noch in die Hose macht oder mit zwölf Jahren schon Haschisch raucht? Dann werden Ihre Vorstellungen von Erziehung sehr nachdrücklich gefordert. Ein Baby ist eben nicht nur ein niedliches Baby, sondern wird sich nach der Pubertät schnell zu einem jungen Menschen entwickeln, der über Ihre Form der Erziehung reflektiert und Ihnen genau sagen kann, ob er glücklich war als Kind und sich wohl gefühlt hat bei Ihnen.

Damit diese elterliche Beurteilung dann positiv für Sie ausfällt, erziehen Sie Ihr Kind am besten von Anfang an in der Weise, wie es unser bewährter Leibarzt seiner Majestät schon 1860 so vortrefflich ausgedrückt hat: »Die Erziehung darf kein schwerer Stein sein, den man auf das Kinde legt, denn dieses soll wie eine Pflanze wachsen und muß an das Licht. Die Mutter soll das Kind leiten und führen, nicht aber hemmen und drücken. Sie muss sich vor Willkür und Launen hüten, das Kinde in ruhiger Aufmerksamkeit beobachten und darf es niemals schroff oder mit einer Fremdheit, die des Kindes Herz erkaltet, behandeln. Ihr Verhalten sei durch und durch ein mütterlich löbliches!«

966

WAS IST DENN NUN ABER EIN »MÜTTERLICH-LÖBLICHES« VERHALTEN?

Leider gibt es – wie schon gesagt – dafür kein Patentrezept. Jedes Kind ist anders, jede Familie hat andere Vorstellungen und im Endeffekt erzieht jeder sein Kind so, wie er glaubt, dass es gut für sein Kind ist. Erziehung findet doch nicht losgelöst vom Charakter und den Normen der Eltern statt! Menschen, die liebevoll mit sich selbst und ihrer Umgebung umgehen, werden auch ein Kind liebevoll behandeln.

Ebenso wenig findet Erziehung losgelöst von gesellschaftlichen Normen statt. Während der preußischen Zeit waren Prügel, Zucht und Strenge angesagt, in der Hippie-Bewegung ließ man die Kinder springen, wie sie wollten und heute ist das Ideal die partnerschaftliche Erziehung. Weder autoritär noch antiautoritär, sondern irgendwas dazwischen. Und genau dieses »Dazwischen« sorgt für die oben erwähnte

Verwirrung. Das Baby soll zwar liebevoll, zärtlich und partnerschaftlich behandelt werden, aber trotzdem alleine schlafen, nicht zwölf Mal in der Nacht schreien und den ganzen Tag an der Brust liegen wollen. Sie sind sich nicht sicher, ob das Kind nicht doch ein verwöhnter Tyrann werden könnte oder schon ist, und suchen bestürzt nach einer Antwort.

967

UND WAS IST DIE ANTWORT?

Die Antwort steht im Lexikon unter dem Buchstaben »T« wie Tyrann. Ein Tyrann ist definiert als Gewaltherrscher, der auf ungesetzliche Weise Menschen die Freiheit raubt. Das ist Ihr Baby auf keinen Fall!

968

ABER VERWÖHNT IST ES VIELLEICHT?

Babys haben andere Bedürfnisse als Erwachsene. Das steht ohne jeden Zweifel fest. Probleme ergeben sich nur dann, wenn diese Bedürfnisse kollidieren. Das Baby will herumgetragen werden, die Mutter will, dass es schläft. Das Baby will an der Brust liegen, die Mutter will ein Buch lesen. Das Krabbelkind will die Funktion des Telefons erkunden, die Eltern wollen den Apparat aber danach noch benutzen. Letztlich geht es immer um die Frage, wessen Bedürfnisse wichtiger sind und wer sich durchsetzt. Wenn das Kind sich durchsetzt, nennt man es verwöhnt, wenn die Eltern sich durchsetzen, nennt man es Erziehung!

969

ABER ES SOLL DOCH PARTNERSCHAFTLICH ZUGEHEN!

Das Geheimnis einer guten – und damit auch stressfreien – Erziehung besteht darin, die wirklichen Bedürfnisse sowohl des Kindes als auch der Eltern von überzogenen Bedürfnissen zu unterscheiden. Erstere müssen befriedigt werden, und Letztere vermieden!

970

DAS IST ABER NICHT SO EINFACH!

Ein Kind zu erziehen ist nicht einfach. Zuerst müssen Sie sich kundig machen, welche wirklichen Bedürfnisse das Kind in jeder Lebensphase hat. Dann müssen Sie eine Balance zwischen seinen und Ihren eigenen Bedürfnissen finden, dann die wirklichen von den überzogenen trennen und zuletzt (oder vielleicht auch zuerst) müssen Sie noch herausfinden, ob Sie dem Kind Dinge erlauben oder verbieten, je nach dem, wie es Ihnen im Moment gerade besser passt.

971

WAS SIND DENN DIE WIRKLICHEN BEDÜRFNISSE EINES BABYS?

Babys haben Bedürfnis nach Wärme, Körperkontakt, Saugen, Essen und Getragenwerden. Das sind lediglich existentielle oder, wie man auch sagt, archaische Bedürfnisse. Ihr Baby will Sie mit seinem Schreien nicht terrorisieren, es weiß nur, dass seine Existenz in Gefahr gerät, wenn Erwachsene diese Bedürfnisse nicht adäquat befriedigen.

972

ABER WO IST DIE GRENZE ZWISCHEN BEFRIEDIGEN UND VERWÖHNEN?

Die Grenze ist genau der schmale Grat, auf dem dann die Erziehung stattfindet. Sie dürfen Ihr Baby nicht schreien lassen, wenn es Hunger, Schmerzen, Sehnsucht oder Einsamkeit empfindet, weil diese archaischen Bedürfnisse befriedigt werden müssen, um dem Kind überhaupt ein Grundvertrauen in die Welt und das Leben zu geben. Das ist keine Verwöhnung, sondern Liebe. Aber Sie dürfen Ihr Baby ruhigen Gewissens mal schreien lassen, wenn es darüber meckert, dass es an- und ausgezogen, in den Autositz gesetzt oder gewaschen wird. Oder wenn es satt ist und mit einem Nuckel vorlieb nehmen muss. Oder einen Moment allein auf der Decke liegen muss, weil Sie jetzt duschen wollen.

973

DAS KIND MUSS ALSO MIT DER ZEIT DIE DINGE LERNEN, DIE ZU EINEM PARTNERSCHAFTLICHEN UND GEREGELTEN ZUSAMMENLEBEN GEHÖREN?

Ja, aber immer auf die jeweilige Begriffsebene und Lebensphase des Kindes abgestimmt. Ein junger Säugling kann nicht begreifen, wenn Sie ihn eine Stunde mit dem Essen warten oder die halbe Nacht alleine schreien lassen. Ein Krabbelkind kann nicht begreifen, warum es das Telefon nicht erforschen darf. Ihr verständliches Bedürfnis ist es aber, das Telefon vor diesem Forscherdrang zu bewahren. Sie haben die Wahl, dem Kind eins auf die Finger zu geben und damit zu zeigen, dass Sie über die existentiellen Bedürfnisse eines Krabbelkindes noch nicht nachgedacht haben oder Sie haben die Möglichkeit, den Apparat zwei Regale höher zu stellen und dem Kind beispielsweise ein Spielzeugtelefon zu geben. Wenn das Kind dann dieses Spielzeugtelefon jedoch beleidigt wegschleudert, markerschütternd schreit, beißt und nach Ihnen tritt, dann hat Ihr Kind überzogene Bedürfnisse, und die müssen Sie nicht befriedigen, sondern vermeiden.

974

WAS WÄRE DANN VERWÖHNEN?

Dem Kind das echte Telefon wiederzugeben. Sie würden nicht mehr erziehen, sondern verziehen. Das Kind würde daraus lernen, dass sein Wille – wie überspannt oder überzogen er auch sein mag – Priorität hat und Sie als Eltern keine Autorität.

975

WAS WÄRE IN DIESER LAGE EIN ÜBERZOGENES BEDÜRFNIS VON MIR?

Dem Kind das echte und das Spielzeugtelefon hinzustellen und zu erwarten, dass es von dem echten die Finger lässt!

976

MUSS MAN DENN ALS ELTERN AUTORITÄT HABEN?

Autorität haben ist nicht gleichbedeutend mit autoritärem Benehmen. Ein Mensch, der Autorität ausstrahlt, besitzt nicht nur Würde und Kraft, angemessenes Sachverständnis und Ansehen, sondern ist auf seinem Gebiet auch ein Könner. Ihr Kind will, dass Sie als Eltern sachverständig und kraftvoll sind und vom Elternsein etwas verstehen.

977

WAS WAR DAS MIT DEM ERLAUBEN UND VERBIETEN JE NACH LAUNE?

Das ist die schlechteste Erziehung, die man dem Kind angedeihen lassen kann. Kinder brauchen Regeln, an die sie sich halten können, weil sie sonst keinen Halt in der Welt, geschweige an ihren Eltern haben. Ein Kind, das heute Schimpfwörter sagen darf und morgen dafür eine geklebt kriegt, wird in absehbarer Zeit je nach Veranlagung aggressiv oder depressiv auf diese widersprüchliche Erziehung reagieren.

978

ERZIEHUNG SOLL ALSO ZIEMLICH GRADLINIG SEIN, ODER?

Körperlich, seelisch und geistig ist Ihr Kind von der Geburt bis nach der Pubertät darauf angewiesen, dass Sie sich als erwachsener Mensch verantwortlich benehmen und eine zuverlässige, klare und gradlinige Person sind, der man vertrauen kann. Sie müssen kein »Korinthenkacker« sein, aber sie müssen Ihrem Kind eine stützende und haltende Umgebung schenken, damit es glücklich und ohne Angst vor dem Leben – oder gar vor Ihnen – aufwachsen kann.

979

DARF DAS KIND MAL EINE OHRFEIGE KRIEGEN?

Geben Sie sich als Eltern auch gegenseitig Ohrfeigen, wenn Sie nicht »gehorsam« waren?

980

WAS SOLL ICH MACHEN, WENN ICH ÜBERHAUPT NICHT MEHR MIT MEINEM KIND ZURECHTKOMME?

Nehmen Sie die kostenlose Hilfe der Erziehungsberatungsstellen in Anspruch. Es ist keine Schande, dort um pädagogischen Rat zu fragen oder sich Unterstützung bei einem schwierigen Problem zu holen. Nur schlechte Eltern gehen in einer komplizierten Lage nicht zur Beratung und warten lieber, bis die Situation eskaliert. Familiensorgen kippen schnell in Kindesmisshandlungen um, und davon gibt es leider immer noch viel zu viele!

30

EIN KIND VERÄNDERT DAS LEBEN

■ ■ ■ ■ ■ ■ ■ ■ ■ ■ ■ ■ ■ ■ ■ ■ ■

Aus der Lektüre der vorhergehenden Kapitel ahnen Sie vielleicht schon, dass ein Baby Ihr Leben einschneidender verändern wird als jeder große Lottogewinn oder ein Flug zum Mond. So klein und zart Neugeborene auch sind, die winzigen Knirpse schaffen es doch immer wieder, zwei erwachsene und vernünftige Menschen in ein heilloses Durcheinander zu werfen. Nicht nur der Schlaf- und Wachrhythmus wird ziemlich schnell unübersichtlich. Nein – auch die Wohnung, die Wäsche, der Alltag, das Bankkonto, die Urlaubsplanung und die Liebesbeziehung der Eltern werden restlos auf den Kopf gestellt. Sie glauben mir nicht o recht, oder? Bei Ihnen wird alles anders sein, denn Sie haben die Sache voll im Griff und den kleinen Neuankömmling schnell in Ihr Leben integriert. So viel kann sich doch durch ein Kind nicht verändern! Das passiert nur Leuten, die sowieso chaotisch sind und ihr Leben auch sonst nicht so recht unter Kontrolle haben. Gut, ich bin schon still. Dann lassen Sie sich einfach überraschen ...

981

ICH GLAUBE ES WIRKLICH NICHT! GEBEN SIE MIR GUTE ARGUMENTE!

Die besten Argumente wird Ihnen die Ankunft Ihres Babys geben. Ich könnte Ihnen höchstens noch ein paar Tipps von einer erfahrenen Mutter liefern.

982

NA DANN LOS! WARUM VERÄNDERT SICH DIE LIEBESBEZIEHUNG?

Weil Sie von einem Liebespaar zu einem Elternpaar werden. Ein Liebespaar ist nur für sich selbst verantwortlich, kann ausgehen, wann es will, heiße Nächte veranstalten, spontan verreisen, von zwei Gehältern leben, kochen, wann es will und essen gehen, am Wochenende lang ausschlafen oder den Abend zweisam kuschelig vor dem Fernseher verbringen.

983

DAFÜR HABEN WIR DANN ABER EIN SCHÖNES BABY UND GANZ ANDERE FREUDEN UND ERLEBNISSE!

Andere Freuden deuten schon darauf hin, dass einiges anders wird, sprich: sich ändert. Aber wenn Sie sich für ein Baby entschieden haben, dann macht dieses Baby die Liebespaar-Vorteile tausendmal wett, das garantiere ich Ihnen!

984

MIT ZWEI GEHÄLTERN LÄSST SICH LEICHTER LEBEN ALS MIT EINEM!

Ein Baby bedeutet eindeutig immer eine finanzielle Verschlechterung für die Familie, trotz Erziehungs- und Kindergeld! Statistiker haben errechnet, dass Eltern etwa 500.000,— DM für die Versorgung und Pflege pro Kind ausgeben, bis es zur Universität geht oder nach einer Lehre selbst Geld verdient.

985

WAS IST MIT DEN HEISSEN NÄCHTEN?

Babys haben offenbar eine Antenne dafür zu spüren, wenn die Eltern sich gerade auf ein gemütliches Kuschel-Stündchen freuen, und fangen immer im entscheidenden Moment (fast immer, denn sonst gäbe es ja keine zweiten Kinder) an zu schreien!

986
WARUM ÄNDERT SICH DIE URLAUBSPLANUNG?

Dahin gehen der romantische Sternenhimmel auf Mykonos, die rasante Skifahrt im Zillertal und der Tauchurlaub auf den Malediven! Stattdessen wartet die nächsten Jahre ein Ferienhaus mit Wickelecke und angeschlossenem Spielplatz auf Sie.

987
WAS VERÄNDERT SICH NOCH ALLES?

Ihre beruflichen Möglichkeiten werden sich ändern, Ihr Freundeskreis wird gegen neue Freunde ausgetauscht, Ihre Art spazieren, einkaufen oder ins Schwimmbad zu gehen, wird sich verändern und Sie werden eine völlig neue Sicht auf die Welt bekommen.

988
WARUM DIE BERUFLICHEN MÖGLICHKEITEN?

In den wenigsten Familien ist ausreichend Geld für eine Kinderfrau vorhanden, die sich den ganzen Tag um den Nachwuchs kümmert, damit beide Eltern weiter ihrem Beruf nachgehen können. Ich kenne auch kaum Eltern, die diese Lösung wünschen. Meistens bleibt die Mutter zu Hause und stellt ihr berufliches Engagement hintenan. Wenn das Kind drei Jahre alt ist und einen Platz im Kindergarten bekommt, nehmen viele Frauen eine Halbtagsstelle an. Eine echte Karriere lässt sich halbtags aber nicht organisieren, und Sie werden im Beruf Abstriche machen müssen. Jede Mutter muss für diese berufliche Frage eine individuelle Lösung finden. Unterstützung gibt es wenig!

989
WIESO DER FREUNDESKREIS?

Freunde ohne Kinder können kaum verstehen, wieso sich Ihr Leben so radikal geändert hat und Sie kaum mehr Lust auf wilde Partys und ausgiebige Kneipenbesuche haben. Mit der Zeit wird dieser Bekanntenkreis abbröckeln, und nur wenige – sehr gute Freunde – bleiben.

990

UND WOHER KOMMEN NEUE FREUNDE?

Durch Ihre Aktivitäten als Eltern werden Sie neue Freunde gewinnen, die auch Kinder haben. Vor allem Mütter mit gleichaltrigen Babys kommen immer sehr schnell miteinander ins Gespräch!

991

WIESO ÄNDERT SICH MEINE ART SPAZIEREN ZU GEHEN?

Zuerst müssen Sie den straßentauglichen Umgang mit dem Zaubermodell üben, dann müssen Sie aufpassen, dass Ihr Krabbelkind nicht den gepunkteten Sonnenschirm während der Fahrt abmontiert und später müssen Sie mit Ihrem – an allen Vorgängen im Straßenverkehr interessierten – Baby an jeder Blume stehen bleiben!

992

UND MEINE ART EINKAUFEN ZU GEHEN?

Der Karren auf vier Rädern muss erst mal durch das Drehkreuz in den Supermarkt reinkommen! Nach wenigen Monaten sitzt dann in Ihrem Einkaufswagen ein Passagier, den Sie leider nicht festkleben können, obwohl Sie sich das manchmal wünschen. Und nach einem guten Jahr hilft Ihnen Ihr Kind beim Einkaufen und holt fleißig Gummibärchen, Schokolade, Eis, Kekse, Bonbons und ähnlich nahrhafte Lebensmittel, die Sie dann alle wieder zurückbringen müssen – nachdem Sie das Kind davon überzeugt haben, dass es später zu Hause doch Spinat zu essen gibt.

993

UND WAS IST IM SCHWIMMBAD?

Zuerst passt das Bikini-Oberteil nicht, weil Sie noch stillen. Später tragen Sie doch lieber einen Badeanzug, bis der Turnkurs angeschlagen hat. Sie müssen immer im Schatten sitzen! Ein paar Bahnen schwimmen ist gestrichen, weil Sie nur im Planschbecken stehen und die Schwimmflügel aufblasen und anziehen, ausziehen und Luft ablassen und aufblasen und anziehen, ausziehen und Luft ablassen – den ganzen wunderschönen Sonnennachmittag.

994
INWIEFERN BEKOMME ICH EINE NEUE SICHT AUF DIE WELT?

Sie werden durchlässiger für Probleme, die es auf der Welt gibt. Wenn Sie früher im Fernsehen einen Bericht über hungernde Kinder sahen, haben Sie ausgeschaltet, um dieses Elend nicht zu sehen. Jetzt fangen Sie an zu weinen, weil es für Sie unvorstellbar ist, dass eine Mutter – so wie Sie auch eine sind – mit eigenen Augen anschauen muss, wie ihr Kind verhungert, während Ihr Baby wohlgenährt und gesund im Nebenzimmer schläft.

Umweltprobleme machen Ihnen mehr Sorgen, weil Sie eine Generation weiterdenken. Die Raser auf den Straßen machen Ihnen Sorgen, die Drogenhändler, die Kinderschänder und die immer größer werdende Aggressivität in der Gesellschaft. Ich glaube, als Mutter fühlt man sich dem Zyklus des Lebens näher und beginnt zu begreifen, wie verletzlich, zerbrechlich und kostbar jeder einzelne Mensch ist.

995
GIBT ES VOM ERSTEN ZUM ZWEITEN KIND AUCH EINE VERÄNDERUNG?

Ja, aber der Sprung ist nicht mehr ganz so groß.

996
WIE GEHE ICH DAMIT UM, WENN DAS ERSTE KIND EIFERSÜCHTIG AUF DAS NEUGEBORENE BABY REAGIERT?

Sie brauchen nur ein paar Wochen Geduld und intensive Beschäftigung mit dem Großen. Legen Sie das Baby an die Brust und lesen Sie dem Geschwister in der Zeit vor oder spielen etwas Schönes mit ihm. Integrieren Sie das Große in die Babypflege.

997
UND WENN DAS GROSSE SICH WIE EIN BABY BENIMMT?

Je mehr Sie dieses Verhalten ignorieren, umso schneller wird es vorüber sein. Bestrafen Sie das große Kind nicht für Wieder-in-die-Hose-Machen, Daumenlutschen, Fläschchen-trinken-Wollen oder ähnliche Rückfälle in die Babyphase, sondern geben Sie ihm auch ein Fläschchen. Am besten bieten Sie auch eine Pampers an, die wird es garantiert empört ablehnen und Sie daran erinnern, dass es doch nicht mehr wie ein Baby in die Hose macht. Es ist nicht leicht, ein Geschwisterchen zu kriegen, aber andererseits ist es das größte Geschenk, das Sie Ihrem ersten Kind machen können.

998

WIE LANGE DAUERT ES, BIS ICH MICH AN DAS BABY GEWÖHNT HABE?

Wenn Sie sich gut daran gewöhnt haben, wird Ihr Baby ein Krabbelkind sein. Dann müssen Sie sich daran gewöhnen. Bald läuft das Kind, dann spricht es und kommt schon in den Kindergarten. Das ist der erste große Abschied. Der nächste kommt mit dem Schulbeginn. Während Ihr Kind die große Schultüte balanciert, verdrücken Sie ein paar Tränen und fragen sich, warum Ihr Baby schon in die Schule gekommen ist und wie schnell diese Jahre vorbeigegangen sind. Sie gewöhnen sich daran, Mutter eines Schulkindes zu sein.

Und dann kommt die Pubertät mit ihren Turbulenzen. Da ist die Frage eher, wie sich jemals aus Ihrem süßen Baby ein so sperriges Wesen entwickeln konnte. Aber auch die Pubertät geht vorbei, und eines Tages stehen Sie vor Ihrem Kind und wissen, dass es kein Kind mehr ist, sondern ein erwachsener Mensch, der Sie verlassen wird, um sein eigenes Leben zu führen.

999

WAS VERÄNDERT SICH DURCH EIN KIND AM MEISTEN?

Am meisten verändern Sie sich selbst! Ihr Kind ist ein Spiegel, in den Sie schauen, um gleichzeitig die Vergangenheit, die Zukunft und sich selbst darin zu sehen. Ihr Kind ist Ihr gelebtes Leben. Es wird Sie erwachsen werden lassen und verspielt, fröhlich und traurig, hilflos und wütend, kraftvoll und stark und – wenn es groß ist und von Ihnen fortgeht – weise. Ich wünsche Ihnen von Herzen, dass Sie dann zu sich selbst sagen können: Ja, ich bin eine gute Mutter gewesen. Mein Kind hat sich von mir geliebt gefühlt und ist gerne bei mir Kind gewesen. Ich habe ihm Geborgenheit schenken können. Ich habe natürlich auch Fehler gemacht, aber insgesamt ist alles gut gelungen. Ich bin stolz auf mich und auf diesen Erwachsenen, der bei mir Kind war. Ich liebe diesen Menschen, und er liebt mich.

EMPFOHLENE LITERATUR

Gisela Brehmer: *Aus der Praxis einer Kinderärztin.* Rowohlt Taschenbuch Verlag, Reinbek 1998

Andrea von Ernst u.a. (Hrsg.): *Kursbuch Kinder.* Kiepenheuer & Witsch Verlag, Köln 2000

Theodor Hellbrügge/Hermann von Wimpffen: *Die ersten 365 Tage im Leben eines Kindes.* Droemer Knaur Verlag, München 1976

Sheila Kitzinger: *Schwangerschaft und Geburt.* Kösel-Verlag, München 1998

Birgit Knubben/Werner Knubben: *Du bist ein Geschenk.* Herder-Verlag, Freiburg 1999

Remo H. Largo: *Babyjahre.* Piper-Verlag, München 2000

Frédéric Leboyer: *Geburt ohne Gewalt.* Kösel-Verlag, München 1995

Gerhard Leibold: *Ich werde Vater.* Humboldt-Verlag, München 1996

Marianne Loibl: *Das Baby ist da – und jetzt geht's rund!* Kösel-Verlag, München 2000

Hannah Lothrop: *Das Stillbuch.* Kösel-Verlag, München 2000

Evelin Kirkilionis: *Ein Baby will getragen sein.* Kösel-Verlag, München 1999

Lennart Nilssen: *Ein Kind entsteht.* Mosaik Verlag, München 1990

Michel Odent: *Geburt und Stillen.* C.H. Beck-Verlag, München 1994

Raimund Pousset: *Fingerspiele und andere Kinkerlitzchen.* Rowohlt Taschenbuch Verlag, Reinbek 1998

Dr. Miriam Stoppard: *Babys erste Wochen.* Goldmann Verlag, München 2000

Jane Swigart: *Von wegen Rabenmutter.* Droemer Knaur-Verlag, München 1993

Christina Voormann/Dr. Govin Dandekar: *Baby-Massage – Berührung, Wärme, Zärtlichkeit.* Gräfe und Unzer Verlag, München 1999

Vivian Weigert: *Warum schreit mein Baby?* Mosaik-Verlag, München 1999

Katharina Zimmer: *Das wichtigste Jahr.* Kösel-Verlag, München 1999

Wilhelm ZurLinden: *Geburt und Kindheit.* Klostermann-Verlag, Frankfurt/M. 1998

SACHREGISTER